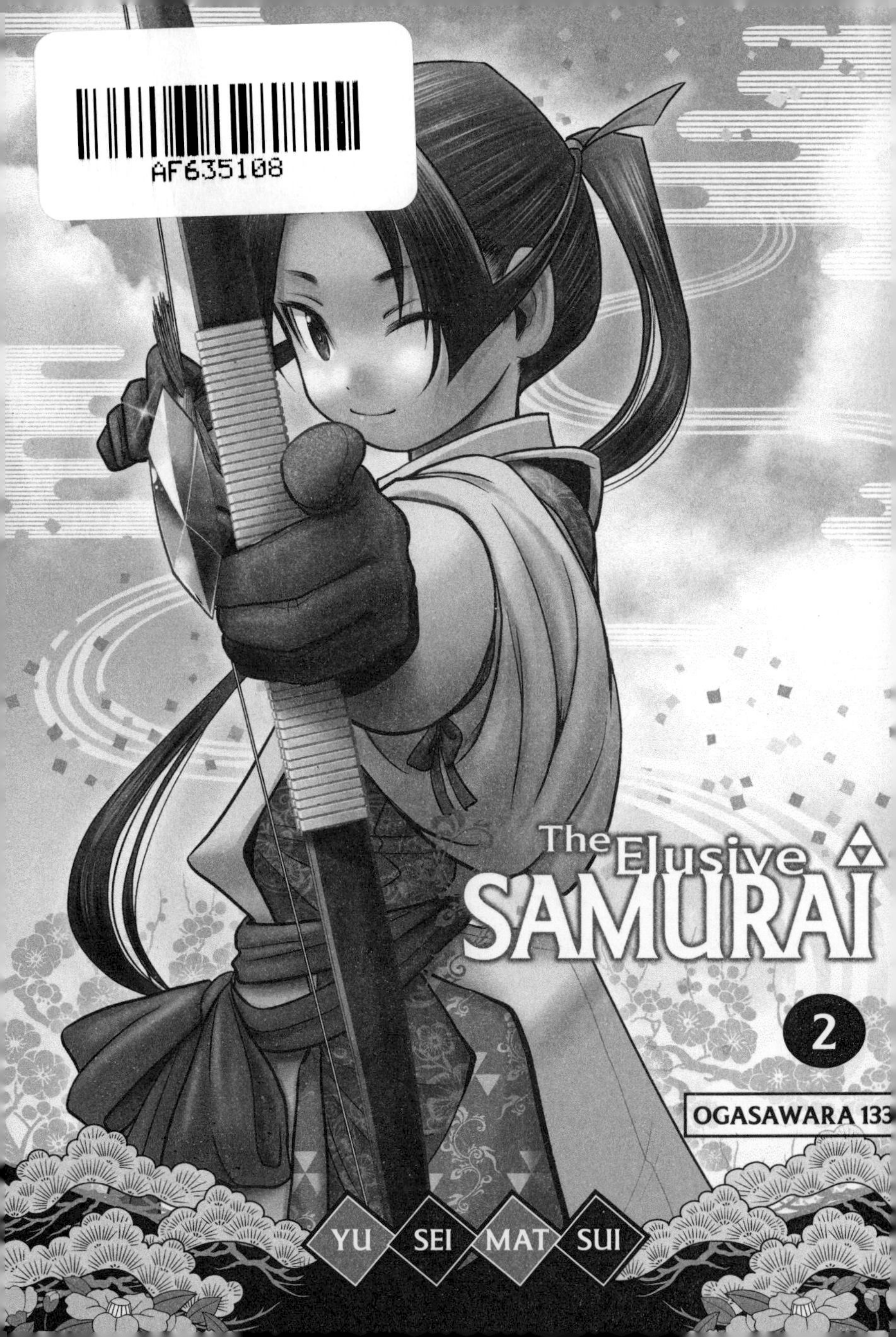
The Elusive
SAMURAI
2
OGASAWARA 133
YU SEI MAT SUI

CHA RAK TE RE

DIE UNGREIFBAREN

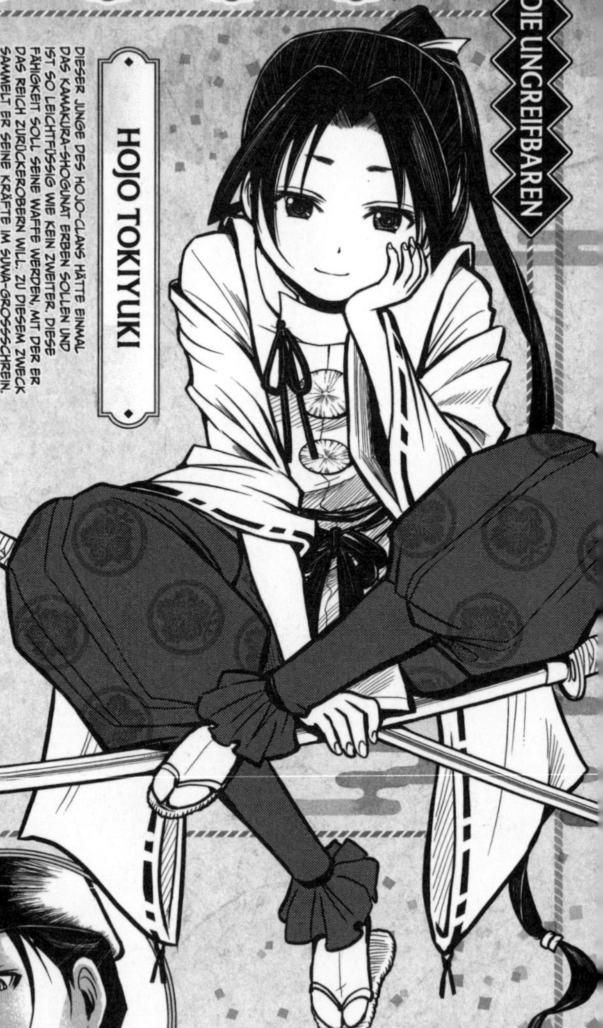

HOJO TOKIYUKI

DIESER JUNGE DES HOJO-CLANS HÄTTE EINMAL DAS KAMAKURA-SHOGUNAT ERBEN SOLLEN UND IST SO LEICHTFÜSSIG WIE KEIN ZWEITER. DIESE FÄHIGKEIT SOLL SEINE WAFFE WERDEN, MIT DER ER DAS REICH ZURÜCKEROBERN WILL. ZU DIESEM ZWECK SAMMELT ER SEINE KRÄFTE IM SUWA-GROSSSCHREIN.

SEINE VERLÄSSLICHEN VASALLEN

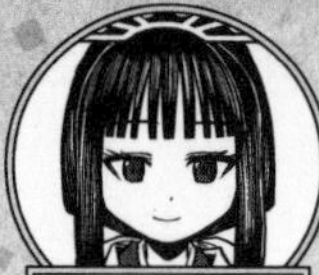

SHIZUKU

EINE SOLIDE PERSON, DIE SICH UM SÄMTLICHE ANGELEGENHEITEN DES HAUSES KÜMMERT.

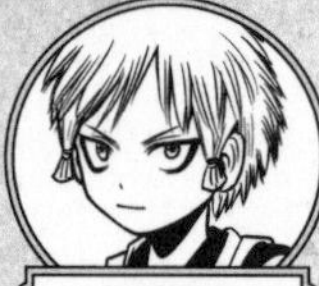

KOJIRO

DER BESTE SCHWERTKÄMPFER SEINER GENERATION.

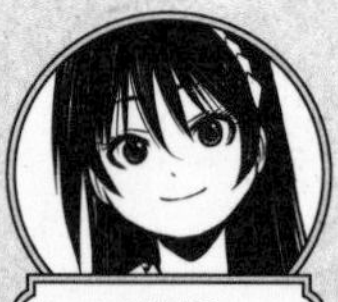

AYAKO

EIN ÜBERWÄLTIGEND FRÖHLICHES UND IMPOSANTES MÄDCHEN MIT UNVERGLEICHLICHEN BÄRENKRÄFTEN.

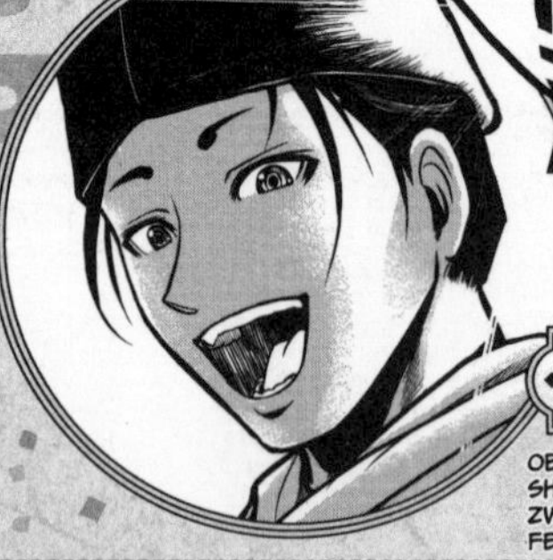

SUWA YORISHIGE

OBERHAUPT DES SUWA-GROSSSCHREINS IN DER PROVINZ SHINANO. KANN MITHILFE SEINER GÖTTLICHEN MACHT ZWAR IN DIE ZUKUNFT SEHEN, DOCH WAS SICH IHM OFFENBART, SCHEINT ÄUSSERST VAGE ZU SEIN...

WAS BISHER GESCHAH...

HOJO TOKIYUKI HÄTTE EINMAL DAS KAMAKURA-SHOGUNAT ERBEN SOLLEN, DOCH INFOLGE ASHIKAGA TAKAUJIS PLÖTZLICHEN VERRATS VERLOR ER SEINE HEIMAT, SEINE FAMILIE – ALLES. DANK SUWA YORISHIGE WAR ES IHM JEDOCH MÖGLICH, IN DER SUWA-DOMÄNE UNTERZUTAUCHEN, UND OGASAWARA SADAMUNE, DER AUF DER SUCHE NACH ANGEHÖRIGEN DES HOJO-CLANS WAR, ZU SEINEM VORTEIL ZU NUTZEN. NUN STAND TOKIYUKI, DER SEINE HERKUNFT VERBARG, EINE NEUE RUNDE VERSTECKFANGEN BEVOR, IN DER ER SICH SADAMUNES PRÄCHTIGEN UMGANG MIT DEM BOGEN ABSCHAUEN WOLLTE.

ASHIKAGA TAKAUJI

STAND IN GEHEIMER BEZIEHUNG MIT DEM TENNO GO-DAIGO UND WAR RÄDELSFÜHRER DER UNTERWERFUNG DES KAMAKURA-SHOGUNATS. AUFGRUND SEINER TAPFERKEIT UND SEINER WAGHALSIGKEIT HOCH ANGESEHEN. ÜBERWÄLTIGENDES CHARISMA. GILT FÜR TOKIYUKI ALS FEIND SEINES CLANS.

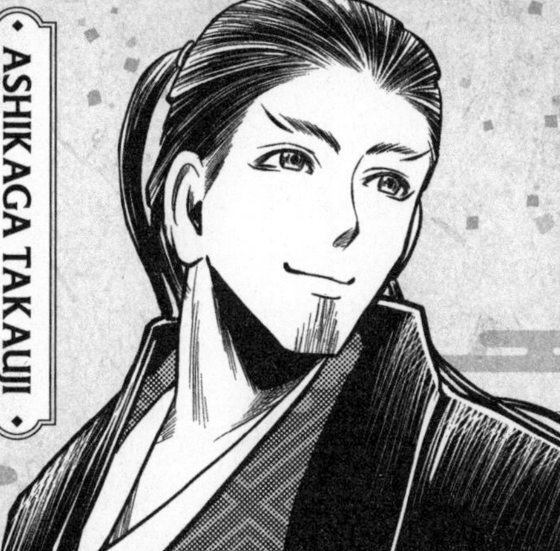

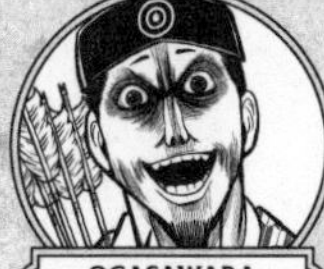

OGASAWARA SADAMUNE

DER SHUGO* VON SHINANO. BESITZT EINE BEDROHLICHE BEOBACHTUNGSGABE UND EBENSO EINSCHÜCHTERNDE SEHKRAFT. DER BESTE BOGENSCHÜTZE DES GANZEN REICHES.

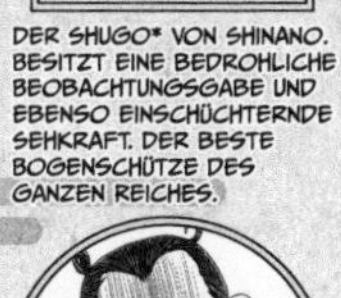

ICHIKAWA SUKEFUSA

DER RATGEBER DES SHUGO VON SHINANO. UNTERSTÜTZT SADAMUNE MIT SEINEM HÖLLISCH SCHARFEN GEHÖR.

* MILITÄRGOUVERNEUR BZW. PROVINZPROTEKTOR

ERLÄUTERUNG ZU DEN PROFILSEITEN

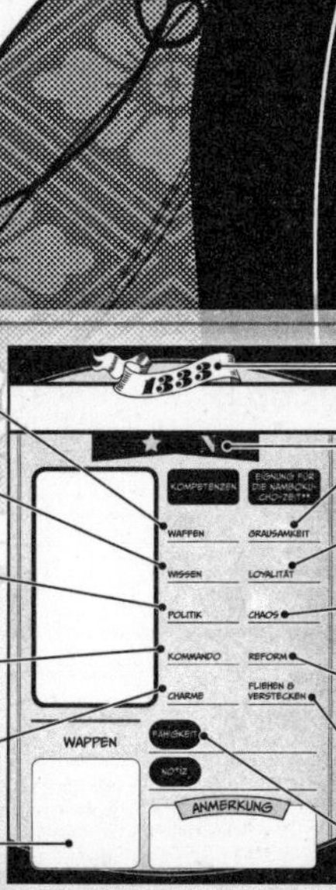

INDIVIDUELLE KAMPFKRAFT MIT SCHWERT, BOGEN, ZU PFERD O. Ä.

SAMMELBEGRIFF FÜR GELEHRSAMKEIT, RASCHE AUFFASSUNGSGABE, STRATEGISCHES DENKEN O. Ä.

KRAFT, UM IM MACHTKAMPF ZU DOMINIEREN.

KRAFT, UM POLITISCHE SYSTEME ODER VERBÜNDETE TRUPPEN ZU EINEN.

KRAFT, UM ANDERE MENSCHEN ANZUZIEHEN – UNABHÄNGIG VON GUT UND BÖSE.

FAMILIENWAPPEN BZW. KIMONOMUSTER DER JEWEILIGEN PERSON.

BEDEUTSAMKEIT DER JEWEILIGEN PERSON IM OBEN ANGEGEBENEN JAHR.

SELBSTERHALTUNGSTRIEB IN RAUEN ZEITEN.

IST SIE ZU GROSS BZW. ZU NIEDRIG, KÖNNEN JE NACH SITUATION UNGEAHNTE KRÄFTE FREIGESETZT WERDEN.

ANPASSUNGSFÄHIGKEIT WÄHREND SICH LAUFEND ÄNDERNDER UMGEBUNGEN ODER SITUATIONEN.

WILLE BZW. KREATIVITÄT, EINE NEUE WELT UNABHÄNGIG VOM ALTEN ZU ERSCHAFFEN.

FÄHIGKEIT, SICH IM VERBORGENEN AN DIE NEUE ZEIT ANZUPASSEN.

SPEZIELLE FÄHIGKEITEN DER JEWEILIGEN PERSON.

** 1336–1392

The Elusive SAMURAI

2 OGASAWARA 1333

INHALT

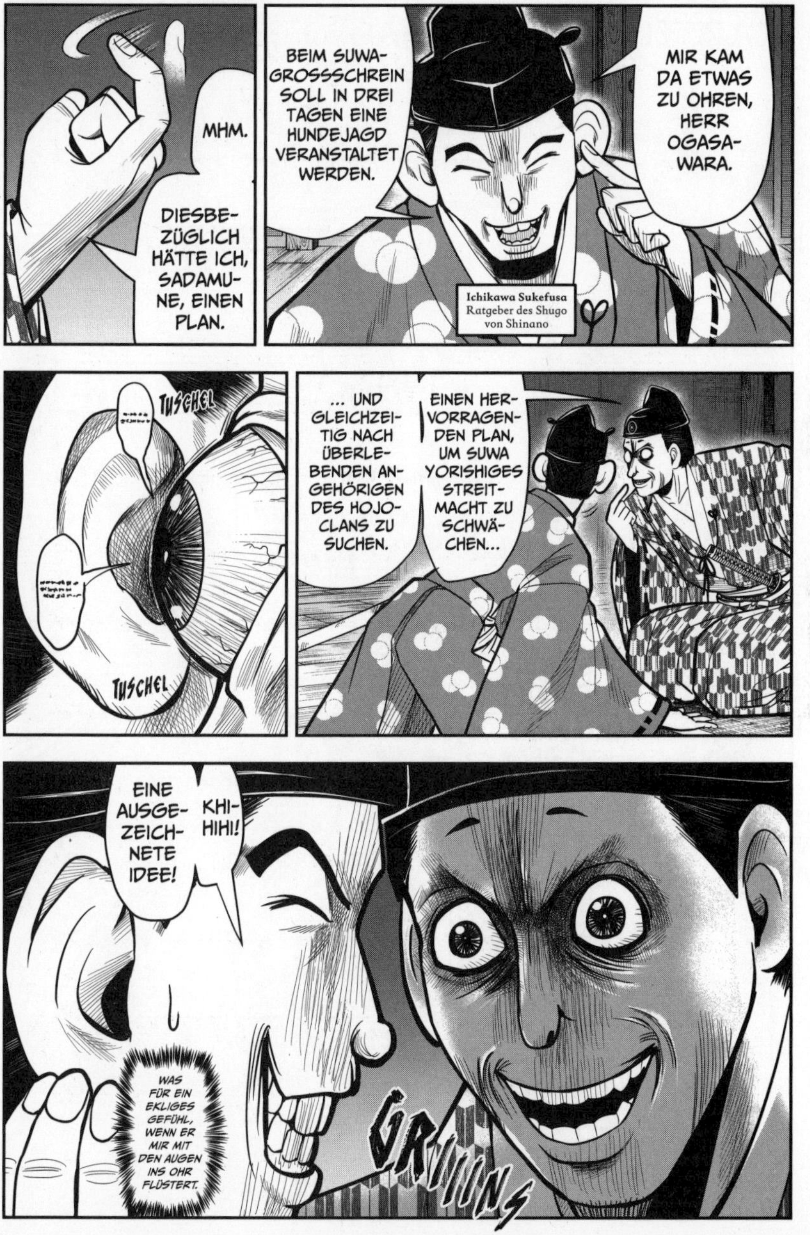
MIR KAM DA ETWAS ZU OHREN, HERR OGASAWARA.
BEIM SUWA-GROSSSCHREIN SOLL IN DREI TAGEN EINE HUNDEJAGD VERANSTALTET WERDEN.
Ichikawa Sukefusa
Ratgeber des Shugo von Shinano
MHM.
DIESBEZÜGLICH HÄTTE ICH, SADAMUNE, EINEN PLAN.
EINEN HERVORRAGENDEN PLAN, UM SUWA YORISHIGES STREITMACHT ZU SCHWÄCHEN...
... UND GLEICHZEITIG NACH ÜBERLEBENDEN ANGEHÖRIGEN DES HOJO-CLANS ZU SUCHEN.
TUSCHEL
TUSCHEL
KHI-HIHI!
EINE AUSGEZEICHNETE IDEE!
WAS FÜR EIN EKLIGES GEFÜHL, WENN ER MIR MIT DEN AUGEN INS OHR FLÜSTERT.
GRIIINS

KAPITEL 08 HUNDEJAGD 1333

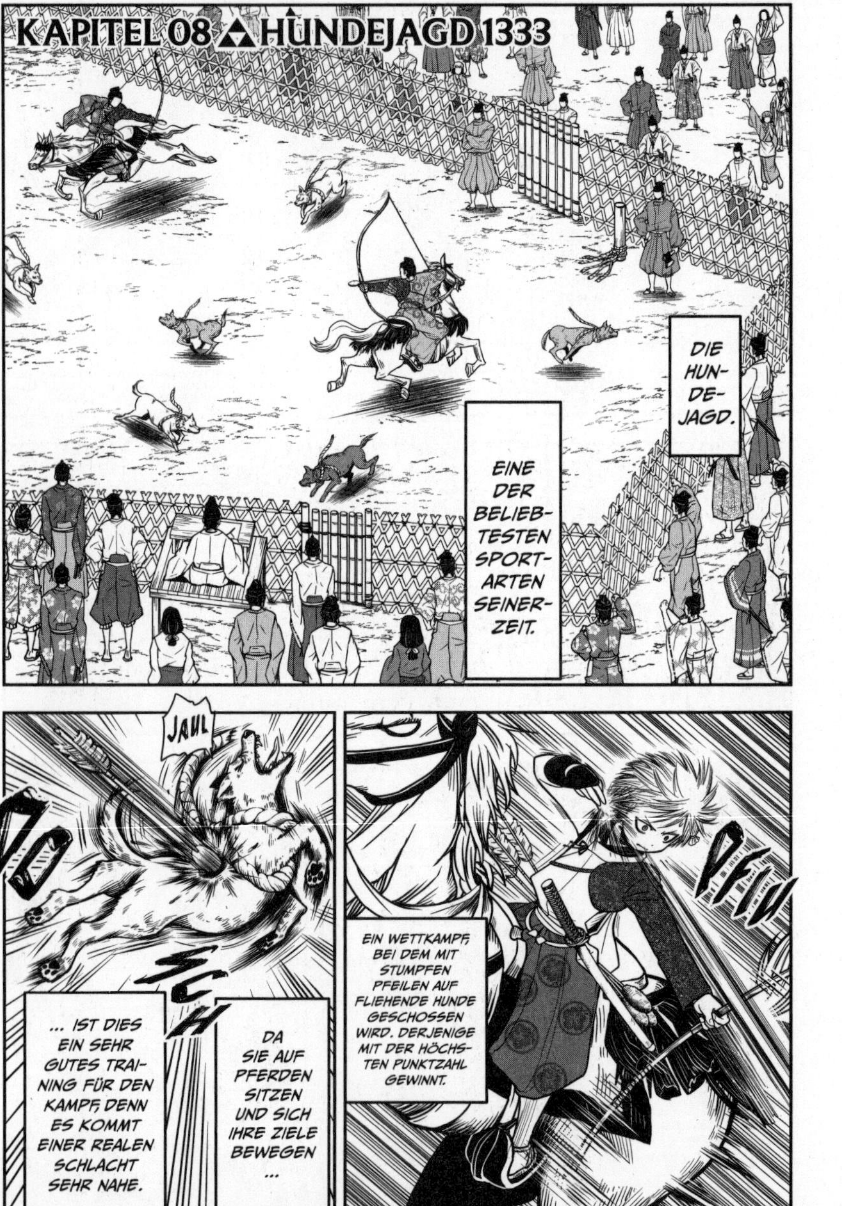

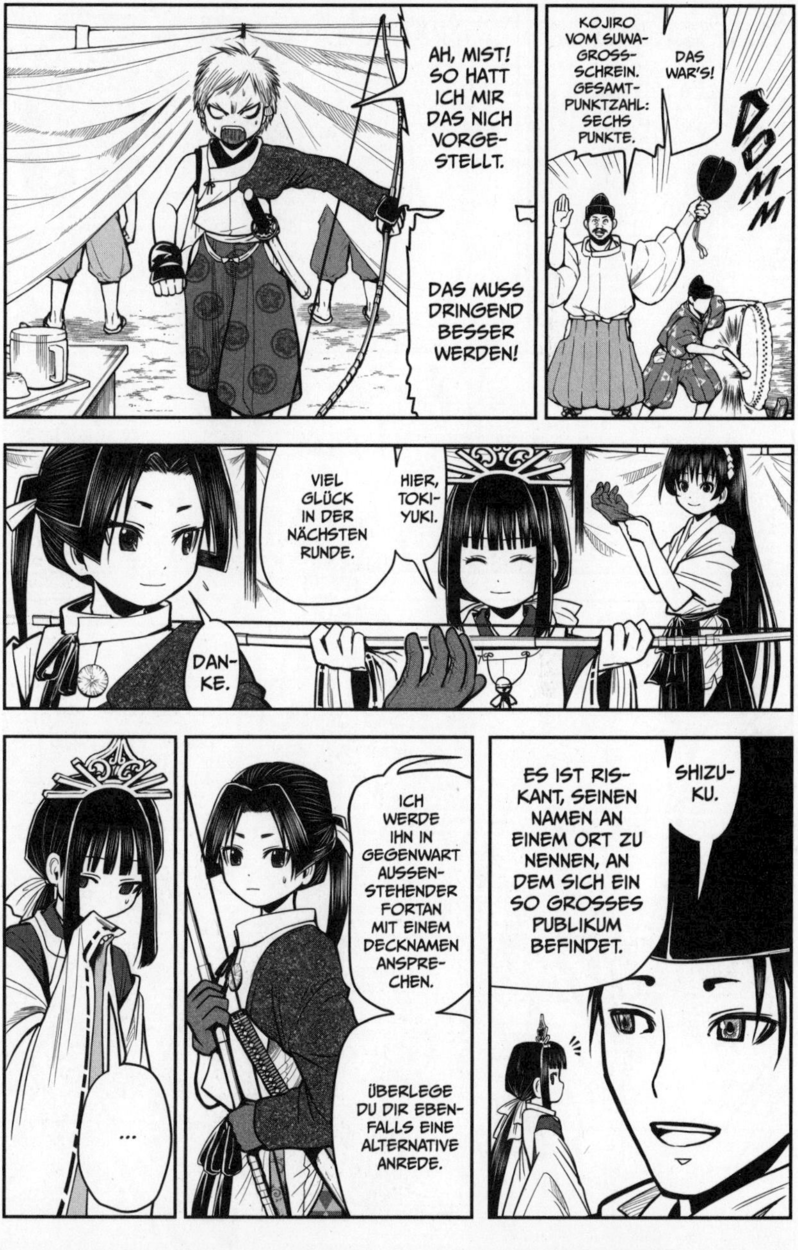

KOJIRO VOM SUWA-GROSS-SCHREIN. GESAMT-PUNKTZAHL: SECHS PUNKTE.
DAS WAR'S!
DOMM
AH, MIST! SO HATT ICH MIR DAS NICH VORGE-STELLT.
DAS MUSS DRINGEND BESSER WERDEN!
HIER, TOKI-YUKI.
VIEL GLÜCK IN DER NÄCHSTEN RUNDE.
DAN-KE.
SHIZU-KU.
ES IST RIS-KANT, SEINEN NAMEN AN EINEM ORT ZU NENNEN, AN DEM SICH EIN SO GROSSES PUBLIKUM BEFINDET.
ICH WERDE IHN IN GEGENWART AUSSEN-STEHENDER FORTAN MIT EINEM DECKNAMEN ANSPRE-CHEN.
ÜBERLEGE DU DIR EBEN-FALLS EINE ALTERNATIVE ANREDE.
...

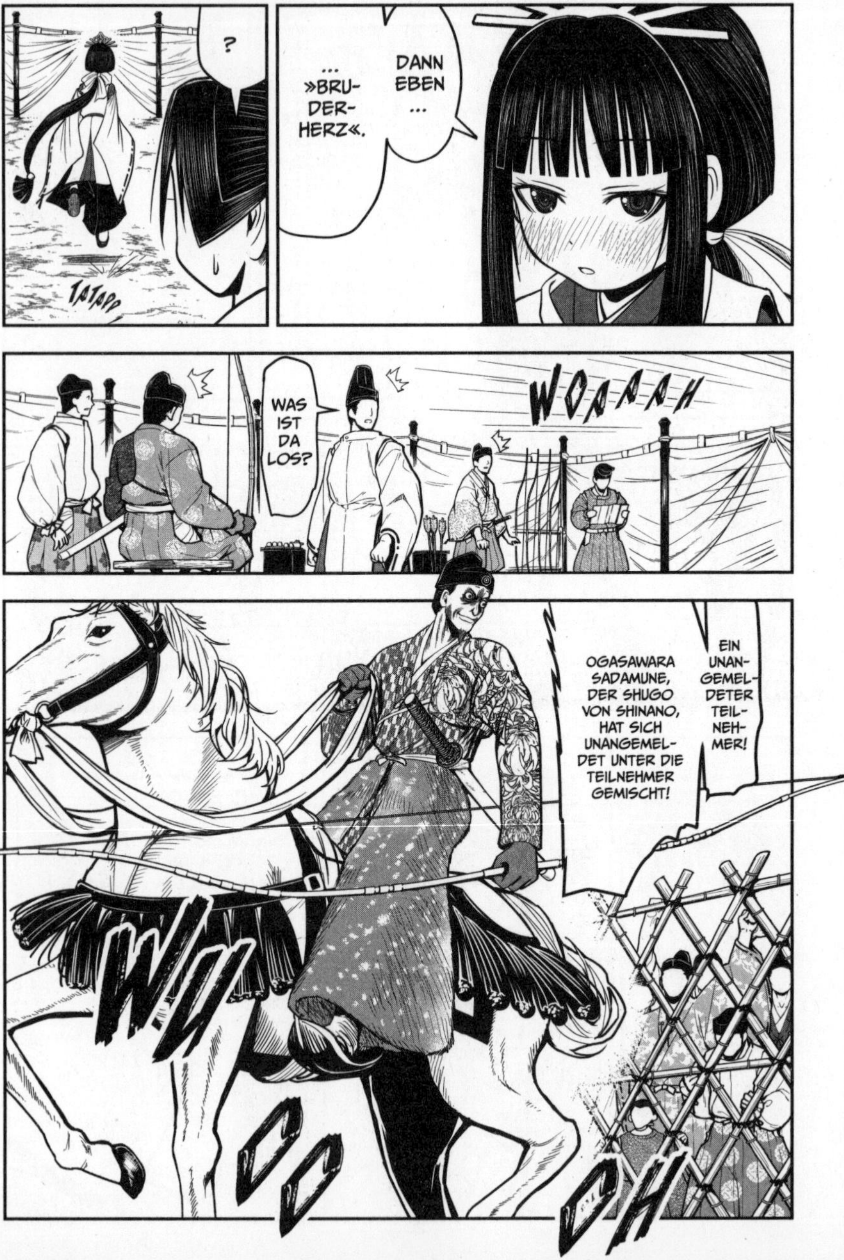
DANN EBEN …
… »BRUDERHERZ«.
?
TATAPP
WOAAAH
WAS IST DA LOS?
EIN UNANGEMELDETER TEILNEHMER!
OGASAWARA SADAMUNE, DER SHUGO VON SHINANO, HAT SICH UNANGEMELDET UNTER DIE TEILNEHMER GEMISCHT!
WOOOOOH

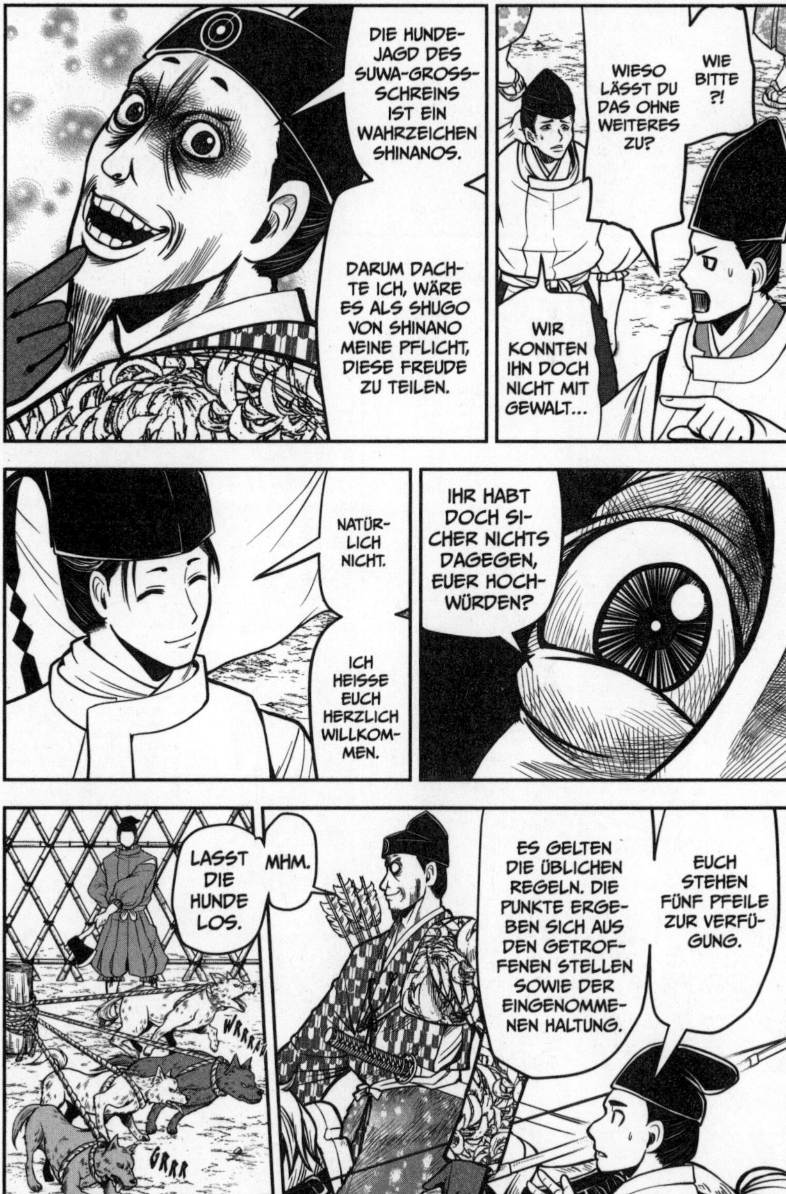
WIE BITTE ?!
WIESO LÄSST DU DAS OHNE WEITERES ZU?
WIR KONNTEN IHN DOCH NICHT MIT GEWALT…
DIE HUNDE-JAGD DES SUWA-GROSS-SCHREINS IST EIN WAHRZEICHEN SHINANOS.
DARUM DACH-TE ICH, WÄRE ES ALS SHUGO VON SHINANO MEINE PFLICHT, DIESE FREUDE ZU TEILEN.
IHR HABT DOCH SI-CHER NICHTS DAGEGEN, EUER HOCH-WÜRDEN?
NATÜR-LICH NICHT.
ICH HEISSE EUCH HERZLICH WILLKOM-MEN.
EUCH STEHEN FÜNF PFEILE ZUR VERFÜ-GUNG.
ES GELTEN DIE ÜBLICHEN REGELN. DIE PUNKTE ERGE-BEN SICH AUS DEN GETROF-FENEN STELLEN SOWIE DER EINGENOMME-NEN HALTUNG.
MHM.
LASST DIE HUNDE LOS.
WRRRR
GRRR

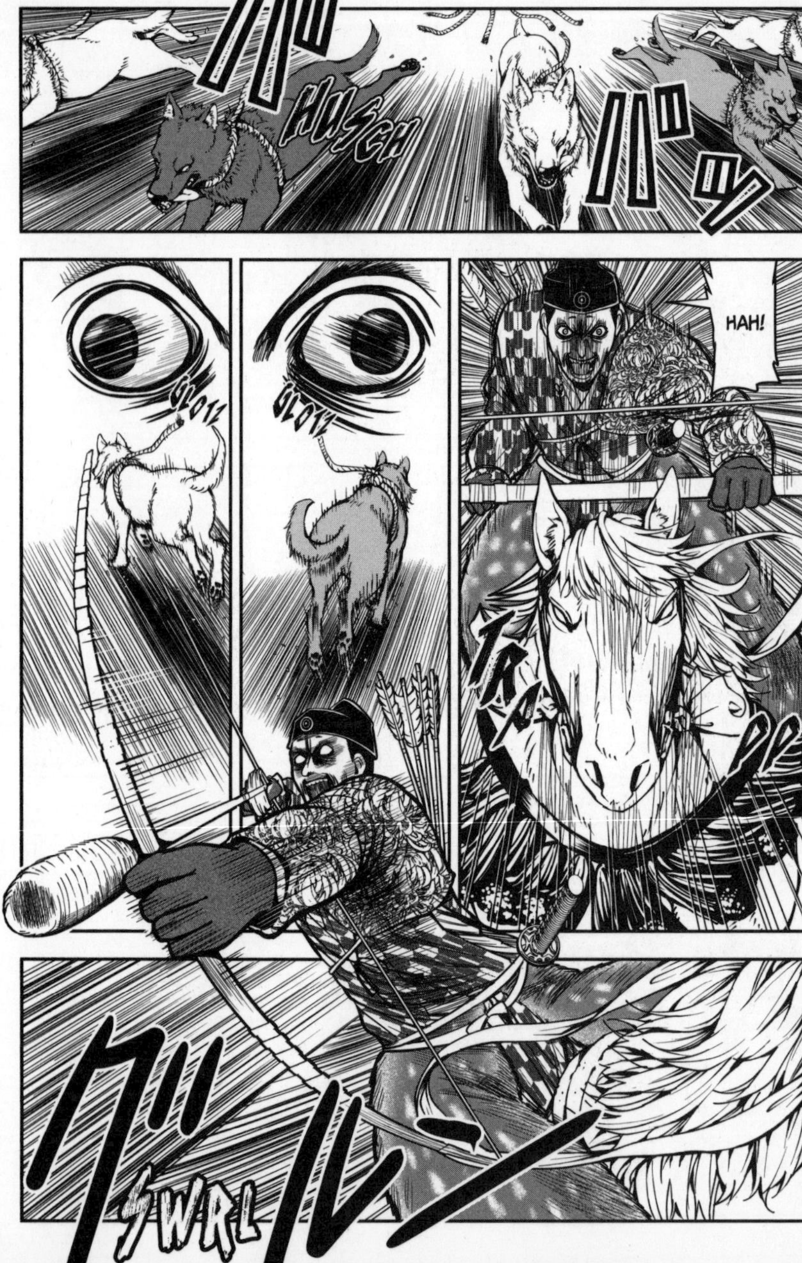
HUSCH
HAH!
GLOTZ
GLOTZ
SWRL

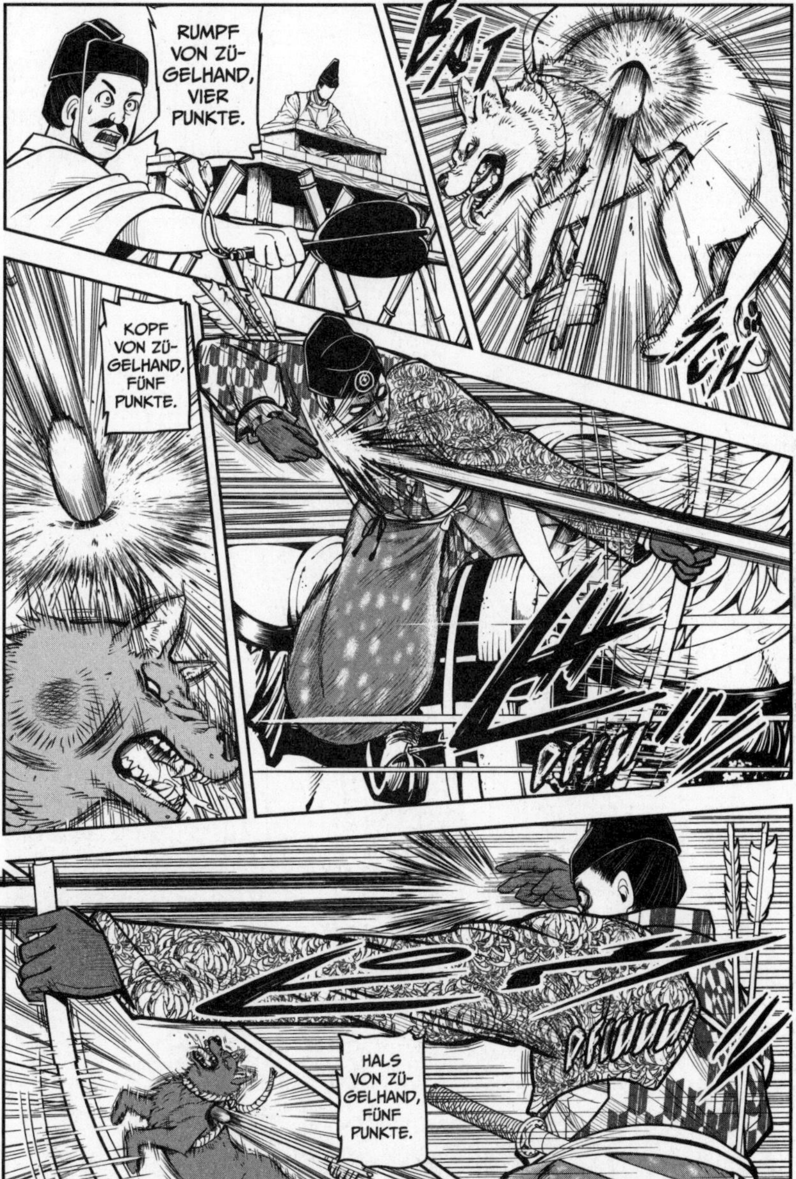
RUMPF VON ZÜGELHAND, VIER PUNKTE.
KOPF VON ZÜGELHAND, FÜNF PUNKTE.
HALS VON ZÜGELHAND, FÜNF PUNKTE.

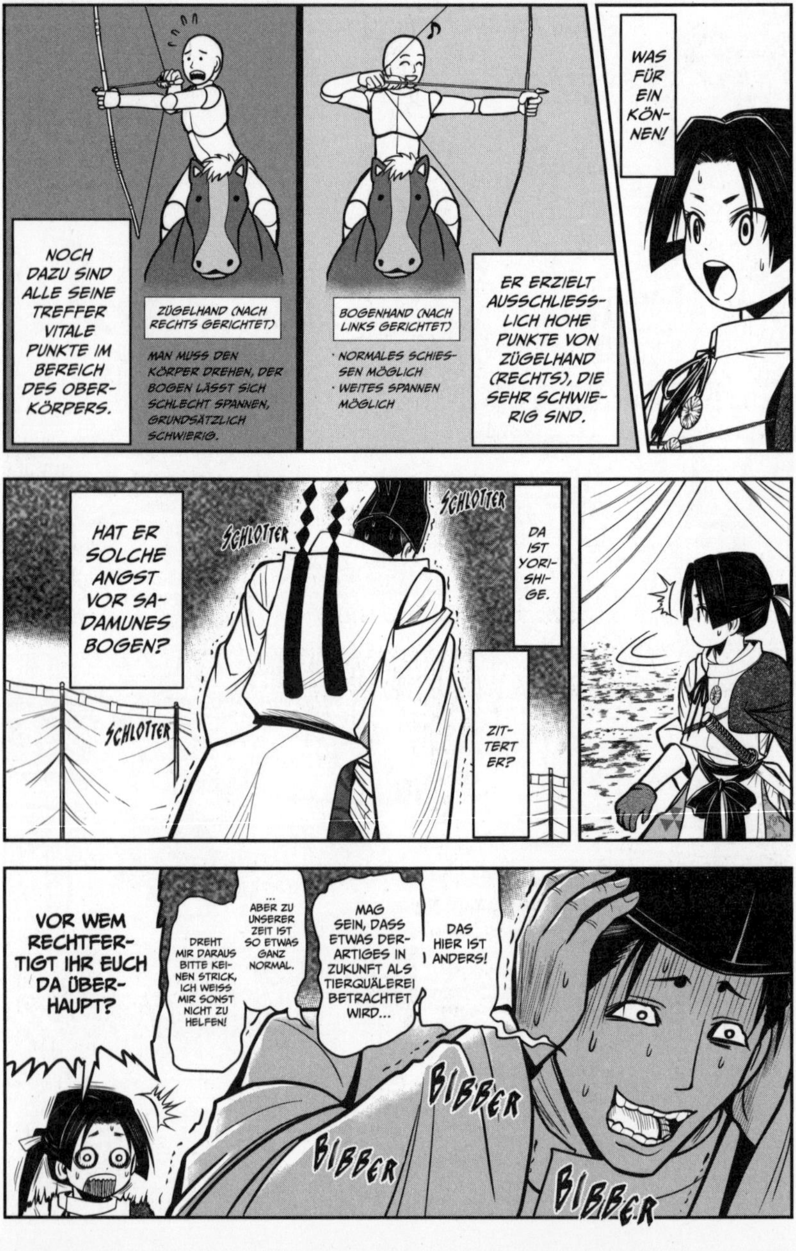
WAS FÜR EIN KÖNNEN!
ER ERZIELT AUSSCHLIESSLICH HOHE PUNKTE VON ZÜGELHAND (RECHTS), DIE SEHR SCHWIERIG SIND.
BOGENHAND (NACH LINKS GERICHTET)
· NORMALES SCHIESSEN MÖGLICH
· WEITES SPANNEN MÖGLICH
ZÜGELHAND (NACH RECHTS GERICHTET)
MAN MUSS DEN KÖRPER DREHEN, DER BOGEN LÄSST SICH SCHLECHT SPANNEN, GRUNDSÄTZLICH SCHWIERIG.
NOCH DAZU SIND ALLE SEINE TREFFER VITALE PUNKTE IM BEREICH DES OBERKÖRPERS.
DA IST YORISHIGE.
ZITTERT ER?
SCHLOTTER
SCHLOTTER
SCHLOTTER
HAT ER SOLCHE ANGST VOR SADAMUNES BOGEN?
DAS HIER IST ANDERS!
MAG SEIN, DASS ETWAS DERARTIGES IN ZUKUNFT ALS TIERQUÄLEREI BETRACHTET WIRD...
... ABER ZU UNSERER ZEIT IST SO ETWAS GANZ NORMAL.
DREHT MIR DARAUS BITTE KEINEN STRICK, ICH WEISS MIR SONST NICHT ZU HELFEN!
VOR WEM RECHTFERTIGT IHR EUCH DA ÜBERHAUPT?
BIBBER
BIBBER
BIBBER

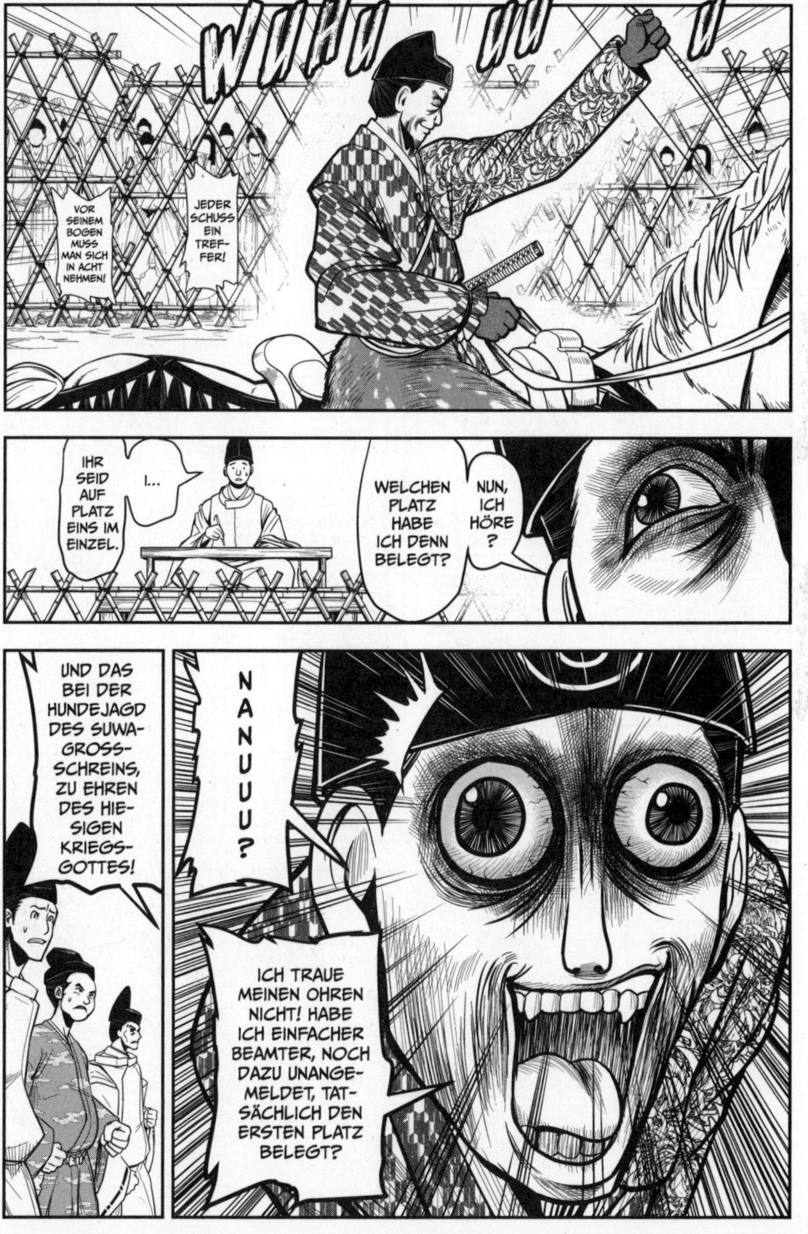
WUHU UU U
JEDER SCHUSS EIN TREFFER!
VOR SEINEM BOGEN MUSS MAN SICH IN ACHT NEHMEN!
NUN, ICH HÖRE?
WELCHEN PLATZ HABE ICH DENN BELEGT?
I...
IHR SEID AUF PLATZ EINS IM EINZEL.
NANUUUU?
ICH TRAUE MEINEN OHREN NICHT! HABE ICH EINFACHER BEAMTER, NOCH DAZU UNANGEMELDET, TATSÄCHLICH DEN ERSTEN PLATZ BELEGT?
UND DAS BEI DER HUNDEJAGD DES SUWA-GROSS-SCHREINS, ZU EHREN DES HIESIGEN KRIEGSGOTTES!

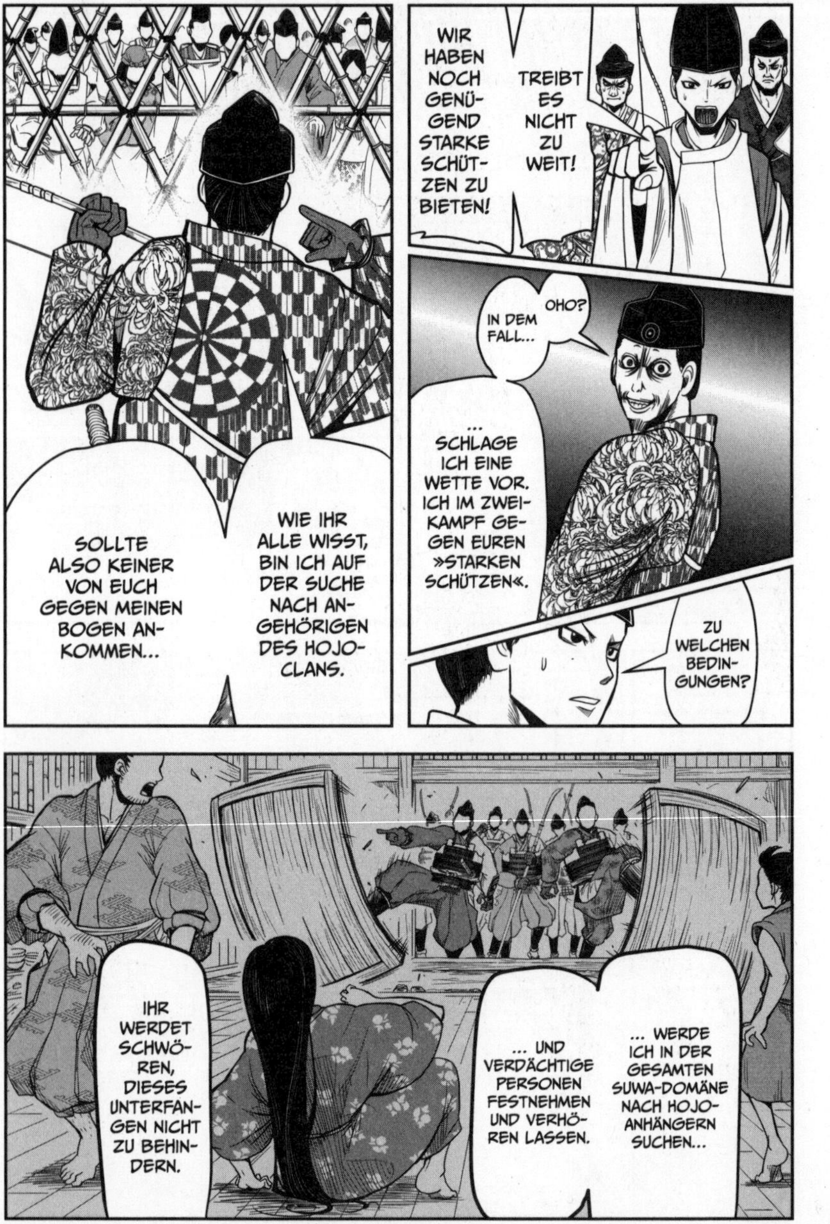

TREIBT ES NICHT ZU WEIT!
WIR HABEN NOCH GENÜGEND STARKE SCHÜTZEN ZU BIETEN!
OHO?
IN DEM FALL...
... SCHLAGE ICH EINE WETTE VOR. ICH IM ZWEIKAMPF GEGEN EUREN »STARKEN SCHÜTZEN«.
ZU WELCHEN BEDINGUNGEN?
WIE IHR ALLE WISST, BIN ICH AUF DER SUCHE NACH ANGEHÖRIGEN DES HOJO-CLANS.
SOLLTE ALSO KEINER VON EUCH GEGEN MEINEN BOGEN ANKOMMEN...
... WERDE ICH IN DER GESAMTEN SUWA-DOMÄNE NACH HOJO-ANHÄNGERN SUCHEN...
... UND VERDÄCHTIGE PERSONEN FESTNEHMEN UND VERHÖREN LASSEN.
IHR WERDET SCHWÖREN, DIESES UNTERFANGEN NICHT ZU BEHINDERN.

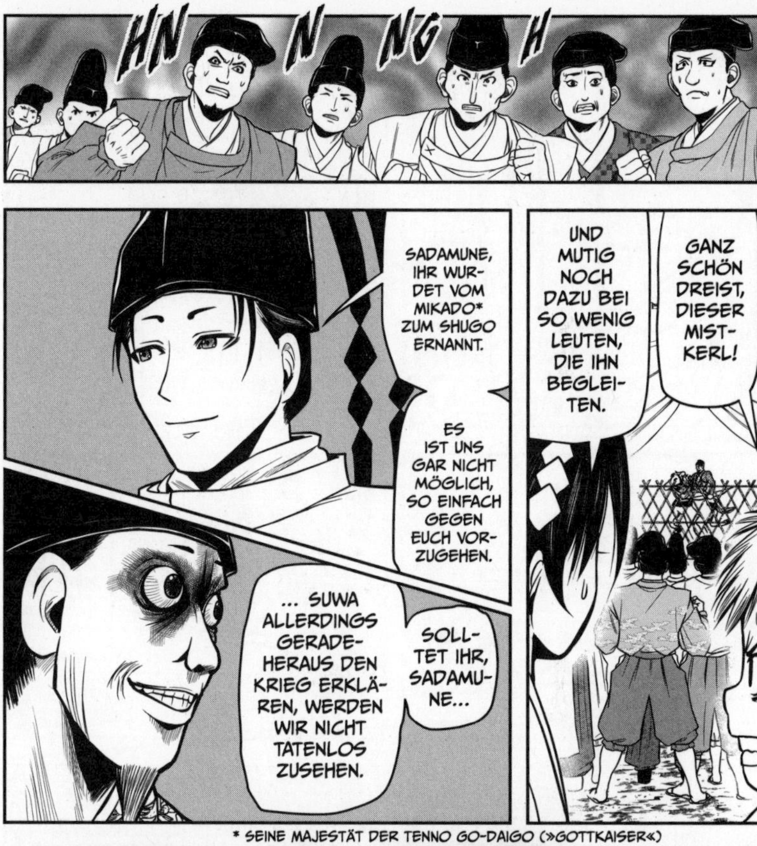

* SEINE MAJESTÄT DER TENNO GO-DAIGO (»GOTTKAISER«)

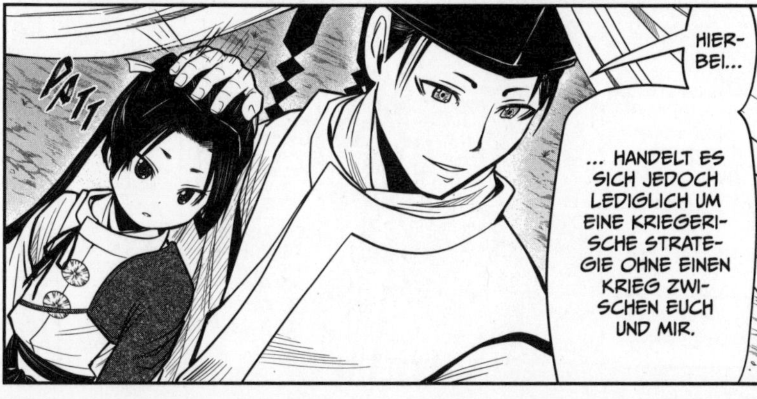

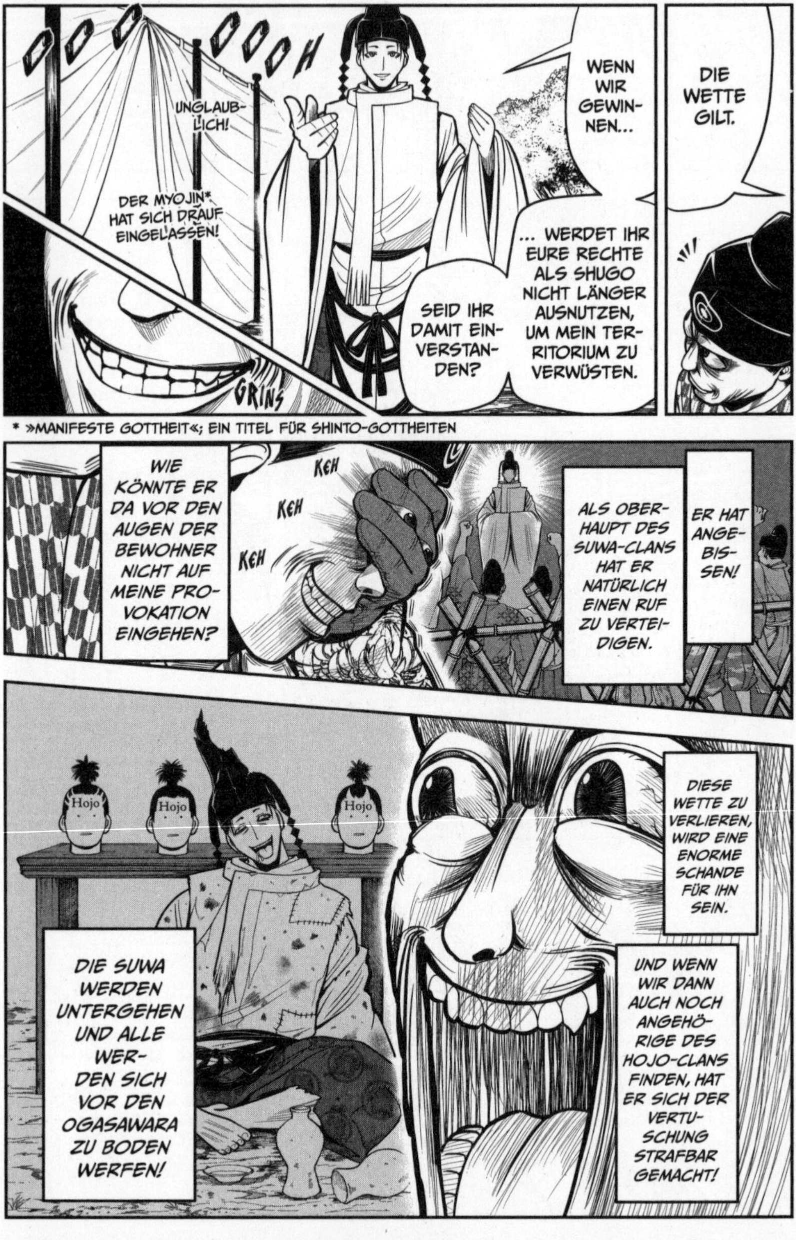

* »MANIFESTE GOTTHEIT«; EIN TITEL FÜR SHINTO-GOTTHEITEN

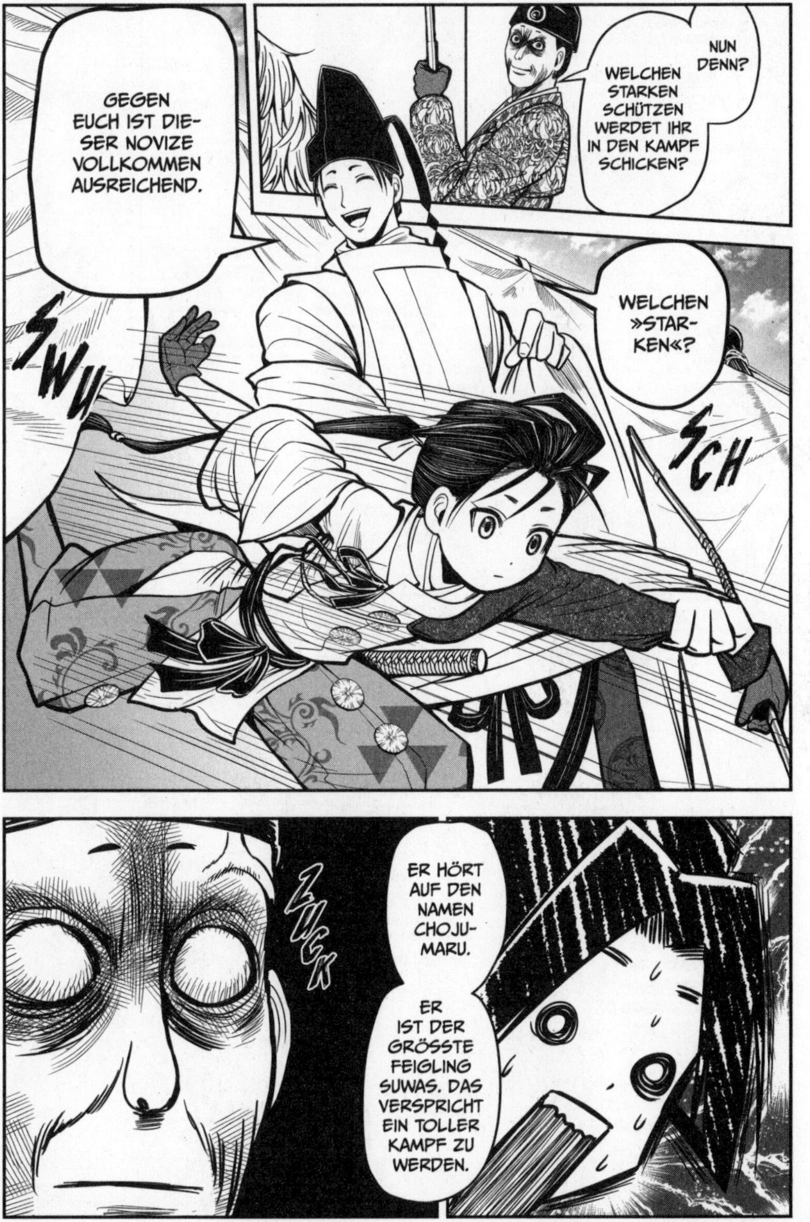
NUN DENN?
WELCHEN STARKEN SCHÜTZEN WERDET IHR IN DEN KAMPF SCHICKEN?
WELCHEN »STARKEN«?
GEGEN EUCH IST DIESER NOVIZE VOLLKOMMEN AUSREICHEND.
SCH
SWU
ER HÖRT AUF DEN NAMEN CHOJUMARU.
ER IST DER GRÖSSTE FEIGLING SUWAS. DAS VERSPRICHT EIN TOLLER KAMPF ZU WERDEN.
ZUCK

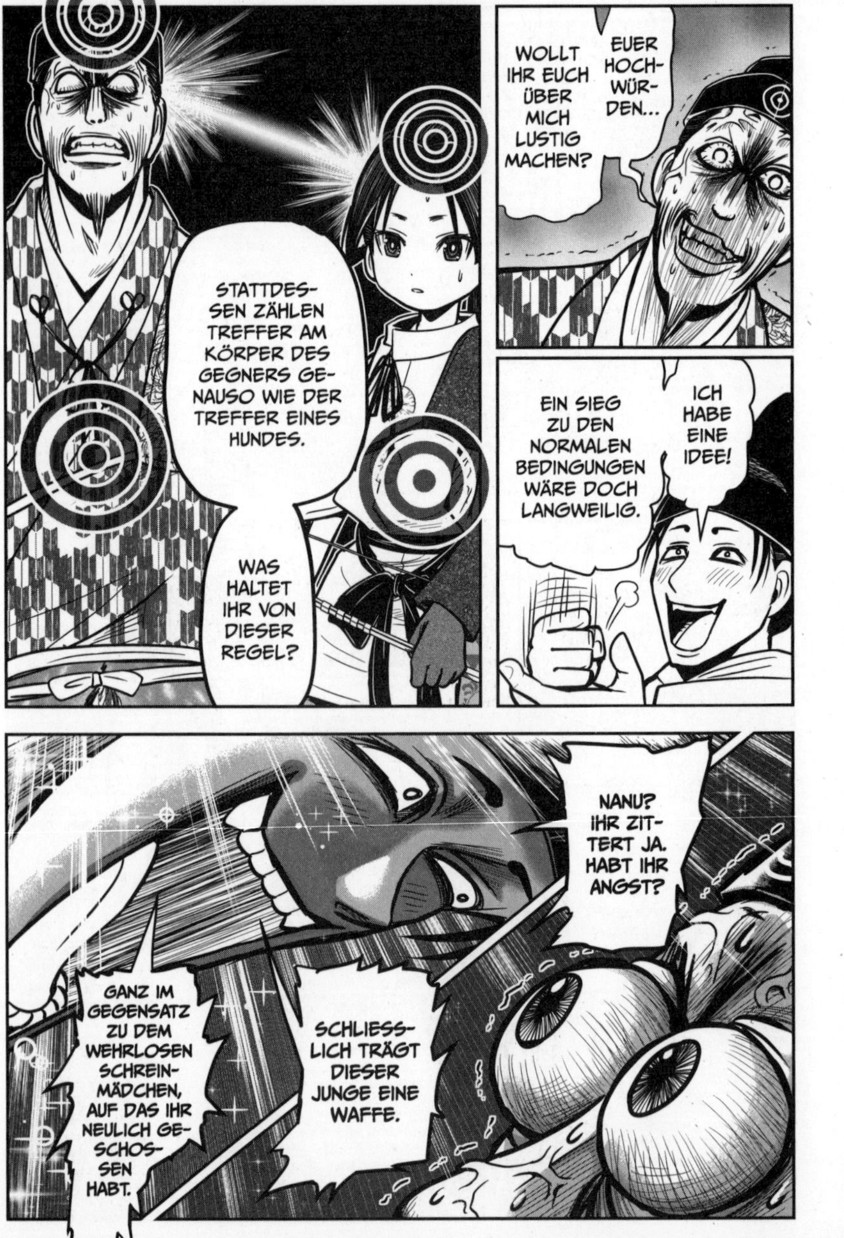
EUER HOCHWÜRDEN...
WOLLT IHR EUCH ÜBER MICH LUSTIG MACHEN?
ICH HABE EINE IDEE!
EIN SIEG ZU DEN NORMALEN BEDINGUNGEN WÄRE DOCH LANGWEILIG.
STATTDESSEN ZÄHLEN TREFFER AM KÖRPER DES GEGNERS GENAUSO WIE DER TREFFER EINES HUNDES.
WAS HALTET IHR VON DIESER REGEL?
NANU? IHR ZITTERT JA. HABT IHR ANGST?
SCHLIESSLICH TRÄGT DIESER JUNGE EINE WAFFE.
GANZ IM GEGENSATZ ZU DEM WEHRLOSEN SCHREINMÄDCHEN, AUF DAS IHR NEULICH GESCHOSSEN HABT.

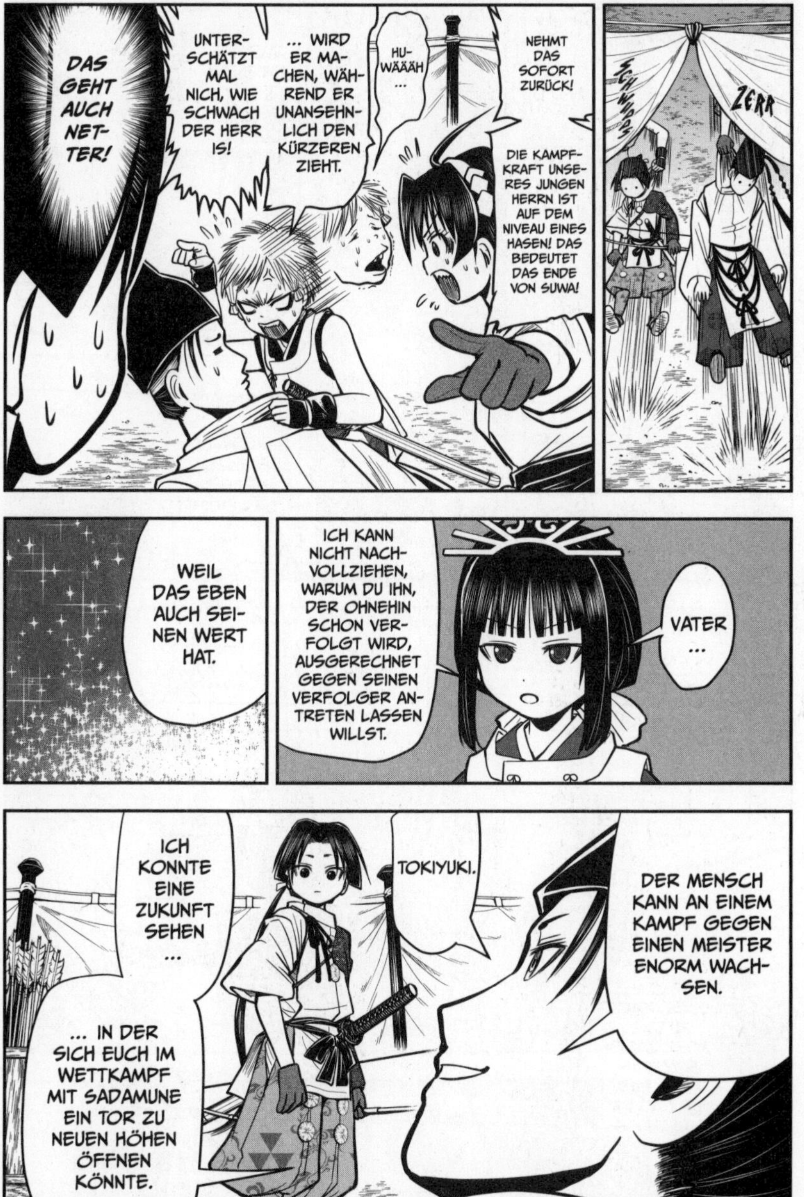
ZERR
NEHMT DAS SOFORT ZURÜCK!
DIE KAMPFKRAFT UNSERES JUNGEN HERRN IST AUF DEM NIVEAU EINES HASEN! DAS BEDEUTET DAS ENDE VON SUWA!
HUWÄÄÄH ...
... WIRD ER MACHEN, WÄHREND ER UNANSEHNLICH DEN KÜRZEREN ZIEHT.
UNTERSCHÄTZT MAL NICH, WIE SCHWACH DER HERR IS!
DAS GEHT AUCH NETTER!
VATER ...
ICH KANN NICHT NACHVOLLZIEHEN, WARUM DU IHN, DER OHNEHIN SCHON VERFOLGT WIRD, AUSGERECHNET GEGEN SEINEN VERFOLGER ANTRETEN LASSEN WILLST.
WEIL DAS EBEN AUCH SEINEN WERT HAT.
DER MENSCH KANN AN EINEM KAMPF GEGEN EINEN MEISTER ENORM WACHSEN.
TOKIYUKI.
ICH KONNTE EINE ZUKUNFT SEHEN ...
... IN DER SICH EUCH IM WETTKAMPF MIT SADAMUNE EIN TOR ZU NEUEN HÖHEN ÖFFNEN KÖNNTE.

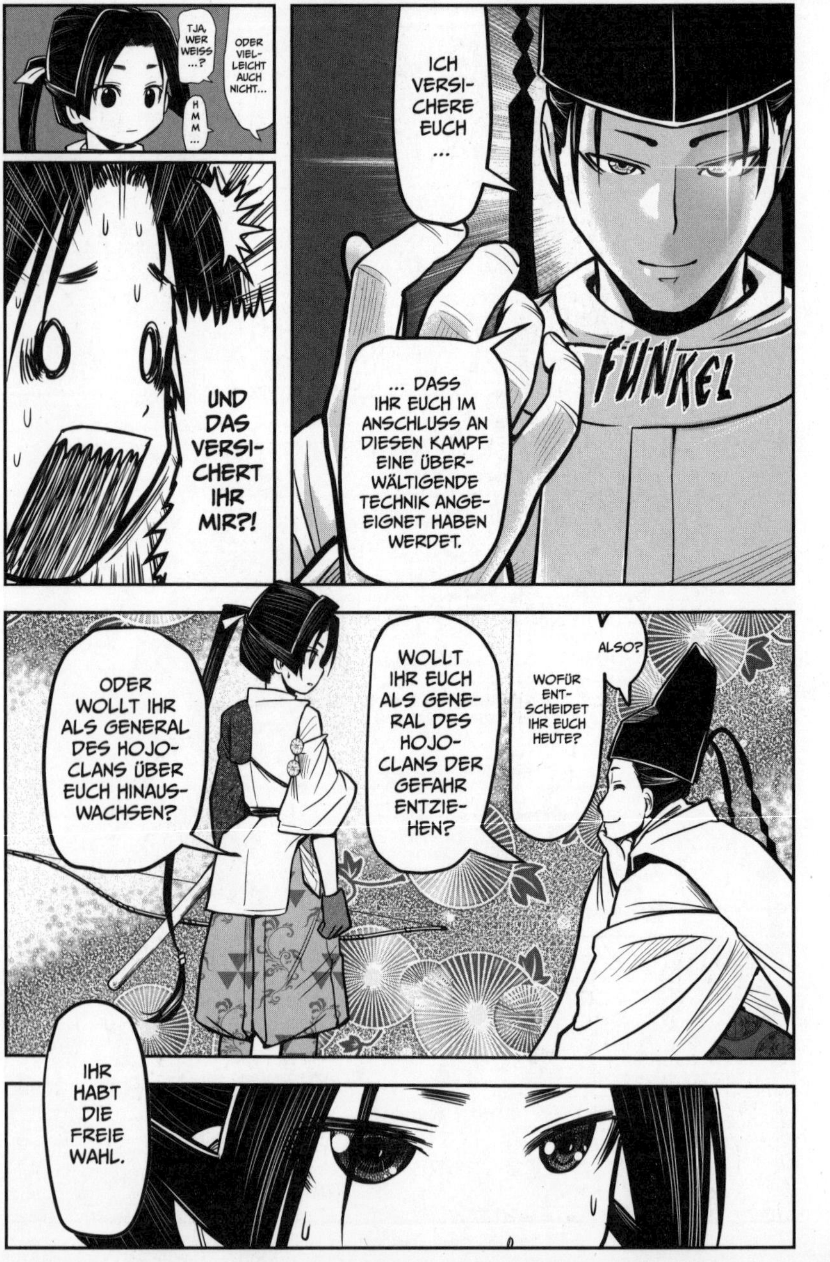
ICH VERSICHERE EUCH ...
... DASS IHR EUCH IM ANSCHLUSS AN DIESEN KAMPF EINE ÜBERWÄLTIGENDE TECHNIK ANGEEIGNET HABEN WERDET.
FUNKEL
TJA, WER WEISS ...?
ODER VIELLEICHT AUCH NICHT...
HMM ...
UND DAS VERSICHERT IHR MIR?!
ALSO?
WOFÜR ENTSCHEIDET IHR EUCH HEUTE?
WOLLT IHR EUCH ALS GENERAL DES HOJO-CLANS DER GEFAHR ENTZIEHEN?
ODER WOLLT IHR ALS GENERAL DES HOJO-CLANS ÜBER EUCH HINAUSWACHSEN?
IHR HABT DIE FREIE WAHL.

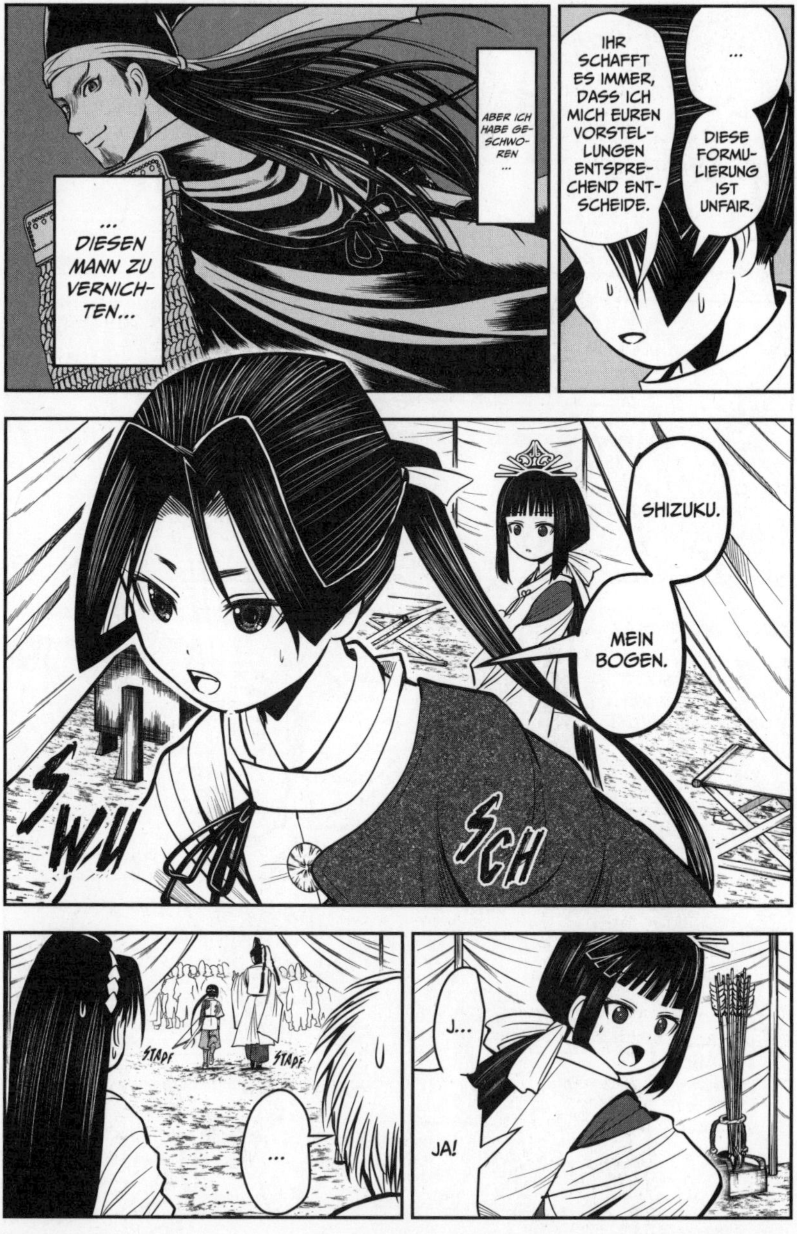
...
DIESE FORMULIERUNG IST UNFAIR.
IHR SCHAFFT ES IMMER, DASS ICH MICH EUREN VORSTELLUNGEN ENTSPRECHEND ENTSCHEIDE.
ABER ICH HABE GESCHWOREN ...
... DIESEN MANN ZU VERNICHTEN...
SHIZUKU.
MEIN BOGEN.
SCH
SWU
J...
JA!
STAPF
STAPF
...

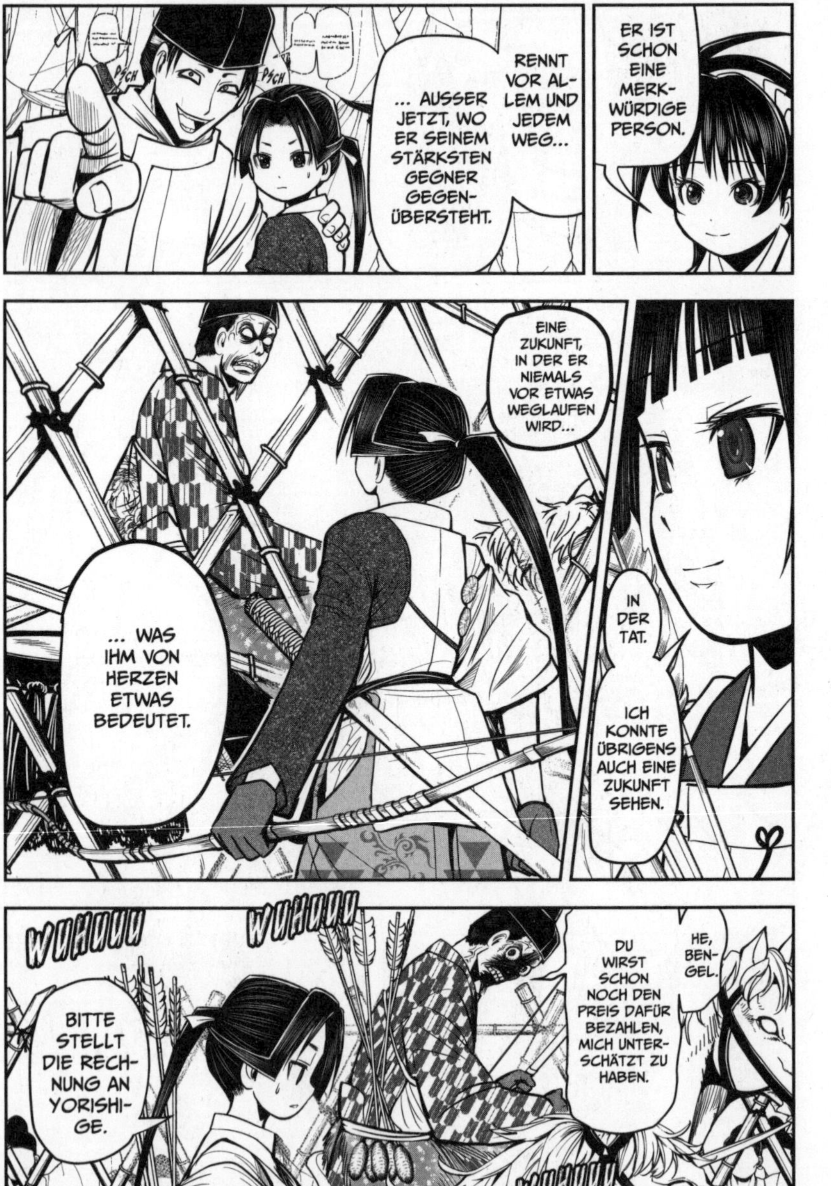

ER IST SCHON EINE MERKWÜRDIGE PERSON.
RENNT VOR ALLEM UND JEDEM WEG...
... AUSSER JETZT, WO ER SEINEM STÄRKSTEN GEGNER GEGENÜBERSTEHT.
PSCH
PSCH
EINE ZUKUNFT, IN DER ER NIEMALS VOR ETWAS WEGLAUFEN WIRD...
IN DER TAT.
ICH KONNTE ÜBRIGENS AUCH EINE ZUKUNFT SEHEN.
... WAS IHM VON HERZEN ETWAS BEDEUTET.
HE, BENGEL.
DU WIRST SCHON NOCH DEN PREIS DAFÜR BEZAHLEN, MICH UNTERSCHÄTZT ZU HABEN.
BITTE STELLT DIE RECHNUNG AN YORISHIGE.
WUHUUU
WUHUUU
WUHUUU

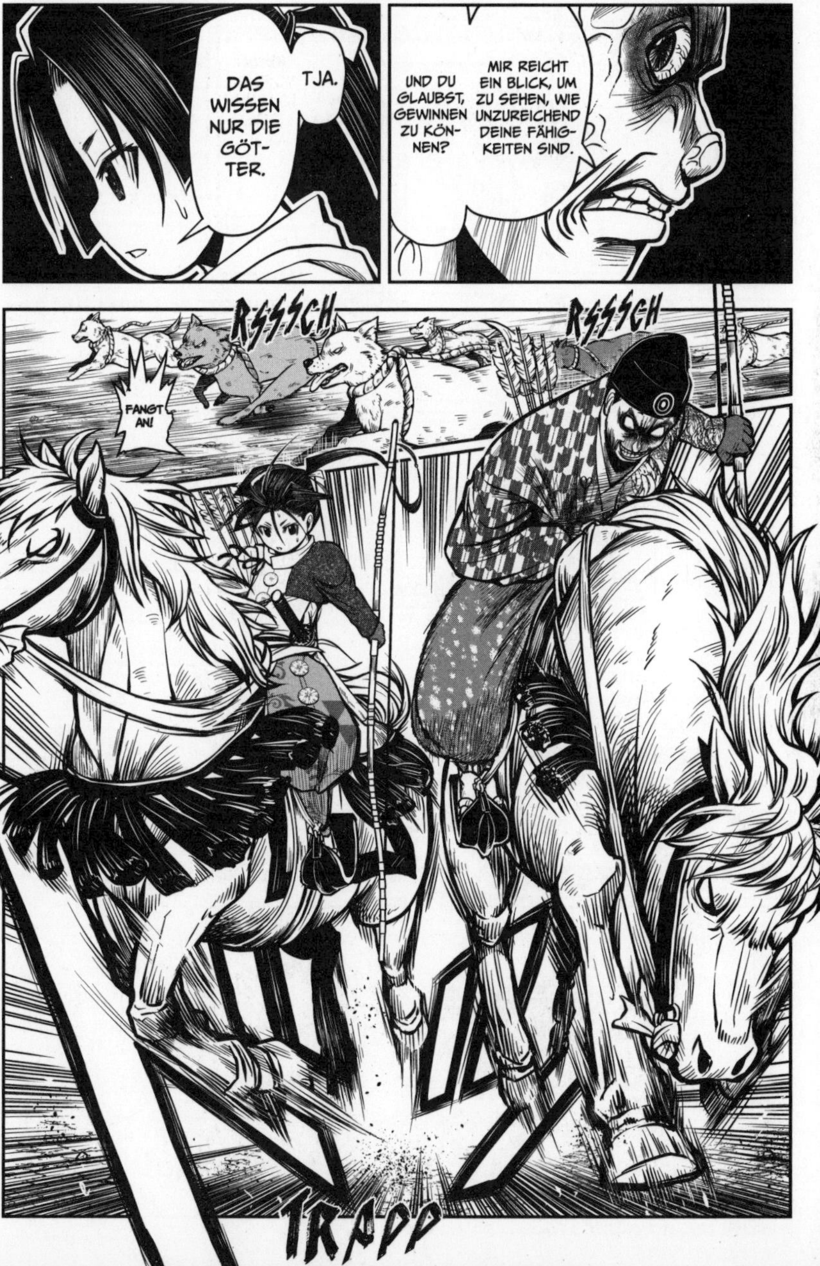
MIR REICHT EIN BLICK, UM ZU SEHEN, WIE UNZUREICHEND DEINE FÄHIGKEITEN SIND.
UND DU GLAUBST, GEWINNEN ZU KÖNNEN?
TJA.
DAS WISSEN NUR DIE GÖTTER.
RSSSCH
RSSSCH
FANGT AN!
TRAPP

◆ Wie Ogasawara Sadamune entstand ◆

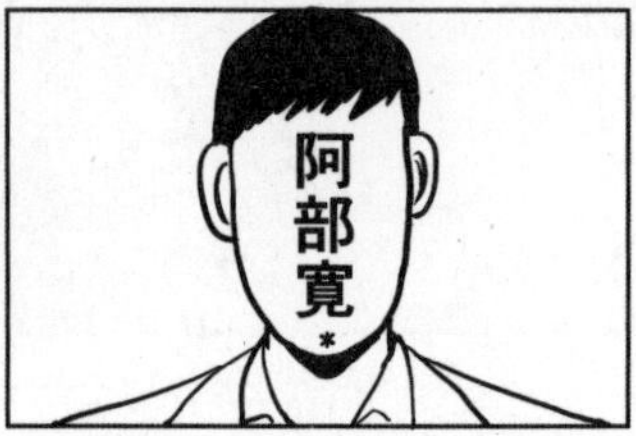

❶ Da er große Augen haben sollte, habe ich ein Foto von Hiroshi Abe herausgesucht.

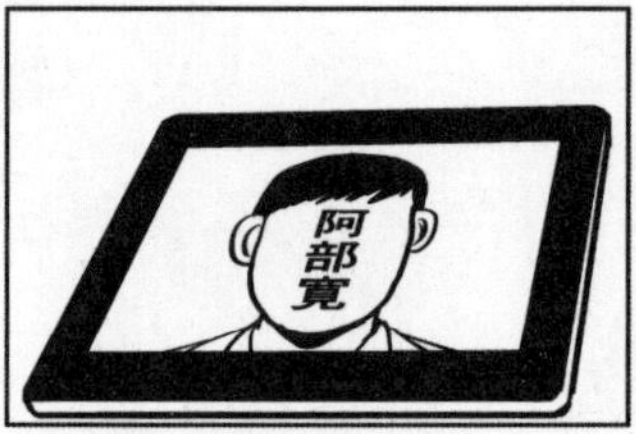

❷ Dieses Foto habe ich dann in mein Zeichenprogramm importiert und nachgezeichnet.

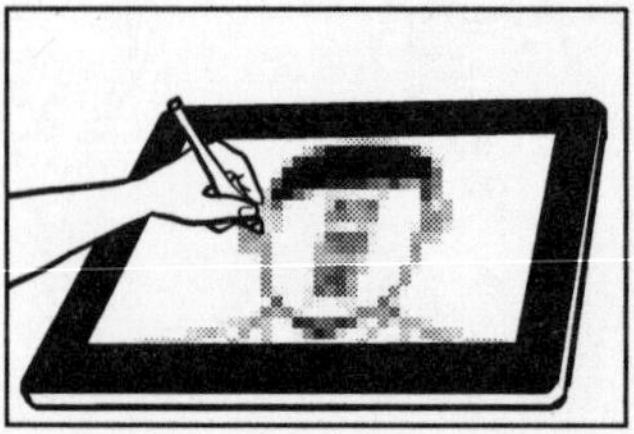

❸ Zuletzt habe ich noch alle Stellen, die auf meine Vorlage hindeuten könnten, restlos entfernt.

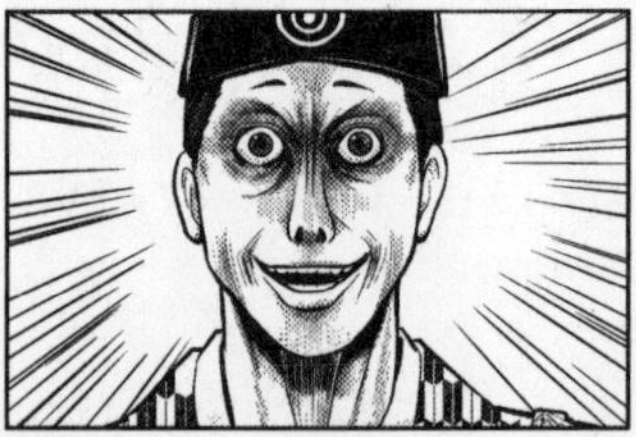

❹ **Fertig!**

* HIROSHI ABE, JAPANISCHER SCHAUSPIELER UND MODEL

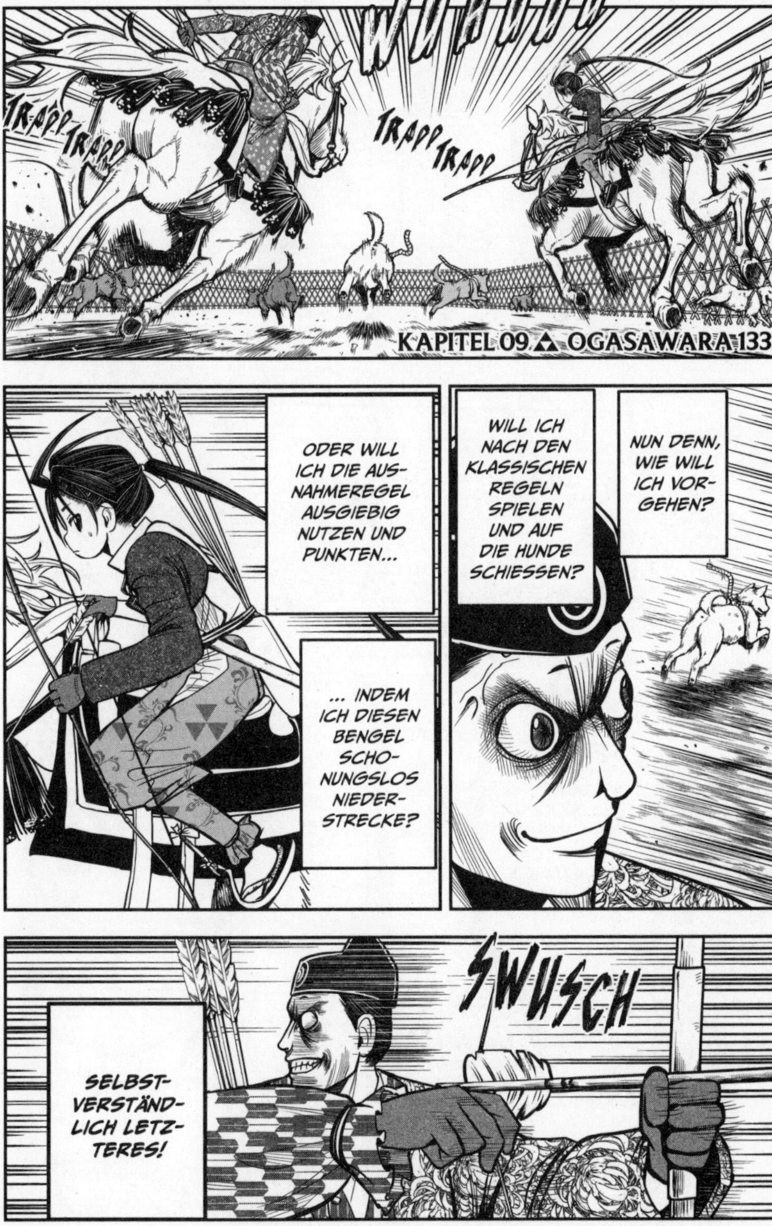
WUHHOOO
TRAPP TRAPP
TRAPP TRAPP
KAPITEL 09 ▲ OGASAWARA 1333
NUN DENN, WIE WILL ICH VOR-GEHEN?
WILL ICH NACH DEN KLASSISCHEN REGELN SPIELEN UND AUF DIE HUNDE SCHIESSEN?
ODER WILL ICH DIE AUS-NAHMEREGEL AUSGIEBIG NUTZEN UND PUNKTEN...
... INDEM ICH DIESEN BENGEL SCHO-NUNGSLOS NIEDER-STRECKE?
SWUSCH
SELBST-VERSTÄND-LICH LETZ-TERES!

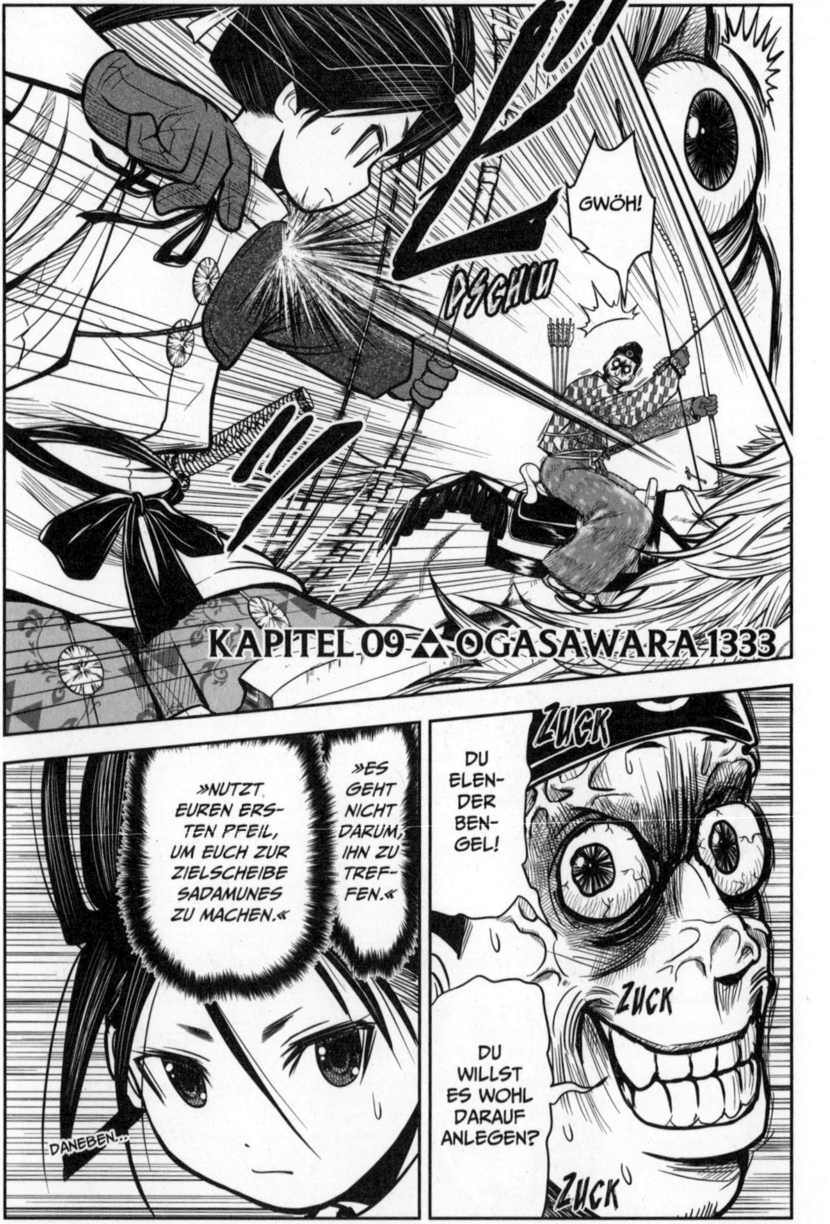
GWÖH!
PSCHIU
KAPITEL 09 ▲ OGASAWARA 1333
ZUCK
DU ELENDER BENGEL!
ZUCK
DU WILLST ES WOHL DARAUF ANLEGEN?
ZUCK
»ES GEHT NICHT DARUM, IHN ZU TREFFEN.«
»NUTZT EUREN ERSTEN PFEIL, UM EUCH ZUR ZIELSCHEIBE SADAMUNES ZU MACHEN.«
DANEBEN...

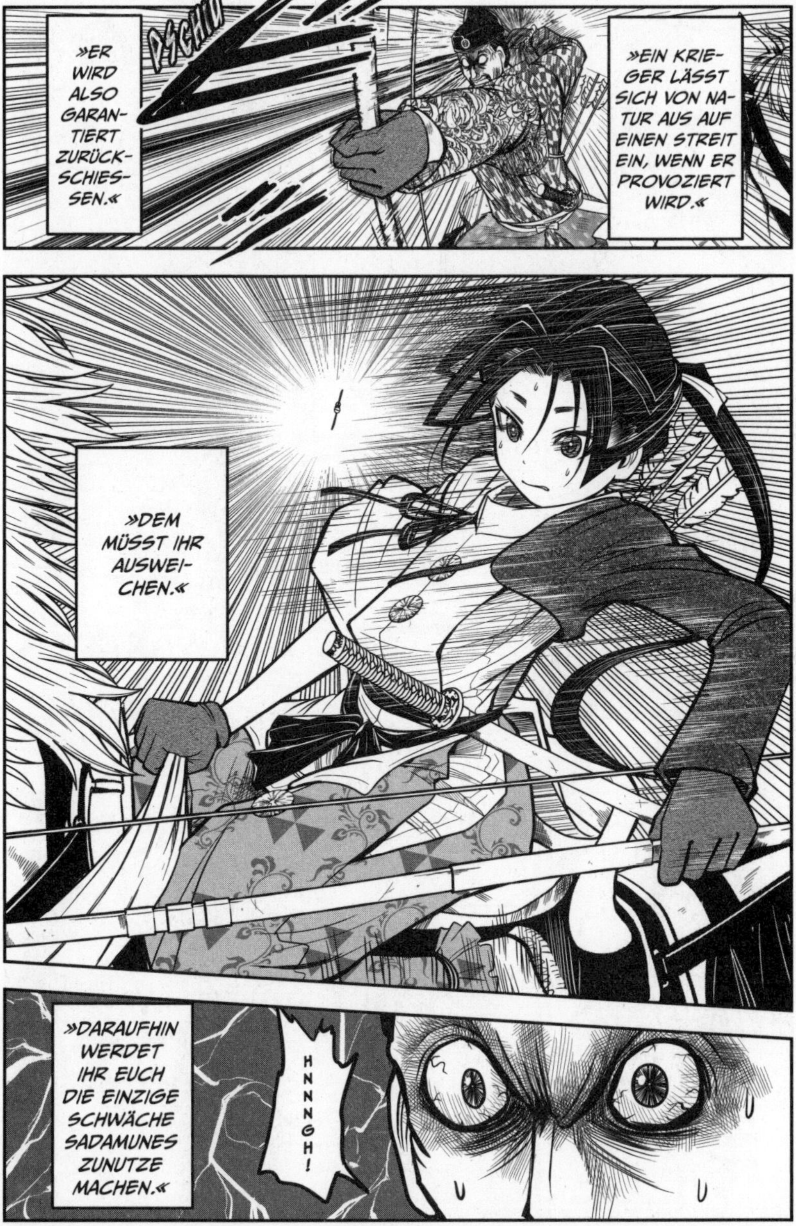
»EIN KRIEGER LÄSST SICH VON NATUR AUS AUF EINEN STREIT EIN, WENN ER PROVOZIERT WIRD.«
PSCHIU
»ER WIRD ALSO GARANTIERT ZURÜCKSCHIESSEN.«
»DEM MÜSST IHR AUSWEICHEN.«
HNNNGH!
»DARAUFHIN WERDET IHR EUCH DIE EINZIGE SCHWÄCHE SADAMUNES ZUNUTZE MACHEN.«

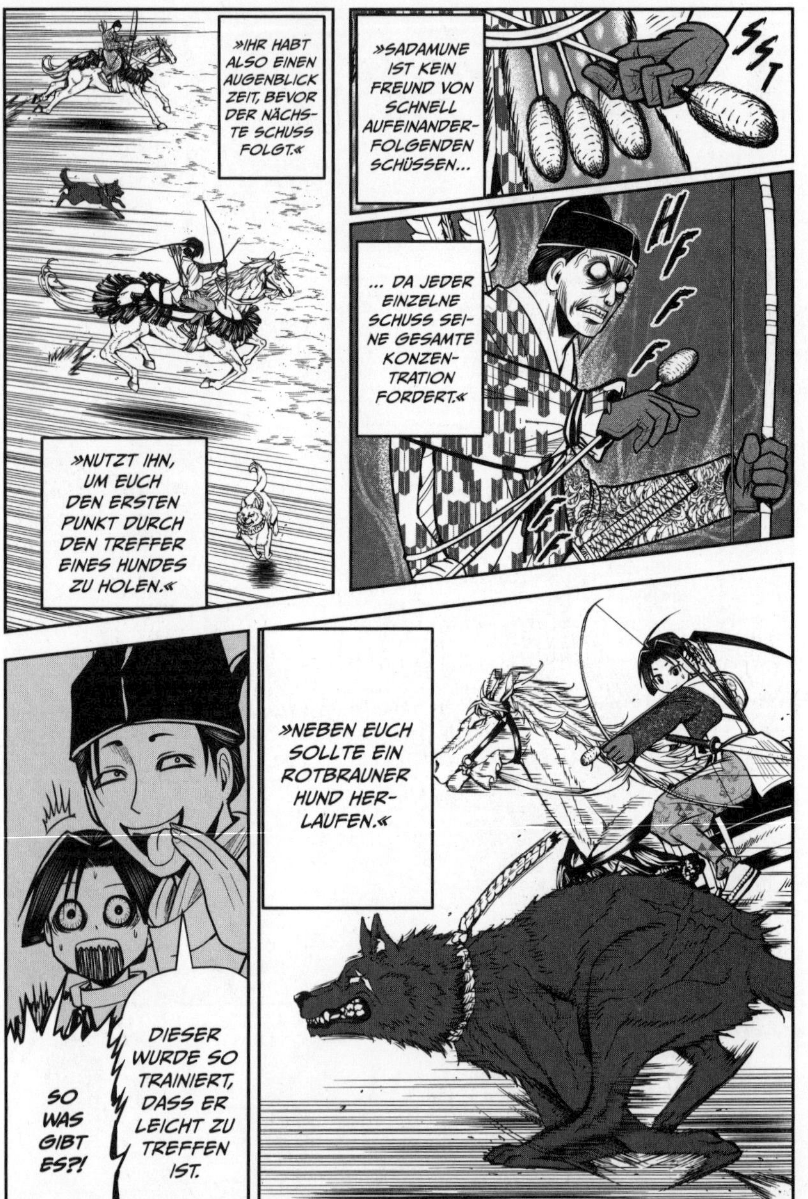
»SADAMUNE IST KEIN FREUND VON SCHNELL AUFEINANDER-FOLGENDEN SCHÜSSEN...
SST
... DA JEDER EINZELNE SCHUSS SEI-NE GESAMTE KONZEN-TRATION FORDERT.«
»IHR HABT ALSO EINEN AUGENBLICK ZEIT, BEVOR DER NÄCHS-TE SCHUSS FOLGT.«
»NUTZT IHN, UM EUCH DEN ERSTEN PUNKT DURCH DEN TREFFER EINES HUNDES ZU HOLEN.«
»NEBEN EUCH SOLLTE EIN ROTBRAUNER HUND HER-LAUFEN.«
DIESER WURDE SO TRAINIERT, DASS ER LEICHT ZU TREFFEN IST.
SO WAS GIBT ES?!

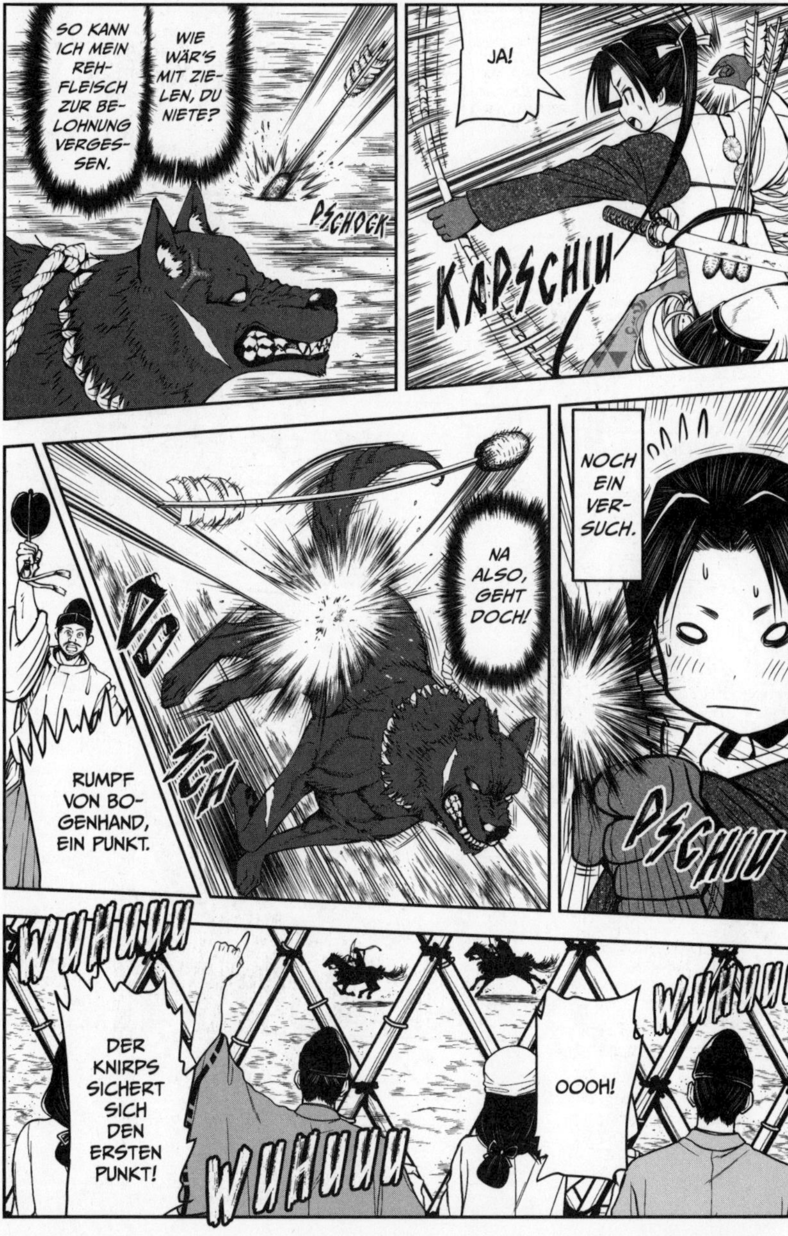
JA!
KAPSCHIU
WIE WÄR'S MIT ZIELEN, DU NIETE?
SO KANN ICH MEIN REHFLEISCH ZUR BELOHNUNG VERGESSEN.
PSCHOCK
NOCH EIN VERSUCH.
PSCHIU
NA ALSO, GEHT DOCH!
DOSCH
RUMPF VON BOGENHAND, EIN PUNKT.
WUHUUUU
OOOH!
WUHUUUU
DER KNIRPS SICHERT SICH DEN ERSTEN PUNKT!
WUHUUUU

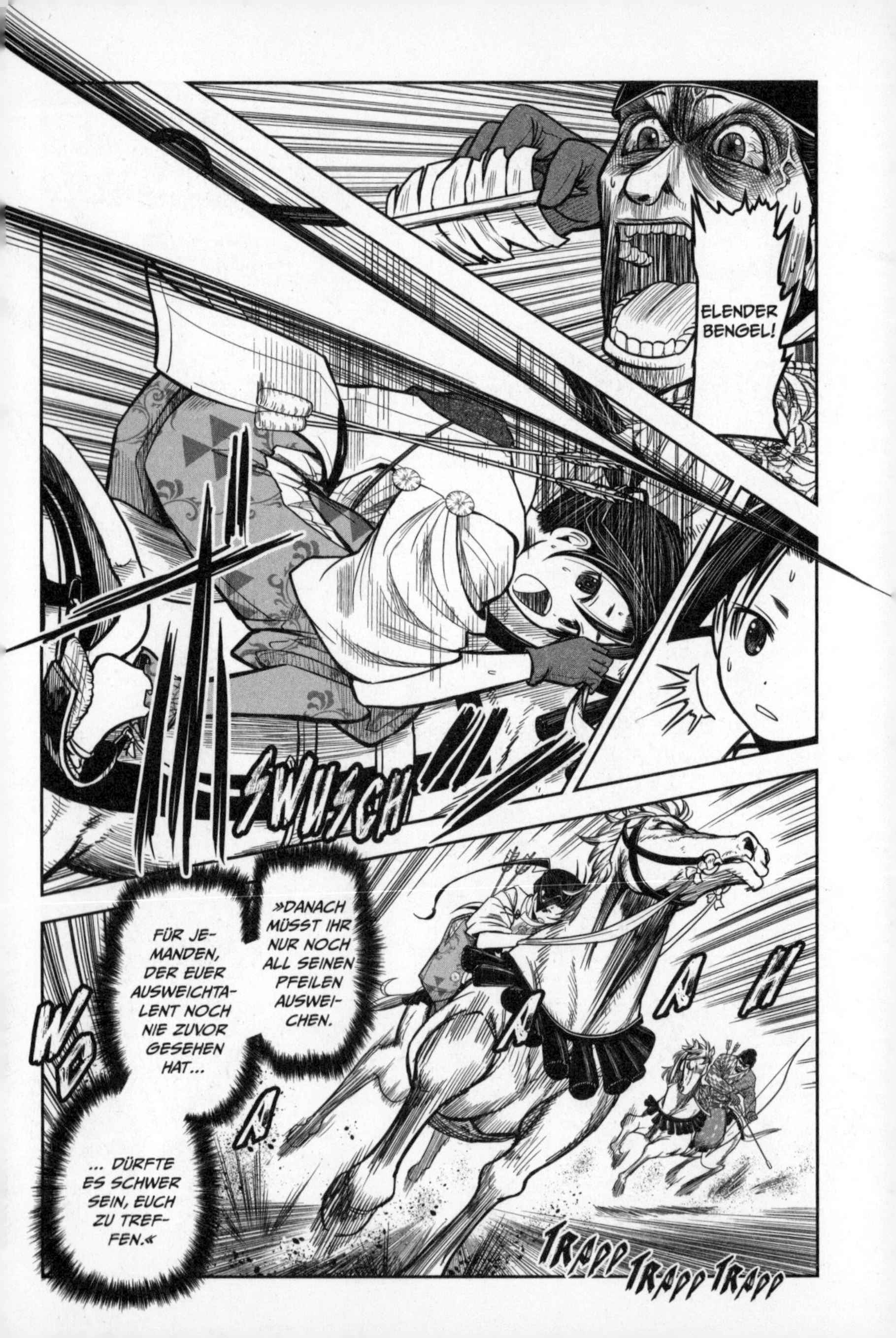
ELENDER BENGEL!
SWUSCH
»DANACH MÜSST IHR NUR NOCH ALL SEINEN PFEILEN AUSWEICHEN.
FÜR JEMANDEN, DER EUER AUSWEICHTALENT NOCH NIE ZUVOR GESEHEN HAT...
... DÜRFTE ES SCHWER SEIN, EUCH ZU TREFFEN.«
WOAAAAH
TRAPP TRAPP TRAPP

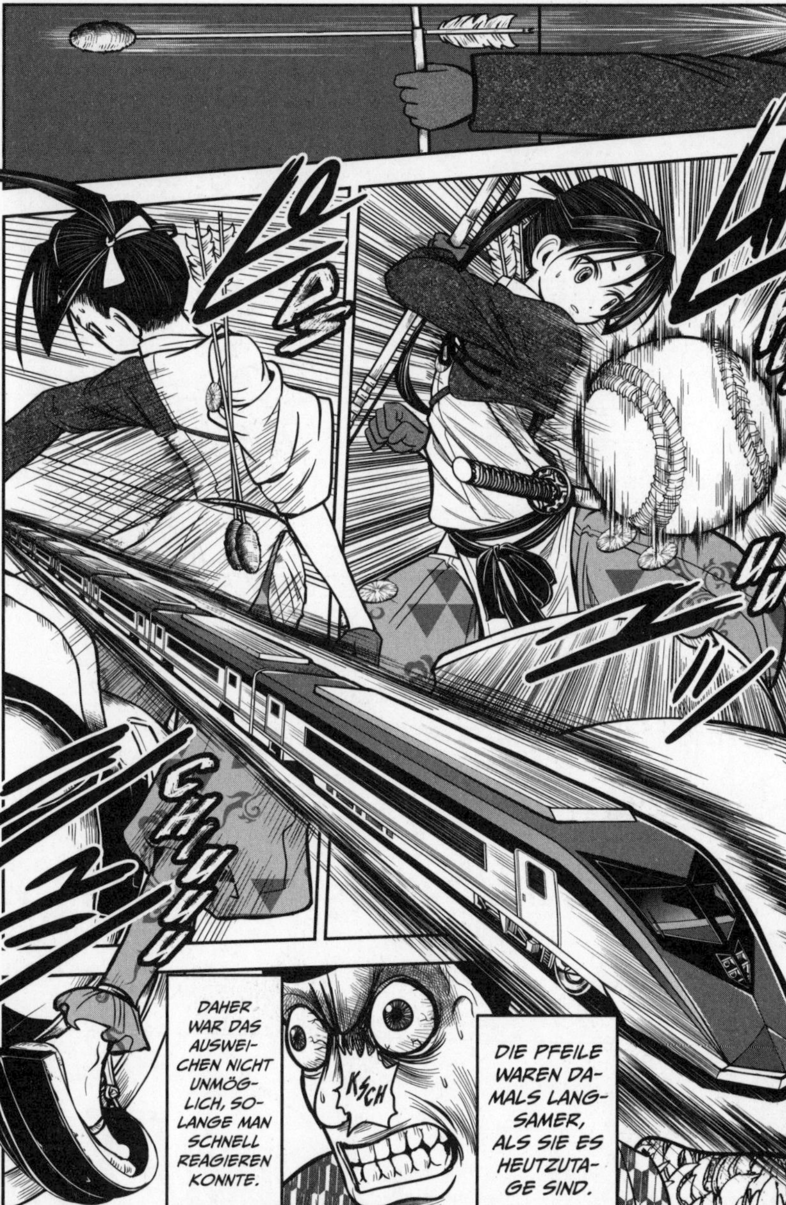
DIE PFEILE WAREN DAMALS LANGSAMER, ALS SIE ES HEUTZUTAGE SIND.
DAHER WAR DAS AUSWEICHEN NICHT UNMÖGLICH, SOLANGE MAN SCHNELL REAGIEREN KONNTE.
KSCH

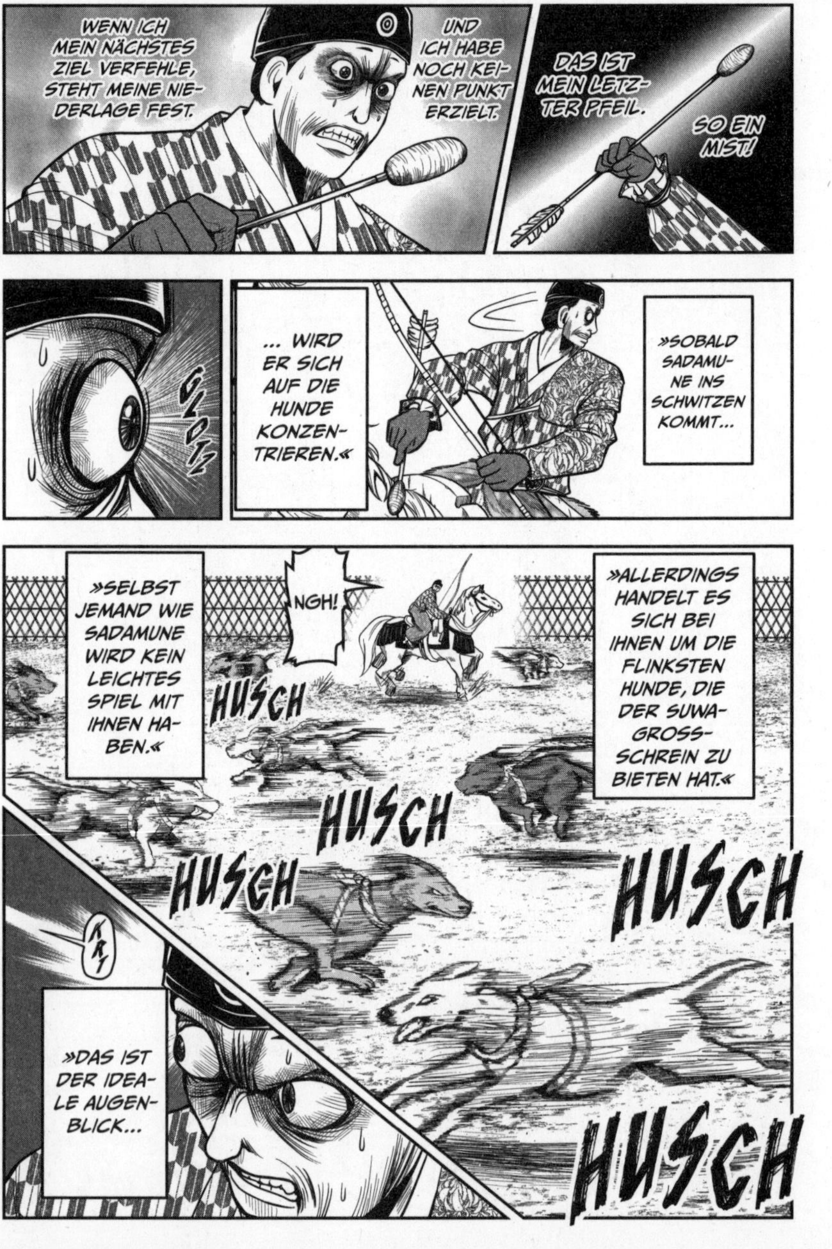
DAS IST MEIN LETZTER PFEIL.
SO EIN MIST!
UND ICH HABE NOCH KEINEN PUNKT ERZIELT.
WENN ICH MEIN NÄCHSTES ZIEL VERFEHLE, STEHT MEINE NIEDERLAGE FEST.
»SOBALD SADAMUNE INS SCHWITZEN KOMMT...
... WIRD ER SICH AUF DIE HUNDE KONZENTRIEREN.«
GLOTZ
»ALLERDINGS HANDELT ES SICH BEI IHNEN UM DIE FLINKSTEN HUNDE, DIE DER SUWA-GROSSSCHREIN ZU BIETEN HAT.«
NGH!
»SELBST JEMAND WIE SADAMUNE WIRD KEIN LEICHTES SPIEL MIT IHNEN HABEN.«
HUSCH
HUSCH
HUSCH
HUSCH
HUSCH
»DAS IST DER IDEALE AUGENBLICK...

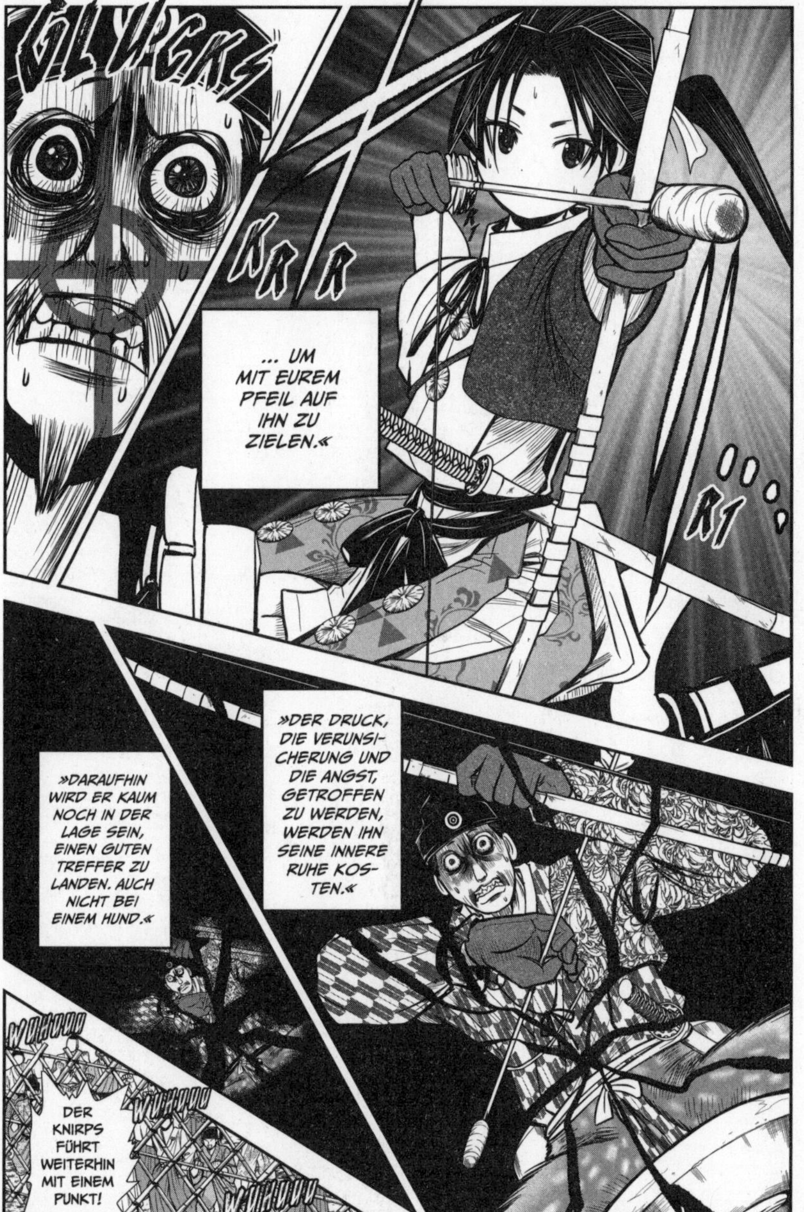
KRR
... UM MIT EUREM PFEIL AUF IHN ZU ZIELEN.«
GLUCKS
»DER DRUCK, DIE VERUNSICHERUNG UND DIE ANGST, GETROFFEN ZU WERDEN, WERDEN IHN SEINE INNERE RUHE KOSTEN.«
»DARAUFHIN WIRD ER KAUM NOCH IN DER LAGE SEIN, EINEN GUTEN TREFFER ZU LANDEN. AUCH NICHT BEI EINEM HUND.«
DER KNIRPS FÜHRT WEITERHIN MIT EINEM PUNKT!

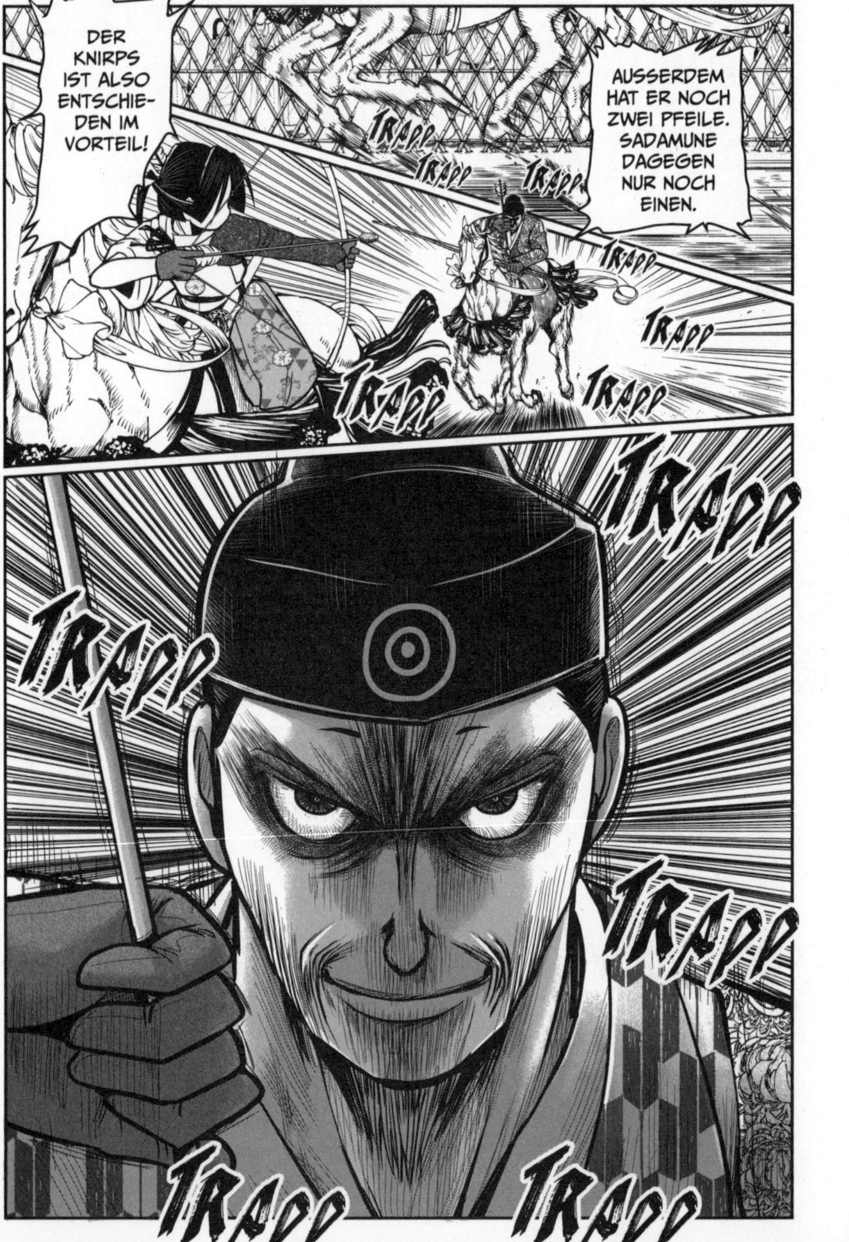
AUSSERDEM HAT ER NOCH ZWEI PFEILE. SADAMUNE DAGEGEN NUR NOCH EINEN.
DER KNIRPS IST ALSO ENTSCHIEDEN IM VORTEIL!
TRAPP
TRAPP
TRAPP
TRAPP
TRAPP
TRAPP
TRAPP
TRAPP
TRAPP
TRAPP
TRAPP
TRAPP

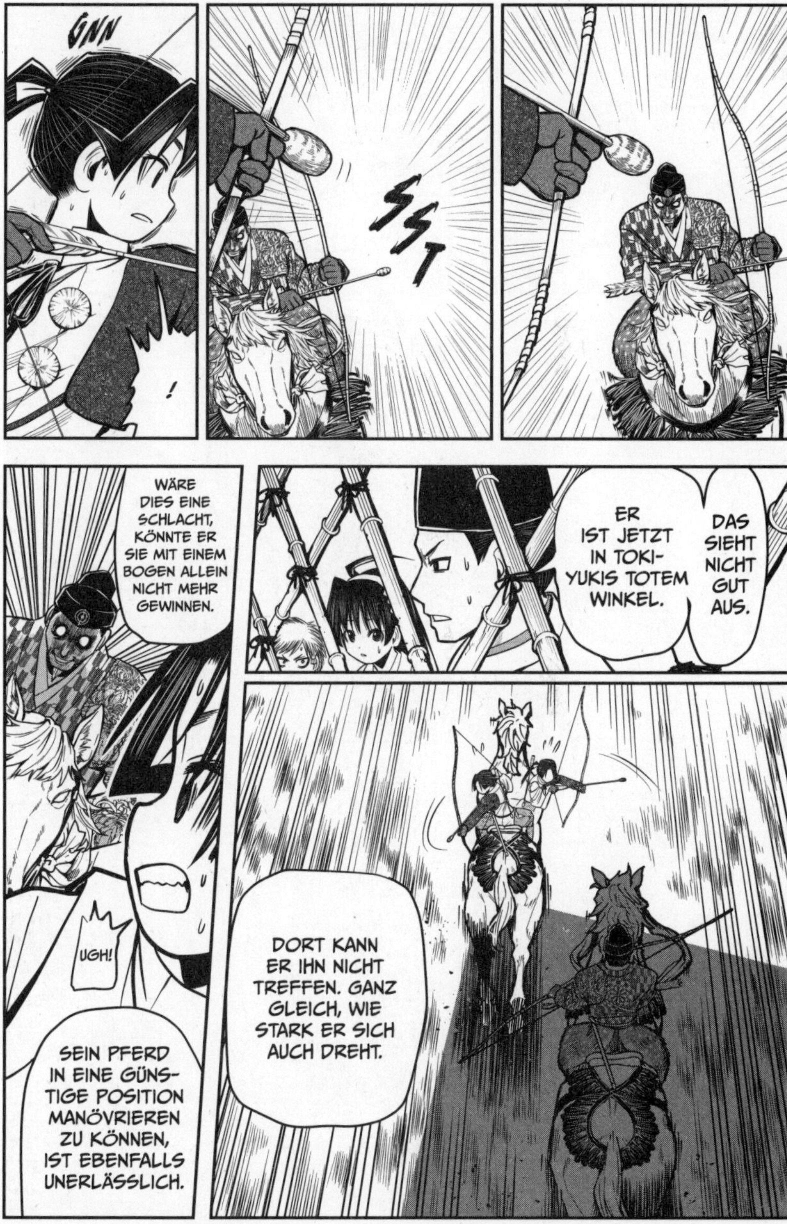
SST
GNN
!
DAS SIEHT NICHT GUT AUS.
ER IST JETZT IN TOKIYUKIS TOTEM WINKEL.
DORT KANN ER IHN NICHT TREFFEN. GANZ GLEICH, WIE STARK ER SICH AUCH DREHT.
WÄRE DIES EINE SCHLACHT, KÖNNTE ER SIE MIT EINEM BOGEN ALLEIN NICHT MEHR GEWINNEN.
UGH!
SEIN PFERD IN EINE GÜNSTIGE POSITION MANÖVRIEREN ZU KÖNNEN, IST EBENFALLS UNERLÄSSLICH.

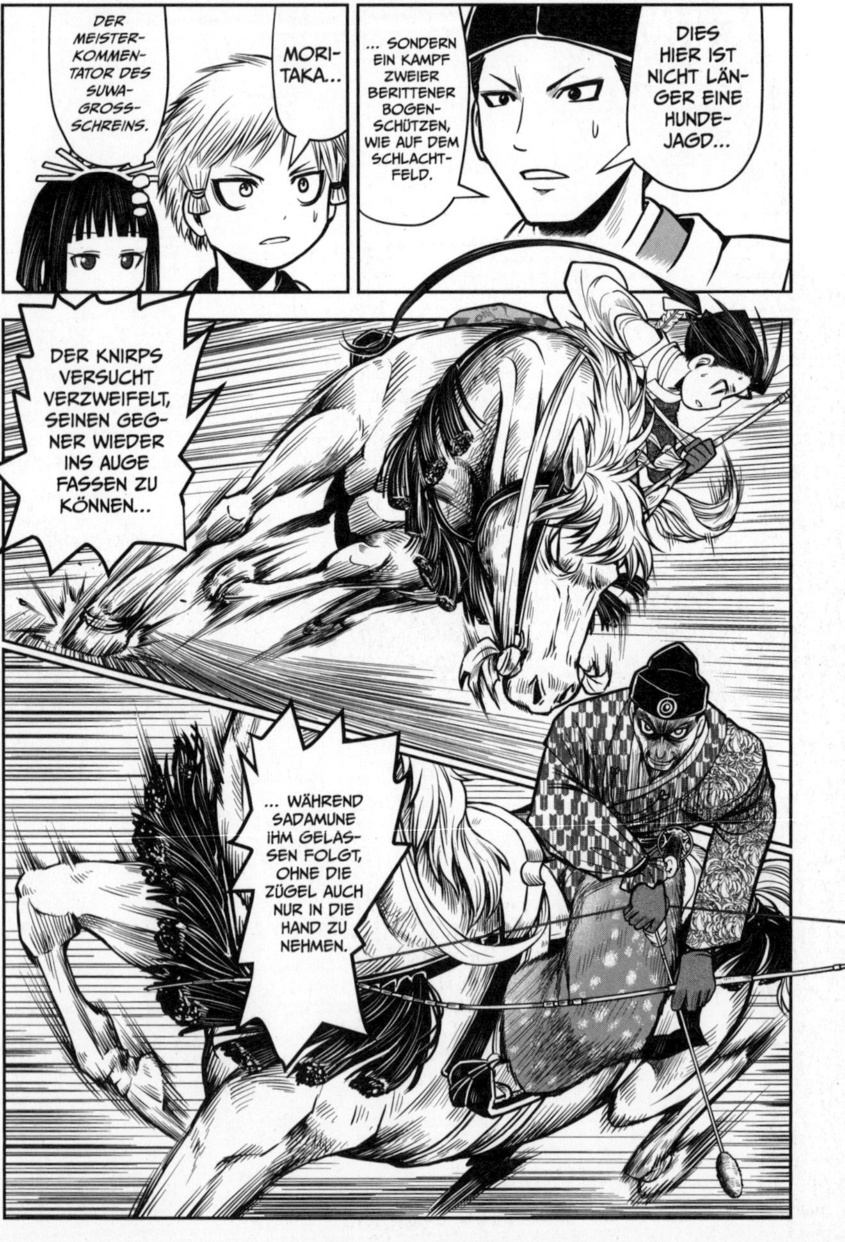
DIES HIER IST NICHT LÄNGER EINE HUNDEJAGD...
... SONDERN EIN KAMPF ZWEIER BERITTENER BOGENSCHÜTZEN, WIE AUF DEM SCHLACHTFELD.
MORITAKA...
DER MEISTERKOMMENTATOR DES SUWA-GROSSSCHREINS.
DER KNIRPS VERSUCHT VERZWEIFELT, SEINEN GEGNER WIEDER INS AUGE FASSEN ZU KÖNNEN...
... WÄHREND SADAMUNE IHM GELASSEN FOLGT, OHNE DIE ZÜGEL AUCH NUR IN DIE HAND ZU NEHMEN.

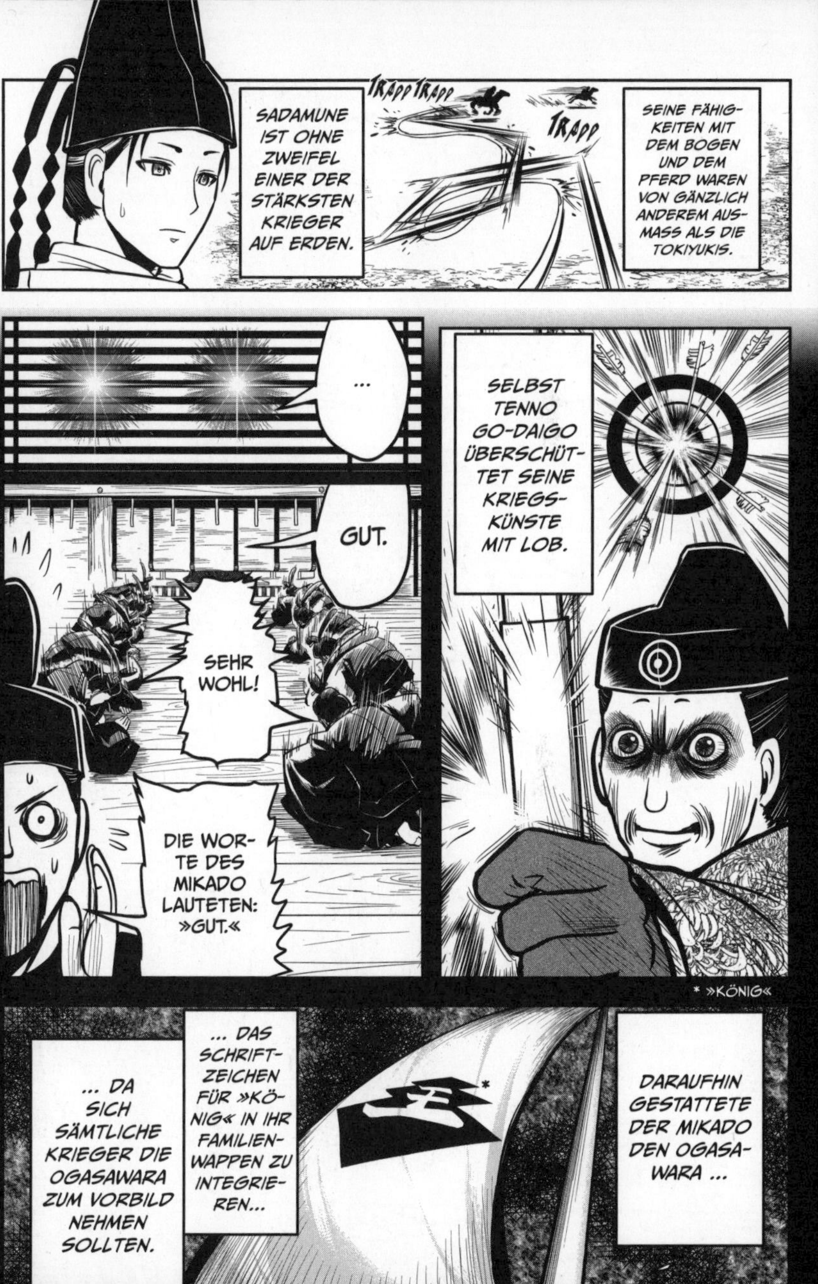
SEINE FÄHIGKEITEN MIT DEM BOGEN UND DEM PFERD WAREN VON GÄNZLICH ANDEREM AUSMASS ALS DIE TOKIYUKIS.
TRAPP TRAPP
TRAPP
SADAMUNE IST OHNE ZWEIFEL EINER DER STÄRKSTEN KRIEGER AUF ERDEN.
SELBST TENNO GO-DAIGO ÜBERSCHÜTTET SEINE KRIEGSKÜNSTE MIT LOB.
...
GUT.
SEHR WOHL!
DIE WORTE DES MIKADO LAUTETEN: »GUT.«
* »KÖNIG«
DARAUFHIN GESTATTETE DER MIKADO DEN OGASAWARA ...
王*
... DAS SCHRIFTZEICHEN FÜR »KÖNIG« IN IHR FAMILIENWAPPEN ZU INTEGRIEREN...
... DA SICH SÄMTLICHE KRIEGER DIE OGASAWARA ZUM VORBILD NEHMEN SOLLTEN.

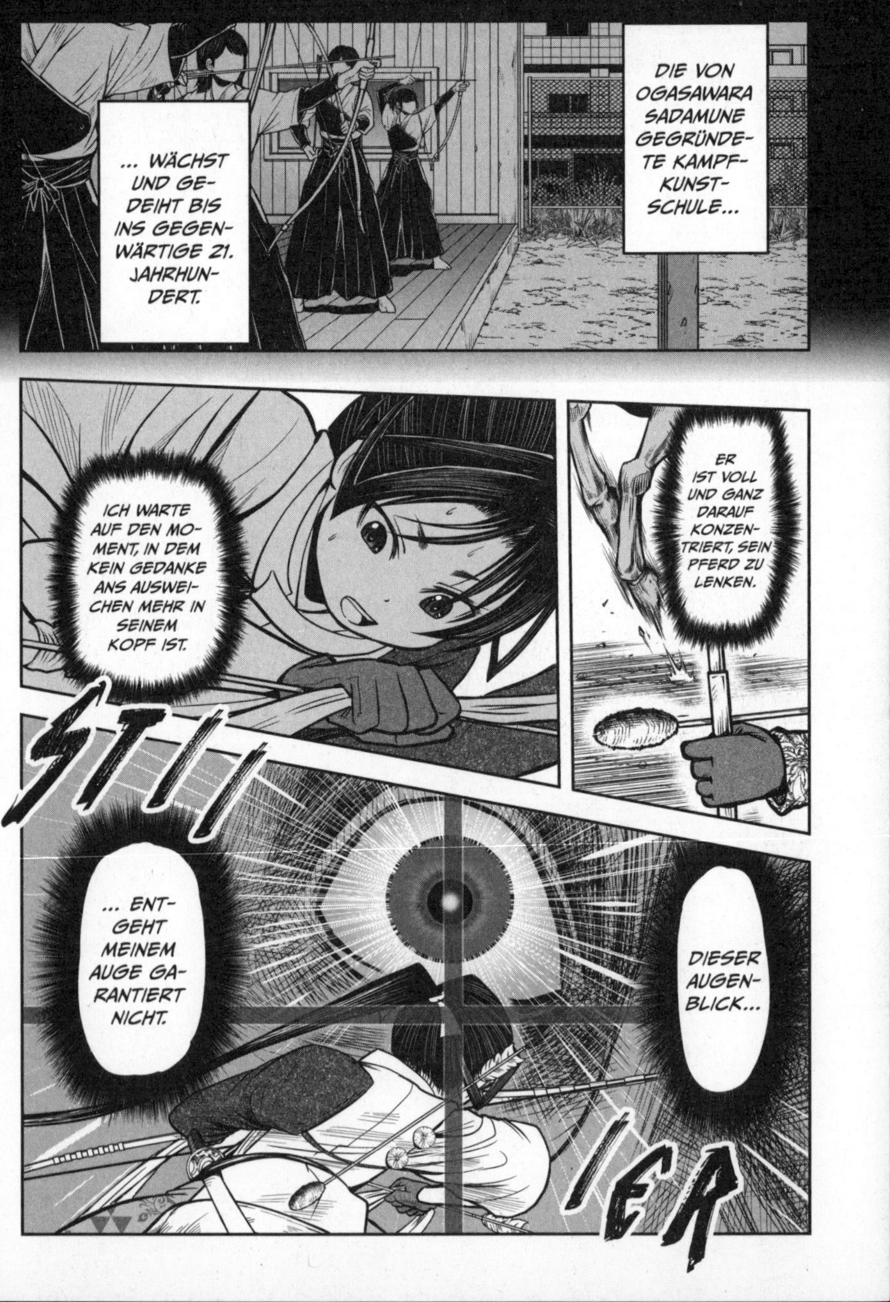
DIE VON OGASAWARA SADAMUNE GEGRÜNDETE KAMPFKUNSTSCHULE...
... WÄCHST UND GEDEIHT BIS INS GEGENWÄRTIGE 21. JAHRHUNDERT.
ER IST VOLL UND GANZ DARAUF KONZENTRIERT, SEIN PFERD ZU LENKEN.
ICH WARTE AUF DEN MOMENT, IN DEM KEIN GEDANKE ANS AUSWEICHEN MEHR IN SEINEM KOPF IST.
STIII
DIESER AUGENBLICK...
... ENTGEHT MEINEM AUGE GARANTIERT NICHT.
IER

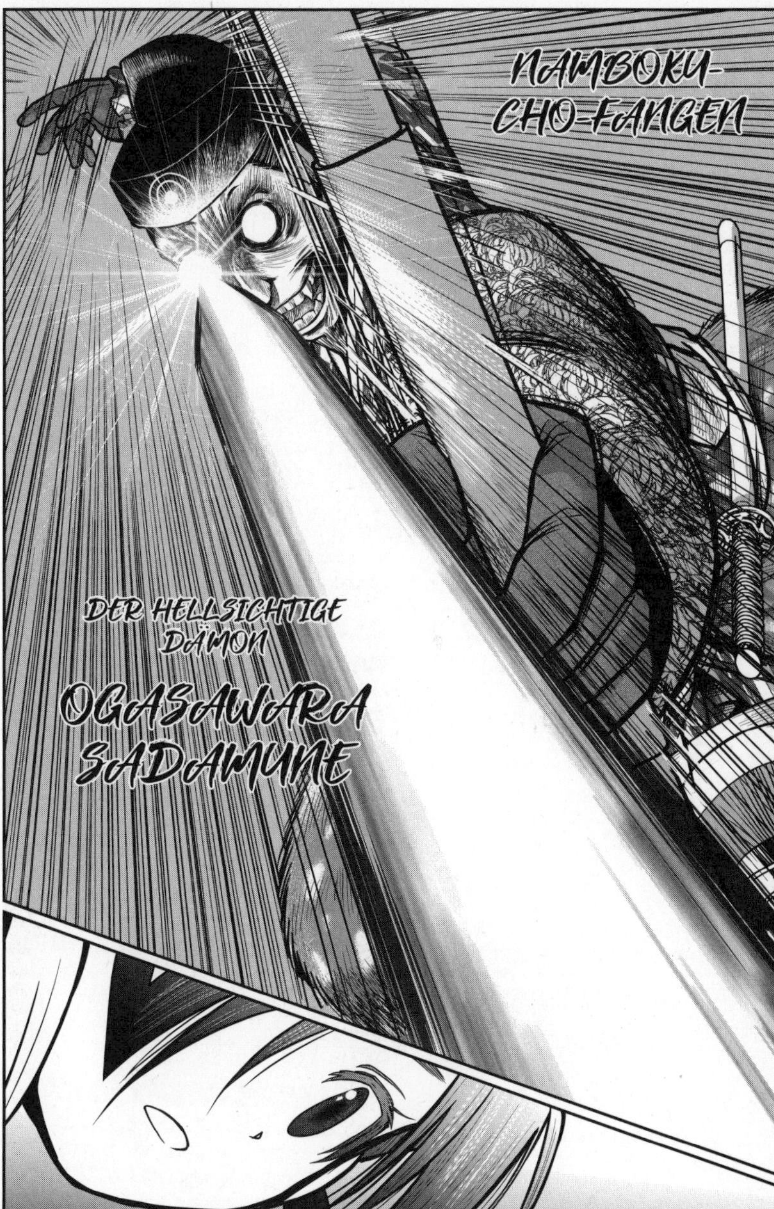
NAMBOKU-CHO-FANGEN
DER HELLSICHTIGE DÄMON
OGASAWARA SADAMUNE

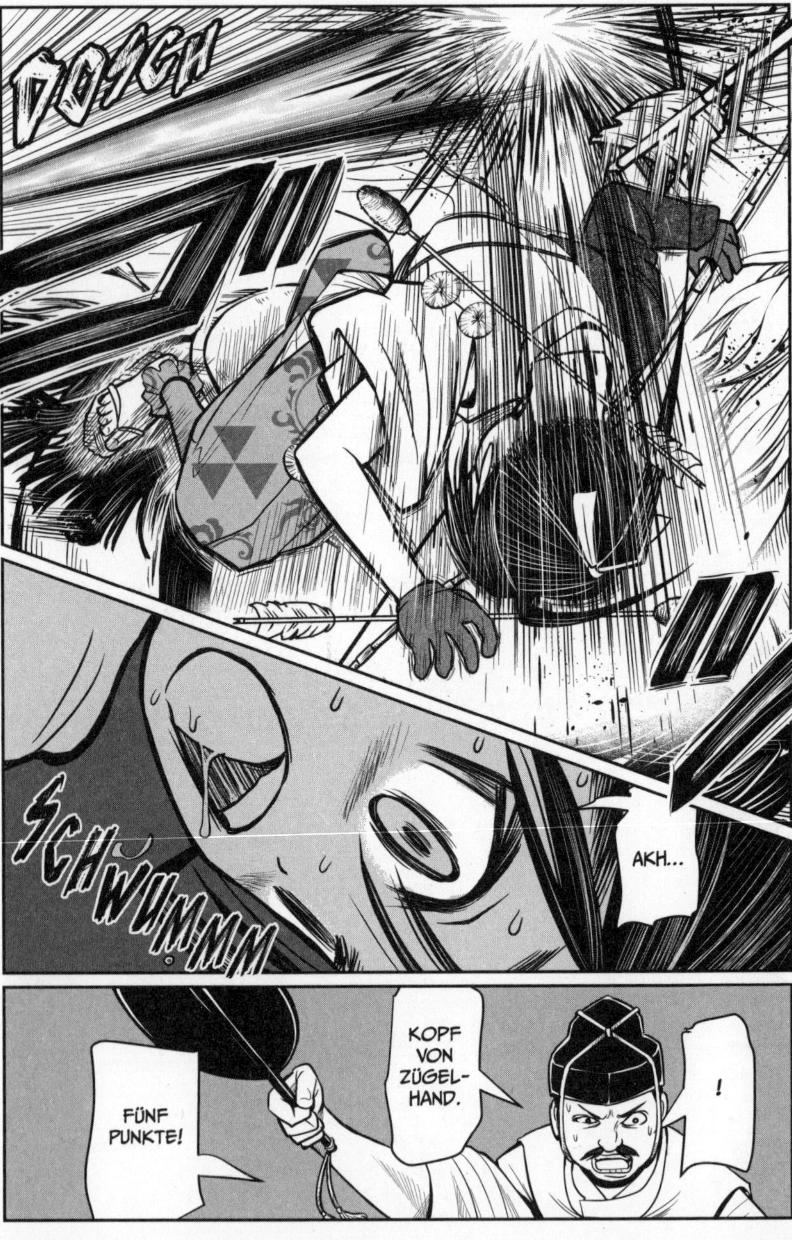
DOSCH
SCHWUMMM
AKH...
KOPF VON ZÜGEL-HAND.
!
FÜNF PUNKTE!

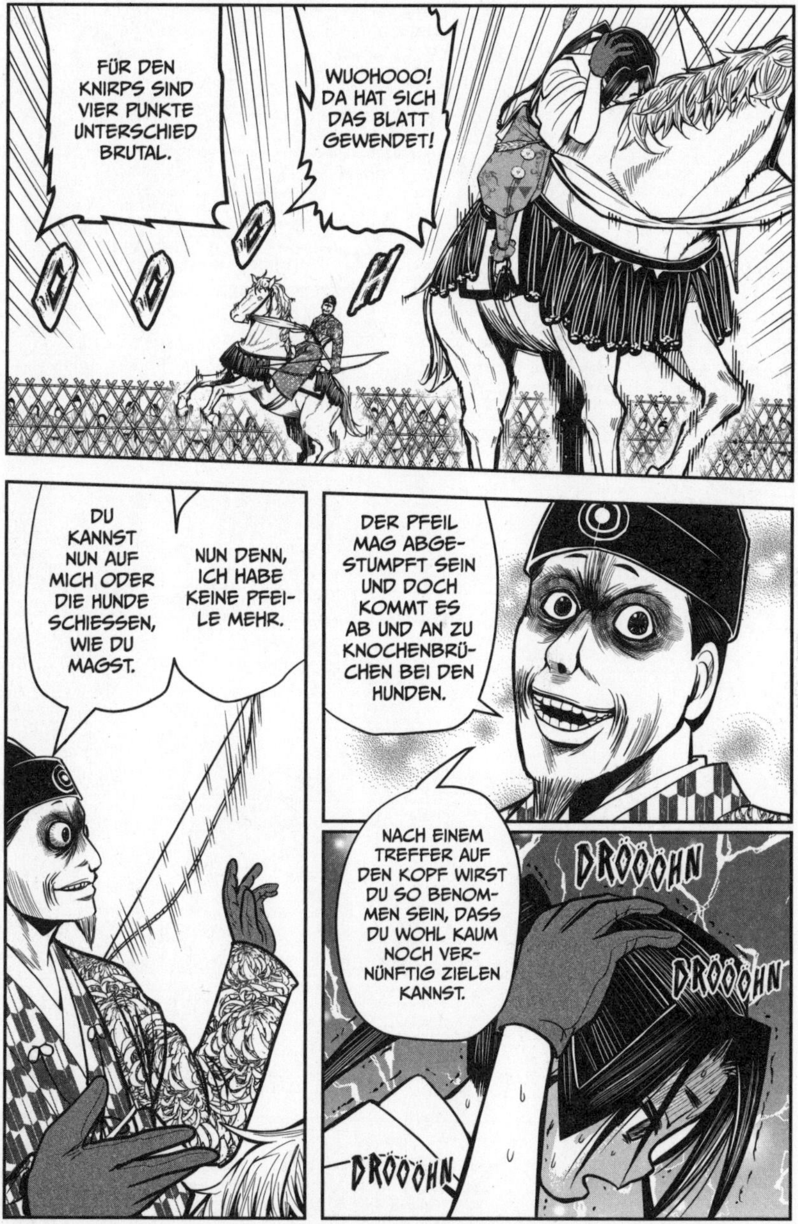
WUOHOOO! DA HAT SICH DAS BLATT GEWENDET!
FÜR DEN KNIRPS SIND VIER PUNKTE UNTERSCHIED BRUTAL.
DER PFEIL MAG ABGE-STUMPFT SEIN UND DOCH KOMMT ES AB UND AN ZU KNOCHENBRÜ-CHEN BEI DEN HUNDEN.
NUN DENN, ICH HABE KEINE PFEI-LE MEHR.
DU KANNST NUN AUF MICH ODER DIE HUNDE SCHIESSEN, WIE DU MAGST.
NACH EINEM TREFFER AUF DEN KOPF WIRST DU SO BENOM-MEN SEIN, DASS DU WOHL KAUM NOCH VER-NÜNFTIG ZIELEN KANNST.
DRÖÖÖHN
DRÖÖÖHN
DRÖÖÖHN

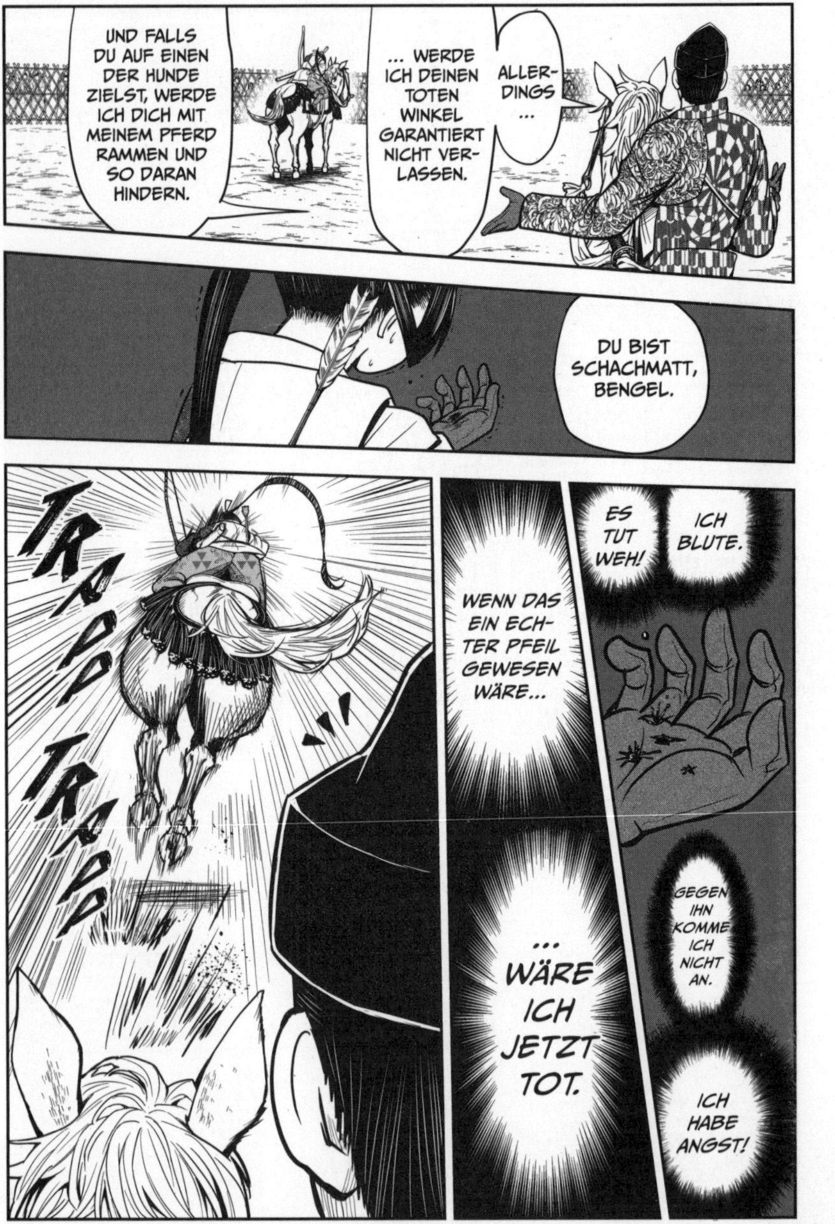
ALLER-DINGS ...
... WERDE ICH DEINEN TOTEN WINKEL GARANTIERT NICHT VER-LASSEN.
UND FALLS DU AUF EINEN DER HUNDE ZIELST, WERDE ICH DICH MIT MEINEM PFERD RAMMEN UND SO DARAN HINDERN.
DU BIST SCHACHMATT, BENGEL.
ICH BLUTE.
ES TUT WEH!
WENN DAS EIN ECH-TER PFEIL GEWESEN WÄRE...
... WÄRE ICH JETZT TOT.
GEGEN IHN KOMME ICH NICHT AN.
ICH HABE ANGST!
TRAPP TRAPP TRAPP

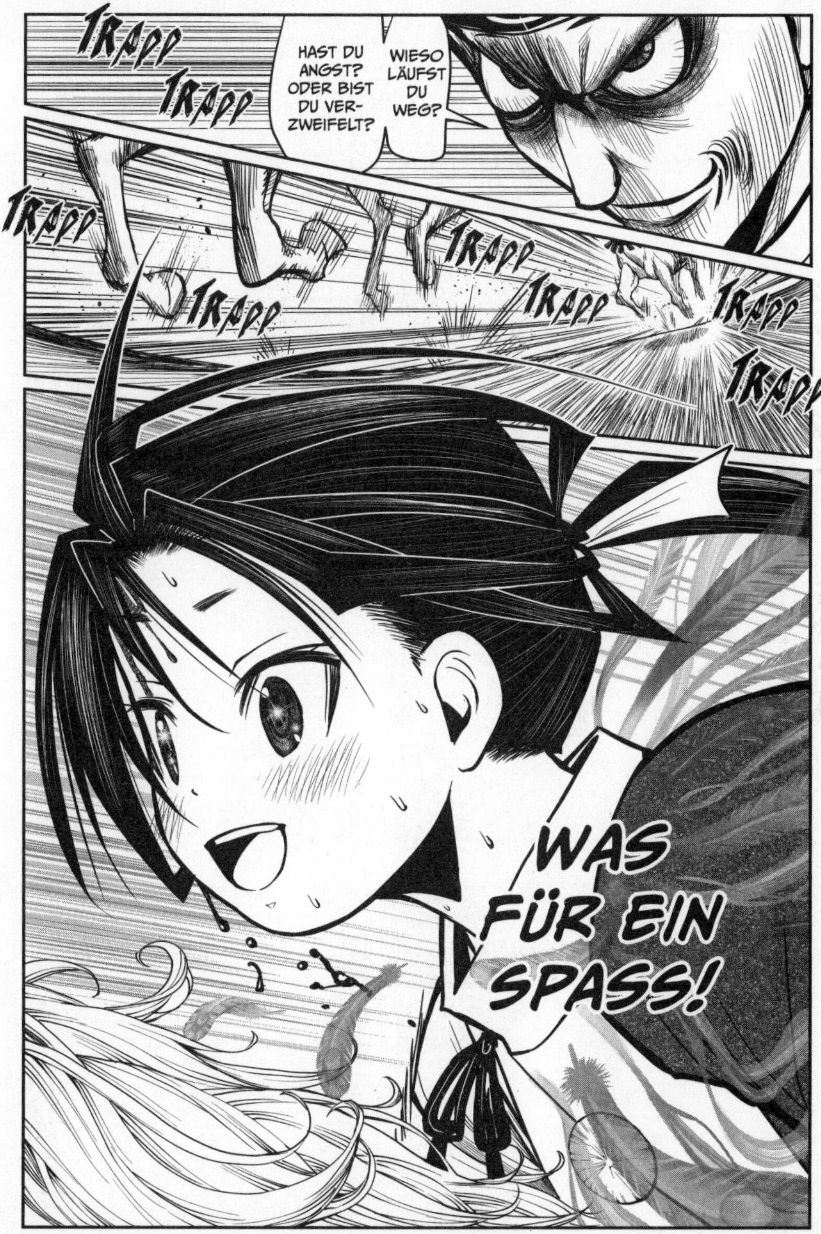
WIESO LÄUFST DU WEG?
HAST DU ANGST? ODER BIST DU VER-ZWEIFELT?
TRAPP TRAPP
TRAPP TRAPP
TRAPP TRAPP TRAPP TRAPP TRAPP
WAS FÜR EIN SPASS!

1333

Suwa Yorishige

★★★★★ UR

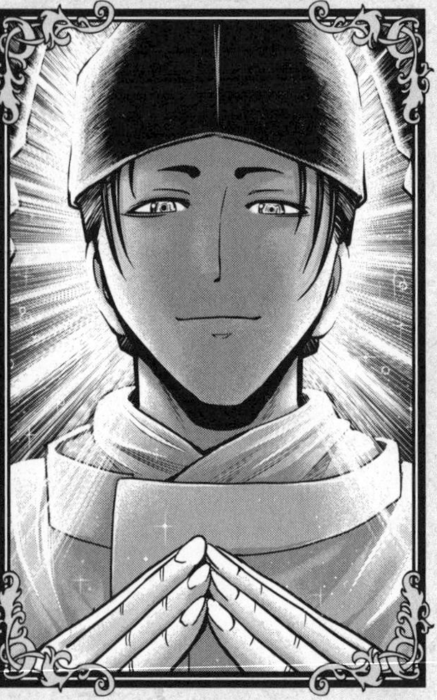

Kompetenzen		Eignung für die Namboku-cho-Zeit	
Waffen	76	Grausamkeit	55
Wissen	88	Loyalität	93
Politik	85	Chaos	73
Kommando	71	Reform	36
Charme	96	Fliehen & Verstecken	38

Wappen

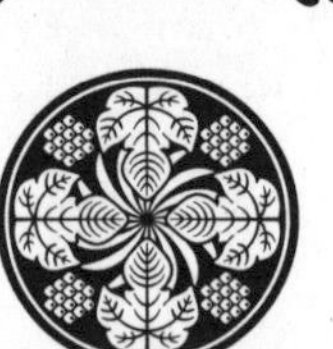

Frucht und Blatt vom Papiermaulbeerbaum

Fähigkeit Göttliche Macht (erhöht Kommando und Charme um 40 %)

Fähigkeit Zwielichtiges Auftreten (halbiert die Wirksamkeit von Göttliche Macht)

Notiz Leibspeise: Fleisch (erhöht Glück um 10 %, vermindert die Konzentrationsfähigkeit um 40 %)

Anmerkung

Am Anfang sagen sie alle dasselbe: »Religion ist schon irgendwie fragwürdig«, »ein wenig beängstigend«... Aber dann...

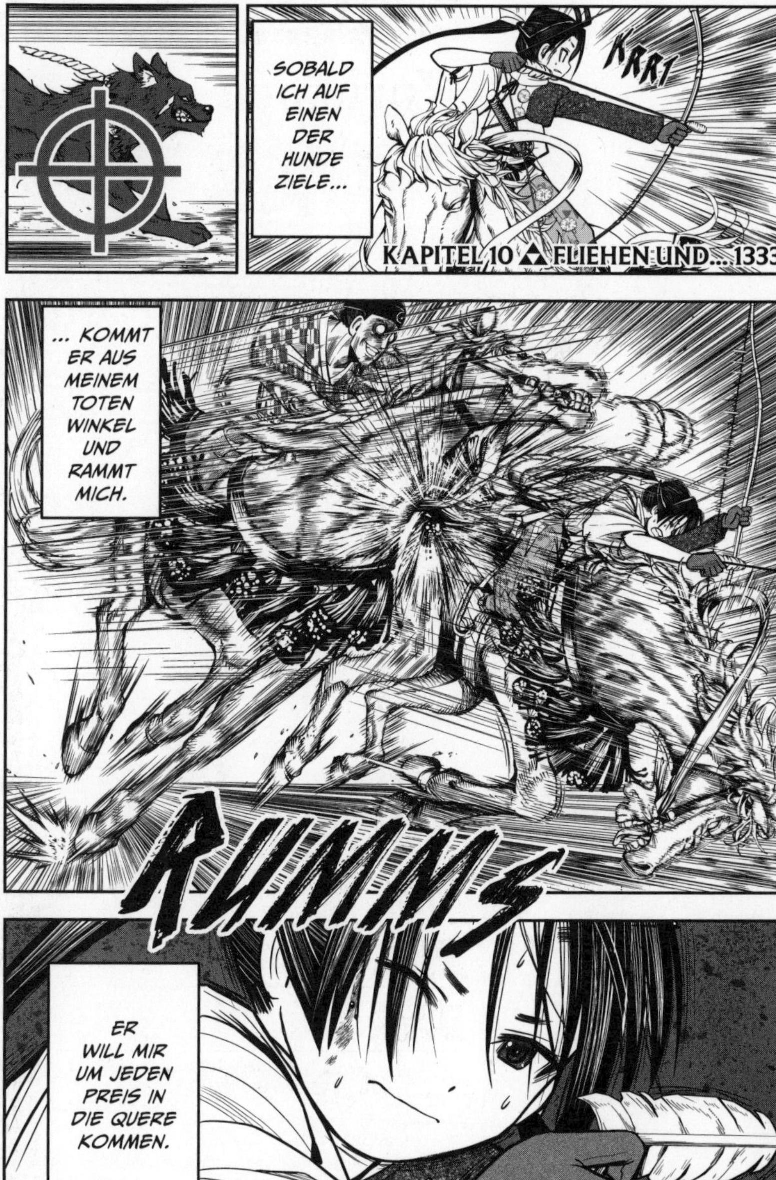
SOBALD ICH AUF EINEN DER HUNDE ZIELE...
KRRI
KAPITEL 10 ▲ FLIEHEN UND... 1333
... KOMMT ER AUS MEINEM TOTEN WINKEL UND RAMMT MICH.
RUMMS
ER WILL MIR UM JEDEN PREIS IN DIE QUERE KOMMEN.

KAPITEL 10 △ FLIEHEN UND… 1333

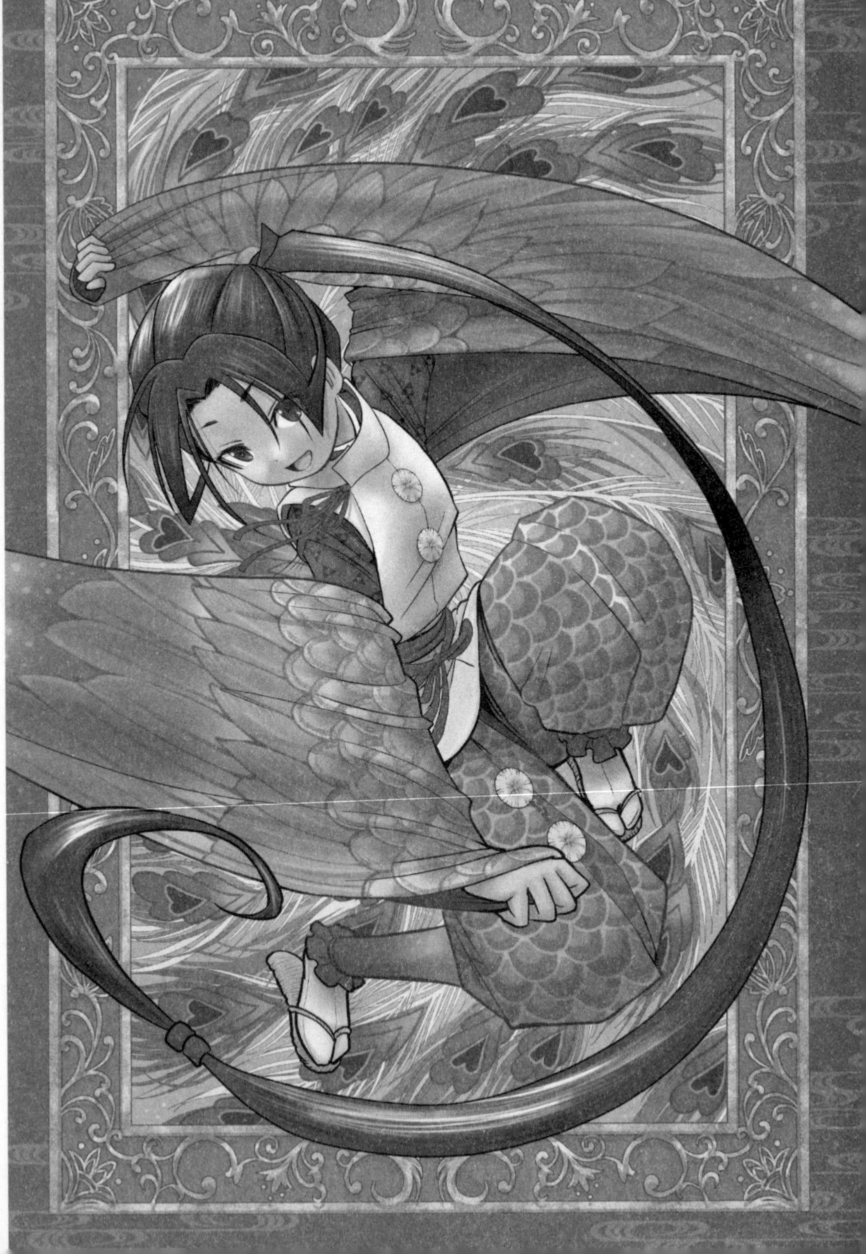

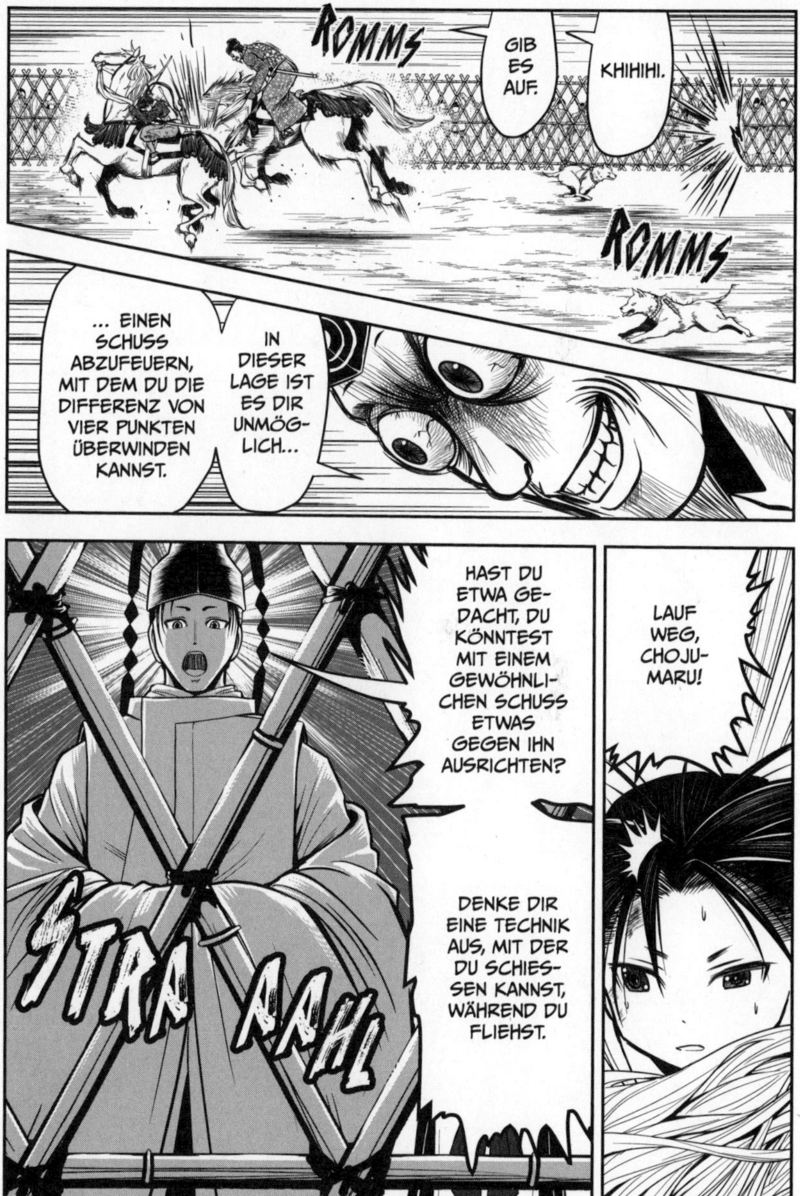
ROMMS
KHIHIHI.
GIB ES AUF.
ROMMS
IN DIESER LAGE IST ES DIR UNMÖG-LICH...
... EINEN SCHUSS ABZUFEUERN, MIT DEM DU DIE DIFFERENZ VON VIER PUNKTEN ÜBERWINDEN KANNST.
LAUF WEG, CHOJU-MARU!
HAST DU ETWA GE-DACHT, DU KÖNNTEST MIT EINEM GEWÖHNLI-CHEN SCHUSS ETWAS GEGEN IHN AUSRICHTEN?
DENKE DIR EINE TECHNIK AUS, MIT DER DU SCHIES-SEN KANNST, WÄHREND DU FLIEHST.
STRA AAHL

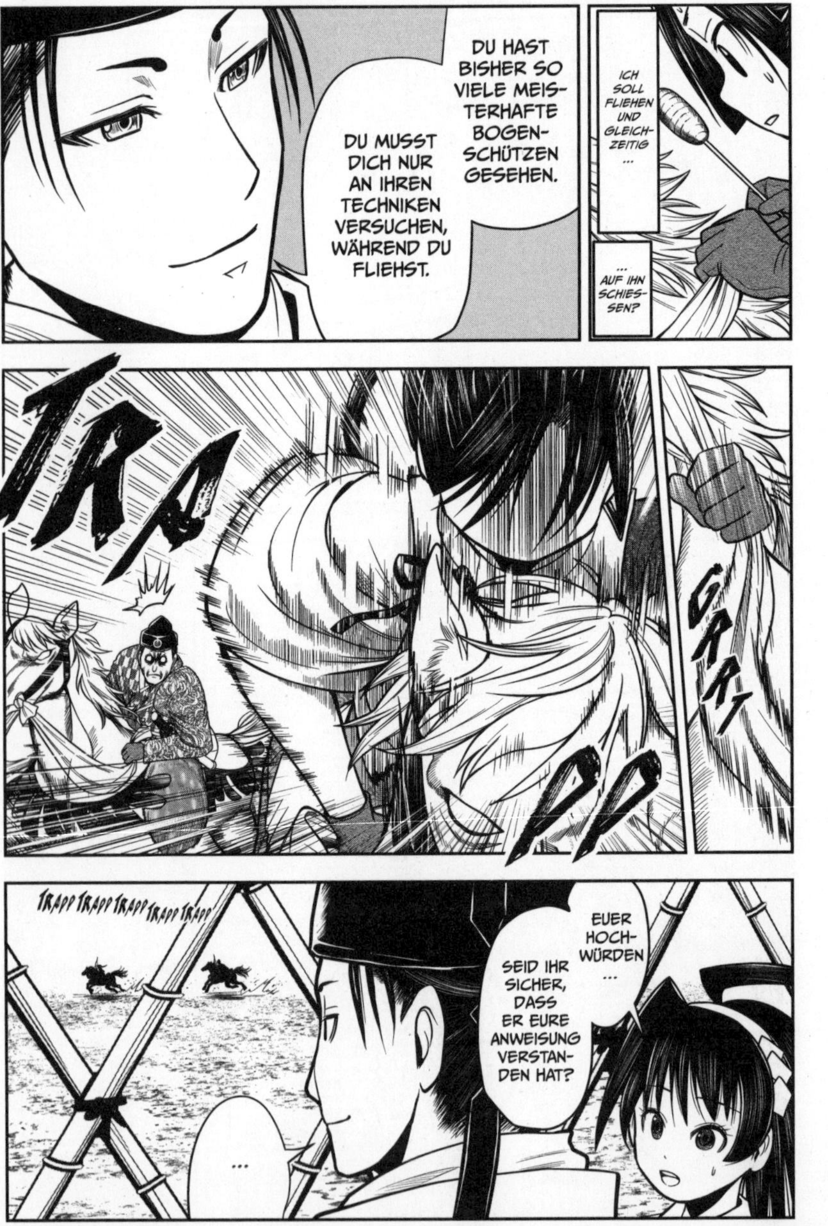
ICH SOLL FLIEHEN UND GLEICHZEITIG ...
... AUF IHN SCHIESSEN?
DU HAST BISHER SO VIELE MEISTERHAFTE BOGENSCHÜTZEN GESEHEN.
DU MUSST DICH NUR AN IHREN TECHNIKEN VERSUCHEN, WÄHREND DU FLIEHST.
GRR!
TRAPP
TRAPP TRAPP TRAPP TRAPP TRAPP
EUER HOCHWÜRDEN ...
SEID IHR SICHER, DASS ER EURE ANWEISUNG VERSTANDEN HAT?
...

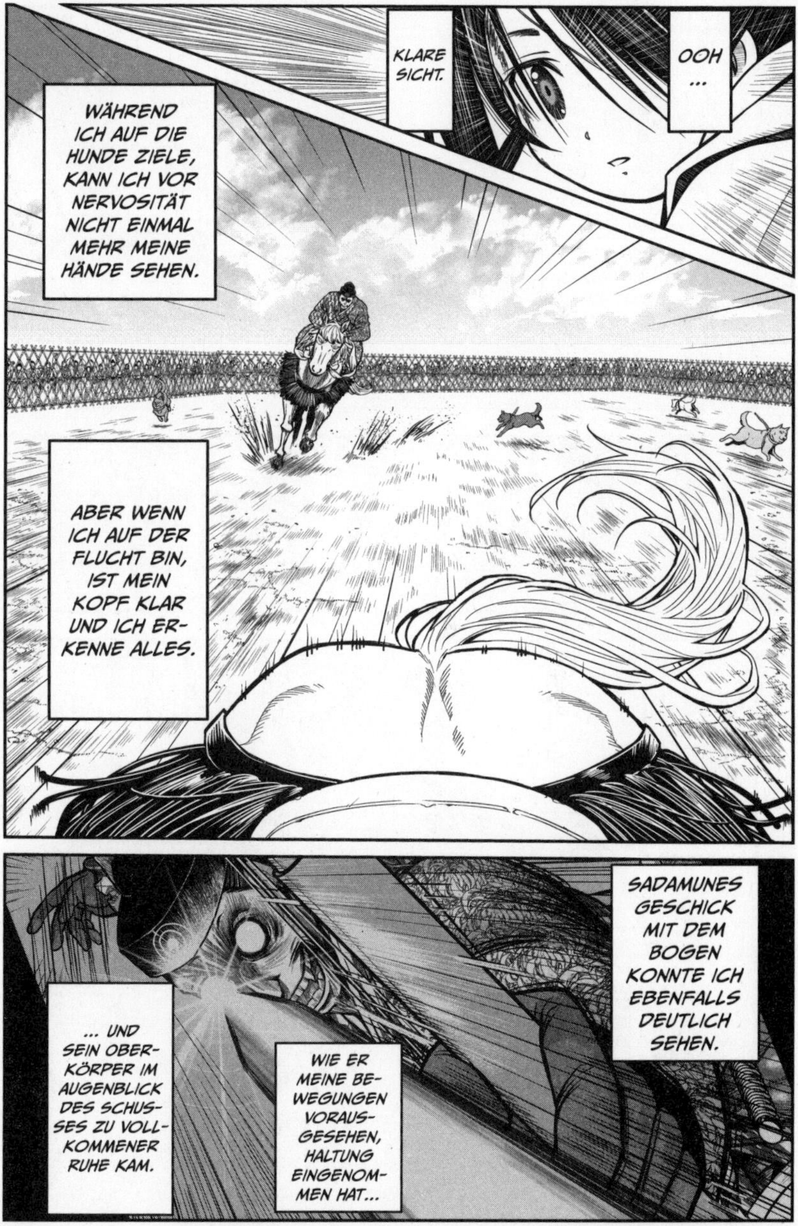

OOH ...
KLARE SICHT.
WÄHREND ICH AUF DIE HUNDE ZIELE, KANN ICH VOR NERVOSITÄT NICHT EINMAL MEHR MEINE HÄNDE SEHEN.
ABER WENN ICH AUF DER FLUCHT BIN, IST MEIN KOPF KLAR UND ICH ER-KENNE ALLES.
SADAMUNES GESCHICK MIT DEM BOGEN KONNTE ICH EBENFALLS DEUTLICH SEHEN.
WIE ER MEINE BE-WEGUNGEN VORAUS-GESEHEN, HALTUNG EINGENOM-MEN HAT...
... UND SEIN OBER-KÖRPER IM AUGENBLICK DES SCHUS-SES ZU VOLL-KOMMENER RUHE KAM.

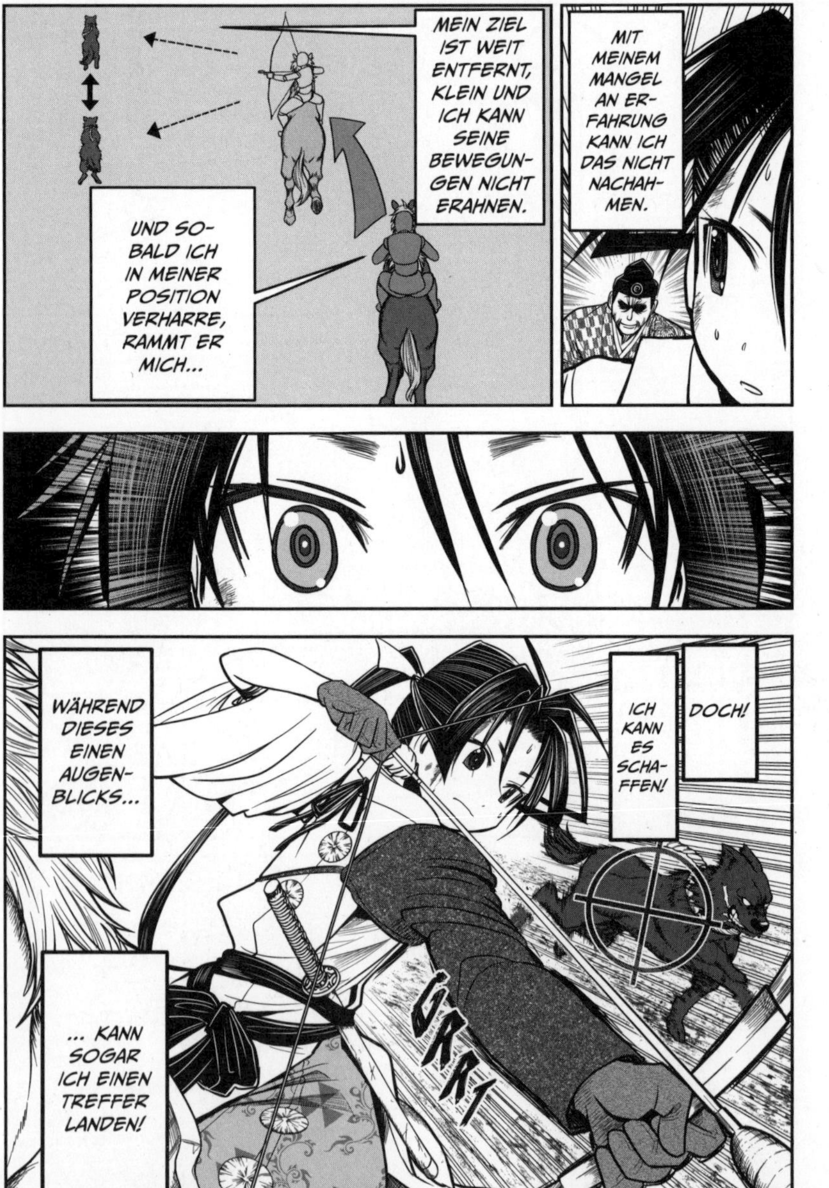
MIT MEINEM MANGEL AN ERFAHRUNG KANN ICH DAS NICHT NACHAHMEN.
MEIN ZIEL IST WEIT ENTFERNT, KLEIN UND ICH KANN SEINE BEWEGUNGEN NICHT ERAHNEN.
UND SOBALD ICH IN MEINER POSITION VERHARRE, RAMMT ER MICH...
DOCH!
ICH KANN ES SCHAFFEN!
WÄHREND DIESES EINEN AUGENBLICKS...
... KANN SOGAR ICH EINEN TREFFER LANDEN!

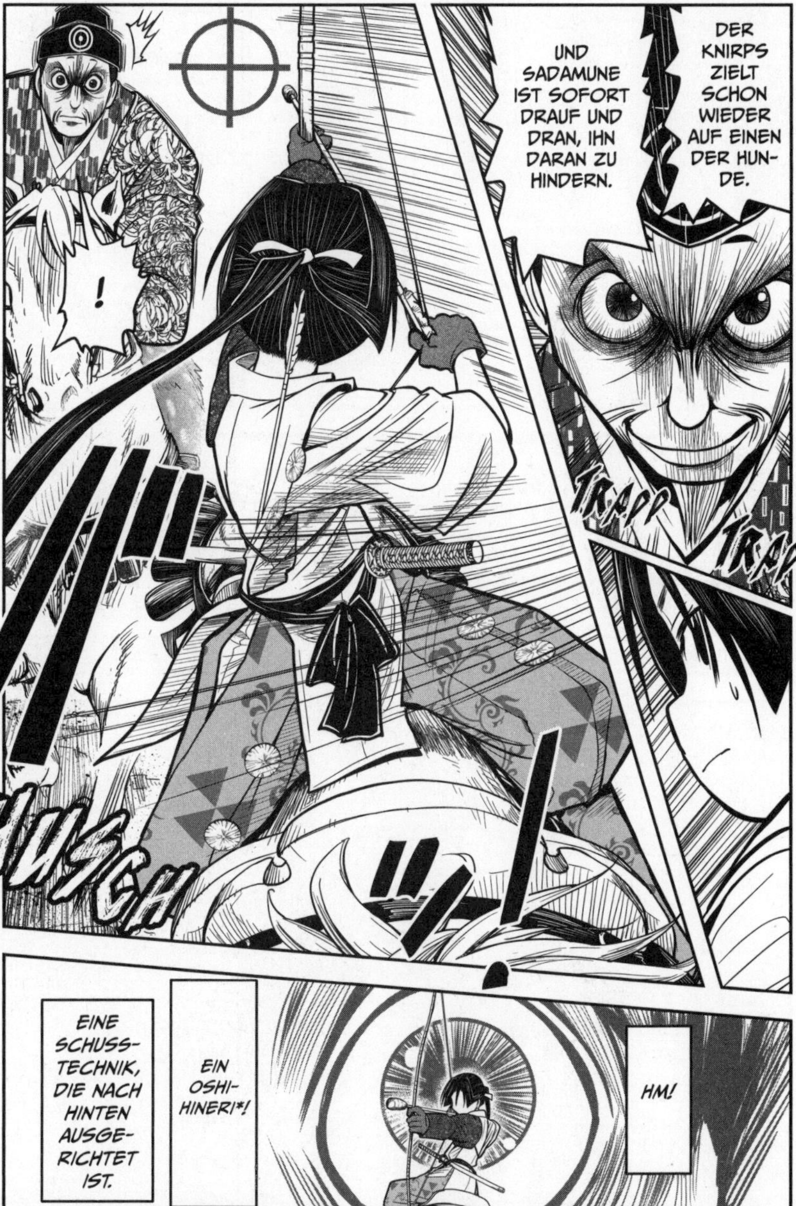

* »STARK VERDREHT«

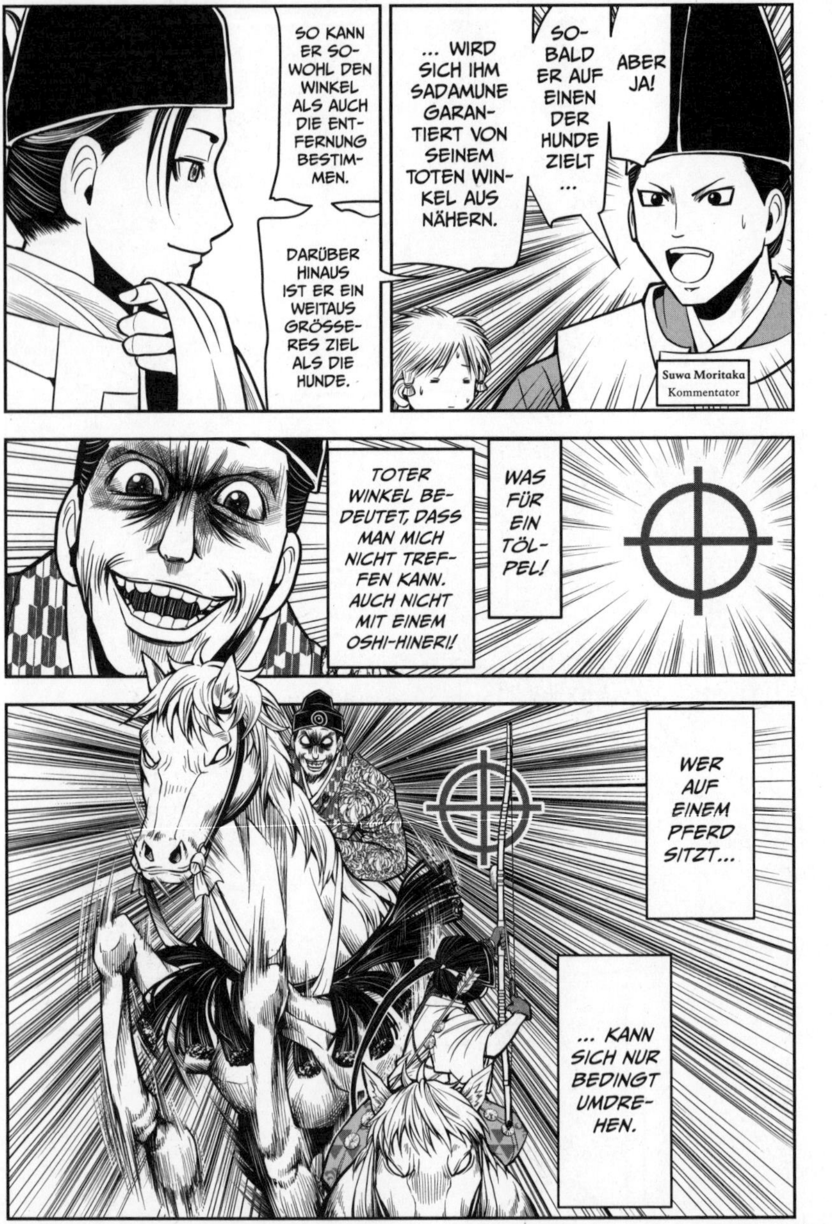
ABER JA!
SOBALD ER AUF EINEN DER HUNDE ZIELT ...
... WIRD SICH IHM SADAMUNE GARANTIERT VON SEINEM TOTEN WINKEL AUS NÄHERN.
Suwa Moritaka
Kommentator
SO KANN ER SOWOHL DEN WINKEL ALS AUCH DIE ENTFERNUNG BESTIMMEN.
DARÜBER HINAUS IST ER EIN WEITAUS GRÖSSERES ZIEL ALS DIE HUNDE.
WAS FÜR EIN TÖLPEL!
TOTER WINKEL BEDEUTET, DASS MAN MICH NICHT TREFFEN KANN. AUCH NICHT MIT EINEM OSHI-HINERI!
WER AUF EINEM PFERD SITZT...
... KANN SICH NUR BEDINGT UMDREHEN.

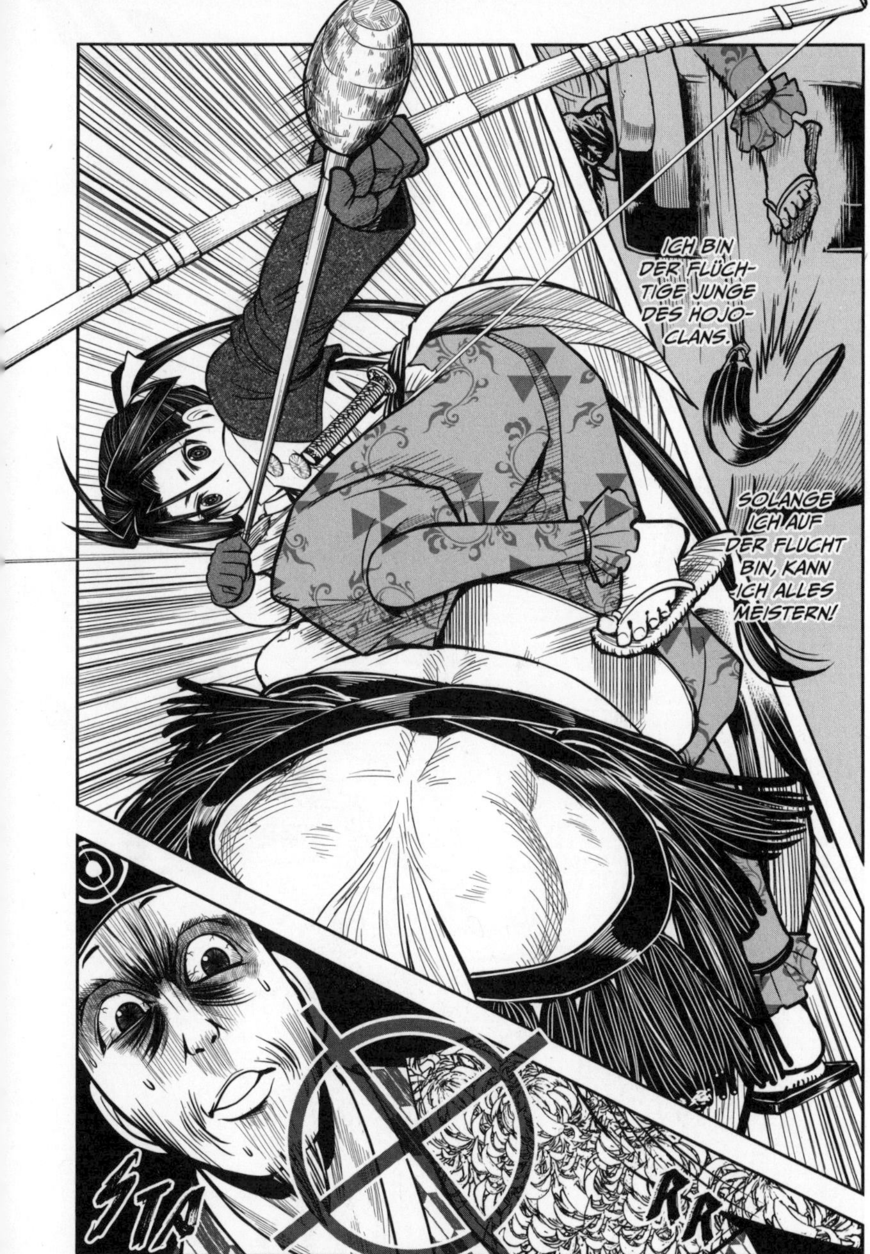
ICH BIN DER FLÜCHTIGE JUNGE DES HOJO-CLANS.
SOLANGE ICH AUF DER FLUCHT BIN, KANN ICH ALLES MEISTERN!
STARR

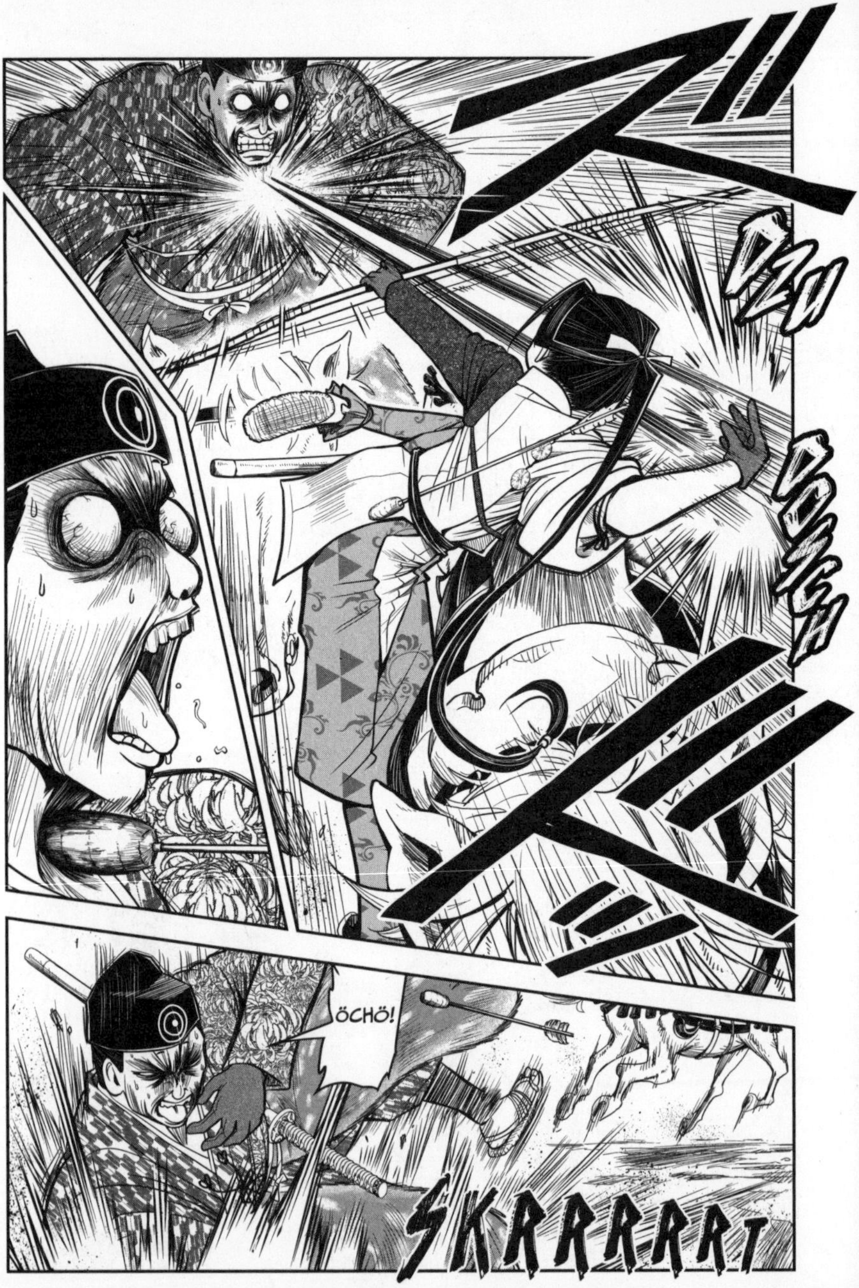
ÖCHÖ!
SKRRRRRT

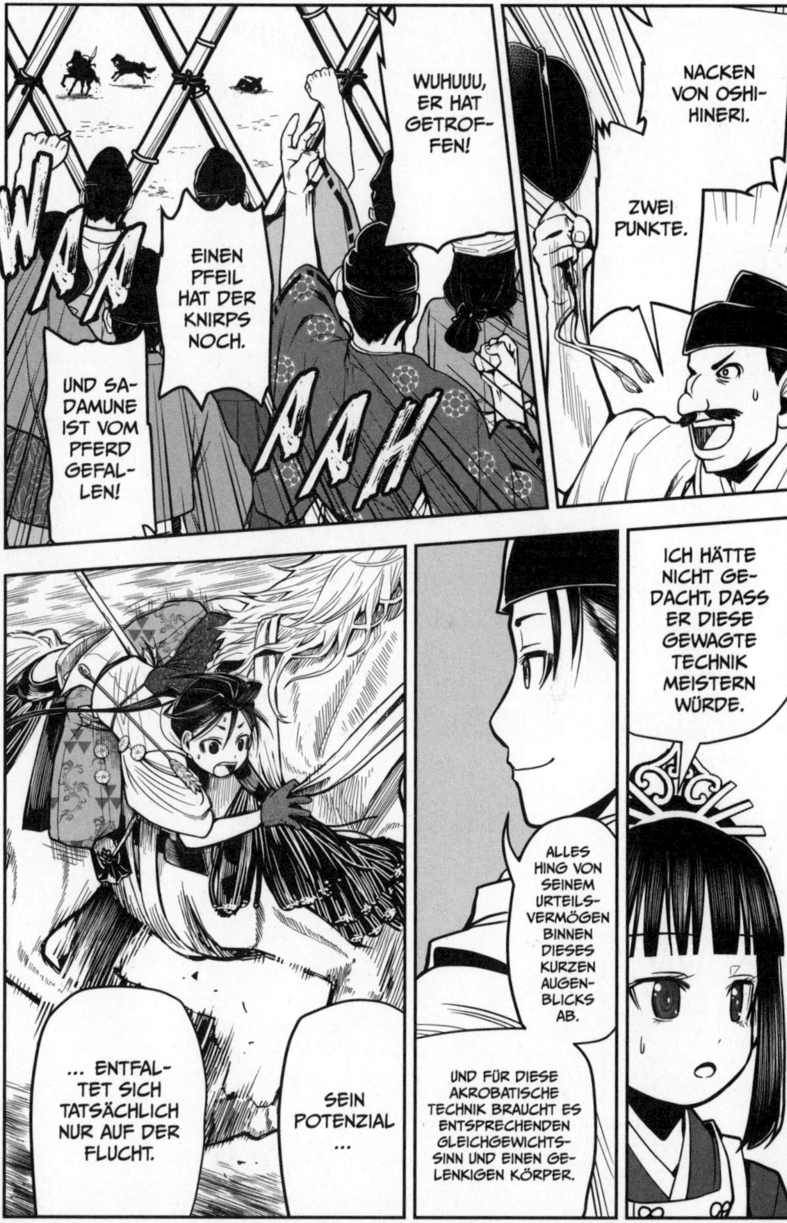
NACKEN VON OSHI-HINERI.
ZWEI PUNKTE.
WUHUUU, ER HAT GETROFFEN!
WAAAH
EINEN PFEIL HAT DER KNIRPS NOCH.
UND SADAMUNE IST VOM PFERD GEFALLEN!
ICH HÄTTE NICHT GEDACHT, DASS ER DIESE GEWAGTE TECHNIK MEISTERN WÜRDE.
ALLES HING VON SEINEM URTEILSVERMÖGEN BINNEN DIESES KURZEN AUGENBLICKS AB.
UND FÜR DIESE AKROBATISCHE TECHNIK BRAUCHT ES ENTSPRECHENDEN GLEICHGEWICHTSSINN UND EINEN GELENKIGEN KÖRPER.
SEIN POTENZIAL ...
... ENTFALTET SICH TATSÄCHLICH NUR AUF DER FLUCHT.

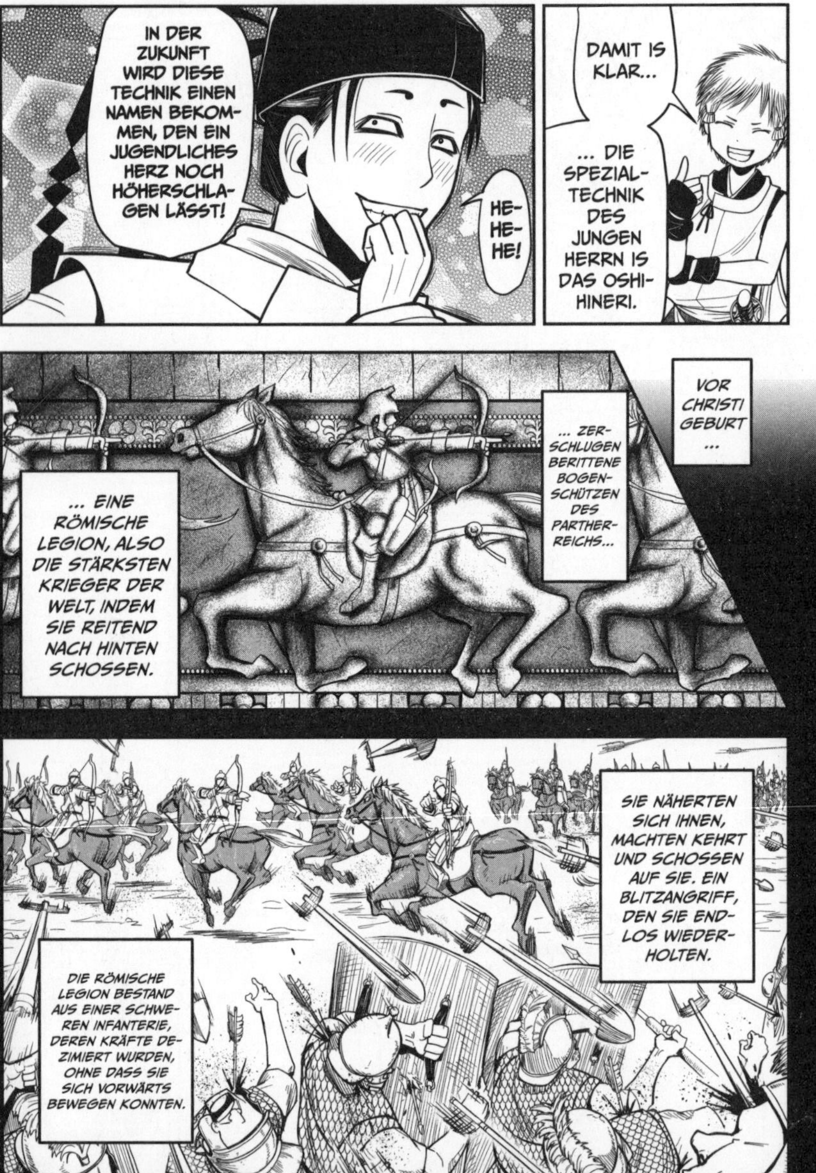
DAMIT IS KLAR...
... DIE SPEZIAL-TECHNIK DES JUNGEN HERRN IS DAS OSHI-HINERI.
HE-HE-HE!
IN DER ZUKUNFT WIRD DIESE TECHNIK EINEN NAMEN BEKOMMEN, DEN EIN JUGENDLICHES HERZ NOCH HÖHERSCHLAGEN LÄSST!
VOR CHRISTI GEBURT ...
... ZER-SCHLUGEN BERITTENE BOGEN-SCHÜTZEN DES PARTHER-REICHS...
... EINE RÖMISCHE LEGION, ALSO DIE STÄRKSTEN KRIEGER DER WELT, INDEM SIE REITEND NACH HINTEN SCHOSSEN.
SIE NÄHERTEN SICH IHNEN, MACHTEN KEHRT UND SCHOSSEN AUF SIE. EIN BLITZANGRIFF, DEN SIE END-LOS WIEDER-HOLTEN.
DIE RÖMISCHE LEGION BESTAND AUS EINER SCHWE-REN INFANTERIE, DEREN KRÄFTE DE-ZIMIERT WURDEN, OHNE DASS SIE SICH VORWÄRTS BEWEGEN KONNTEN.

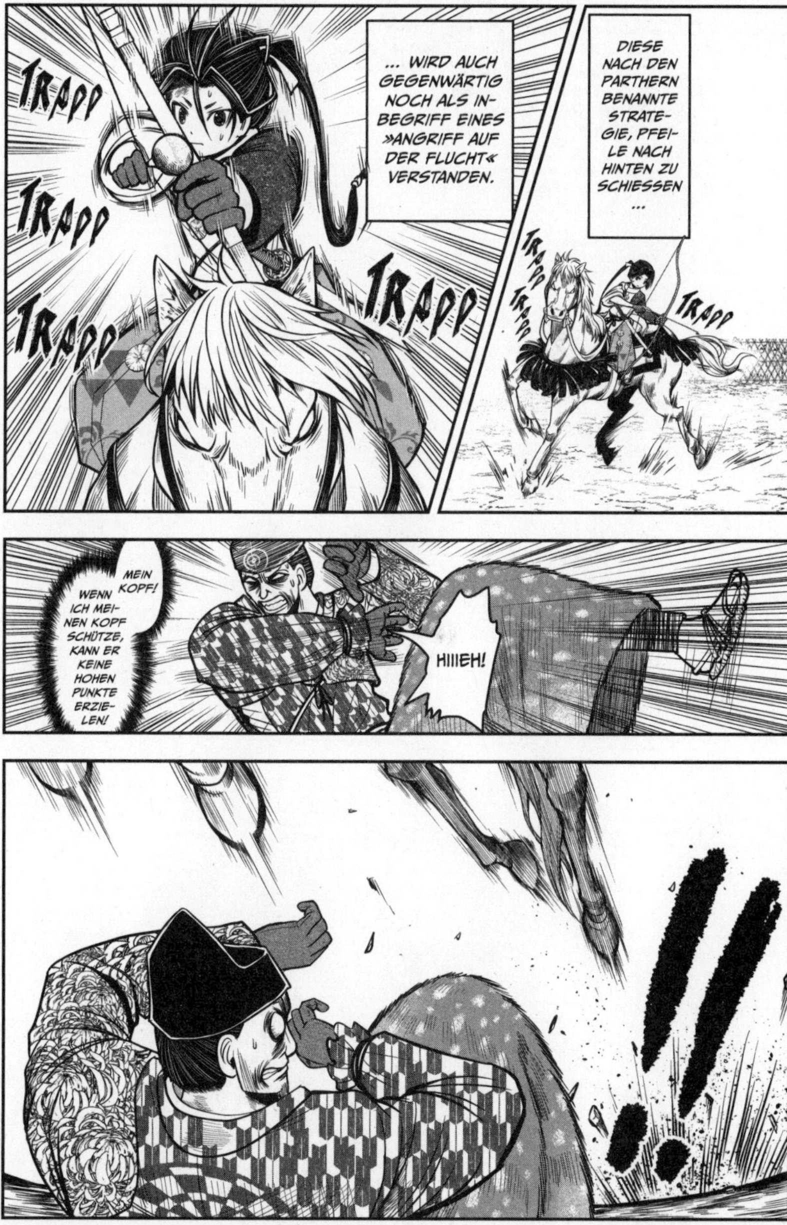
DIESE NACH DEN PARTHERN BENANNTE STRATE-GIE, PFEI-LE NACH HINTEN ZU SCHIESSEN ...
TRAPP
TRAPP
TRAPP
... WIRD AUCH GEGENWÄRTIG NOCH ALS IN-BEGRIFF EINES »ANGRIFF AUF DER FLUCHT« VERSTANDEN.
TRAPP
TRAPP
TRAPP
TRAPP
HIIIEH!
MEIN KOPF!
WENN ICH MEI-NEN KOPF SCHÜTZE, KANN ER KEINE HOHEN PUNKTE ERZIE-LEN!
!!

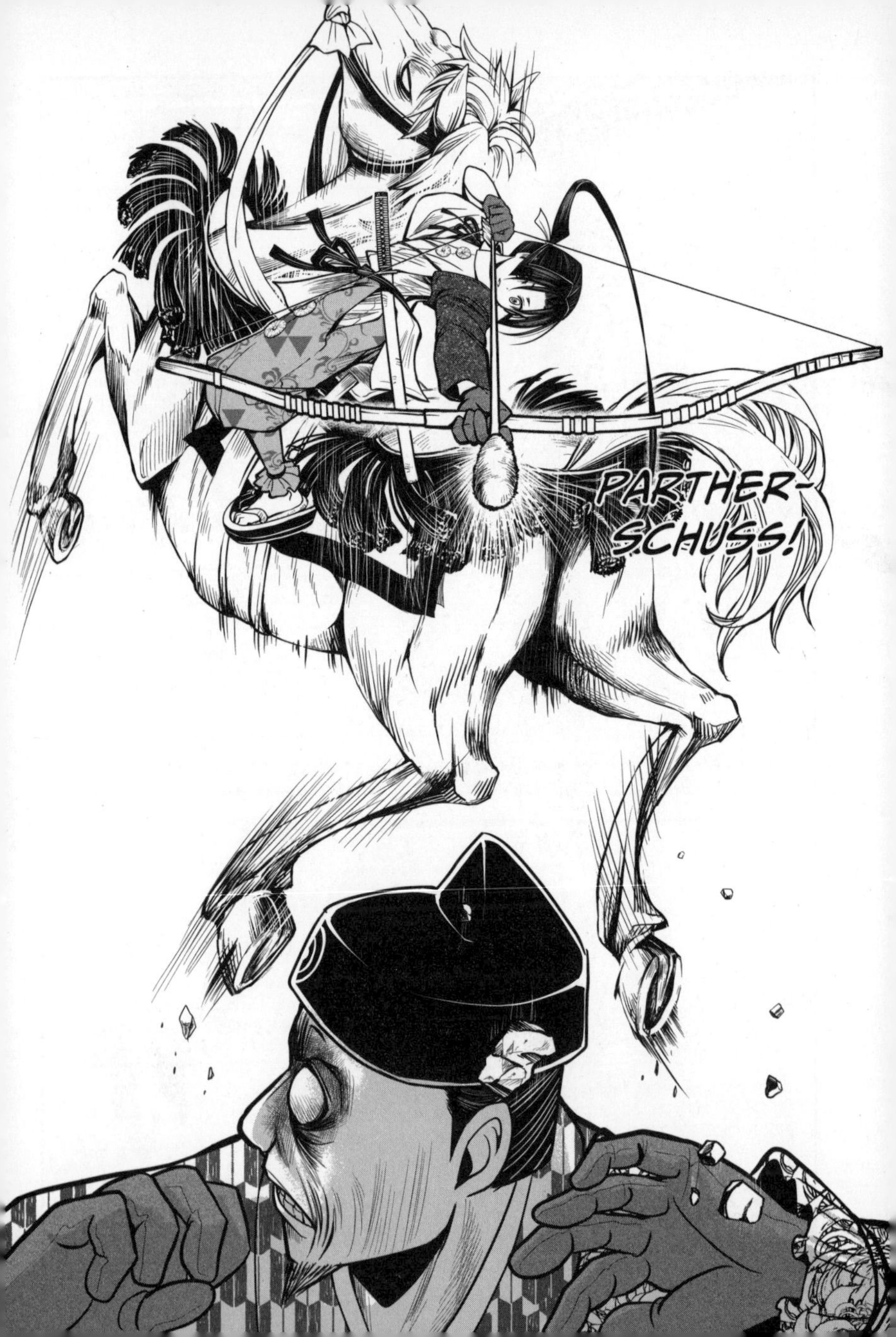
PARTHER-SCHUSS!

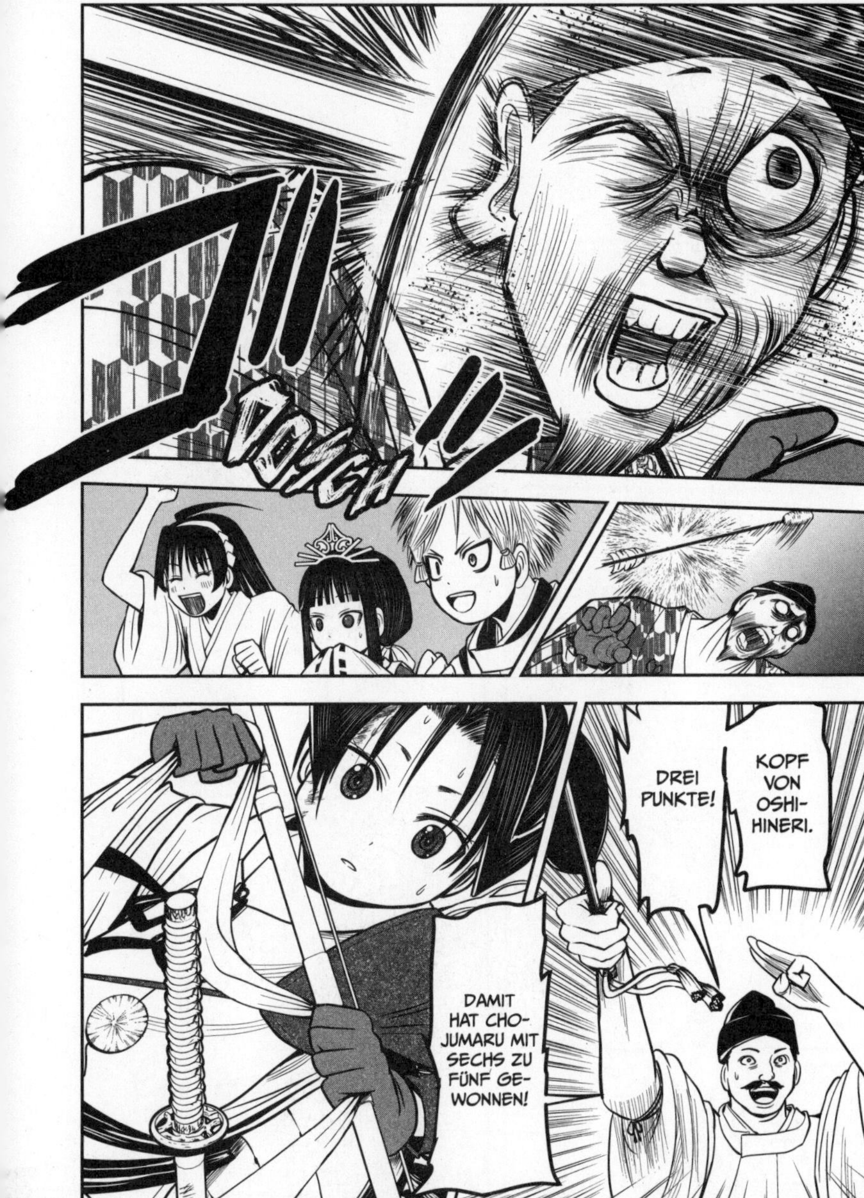
DOYSCH
KOPF VON OSHIHINERI.
DREI PUNKTE!
DAMIT HAT CHOJUMARU MIT SECHS ZU FÜNF GEWONNEN!

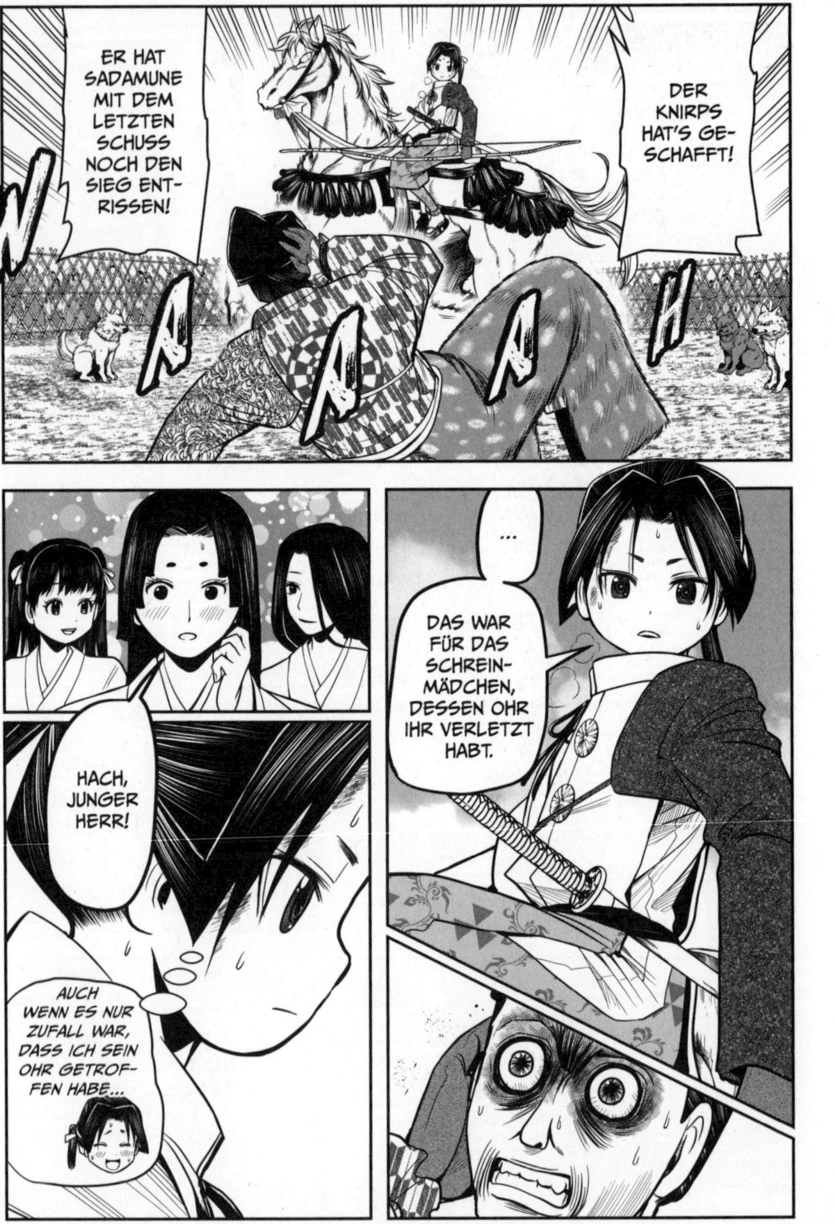
DER KNIRPS HAT'S GESCHAFFT!
ER HAT SADAMUNE MIT DEM LETZTEN SCHUSS NOCH DEN SIEG ENTRISSEN!
WAAAAH
...
DAS WAR FÜR DAS SCHREINMÄDCHEN, DESSEN OHR IHR VERLETZT HABT.
HACH, JUNGER HERR!
AUCH WENN ES NUR ZUFALL WAR, DASS ICH SEIN OHR GETROFFEN HABE...

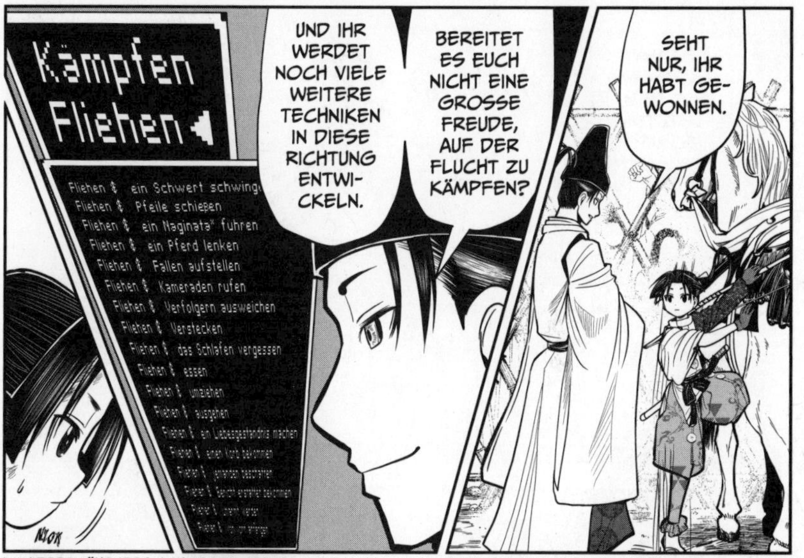

* »NIEDERMÄHENDES SCHWERT«, STANGENWAFFE (CA. 2–2,5 M, DAVON 45–100 CM KLINGE)

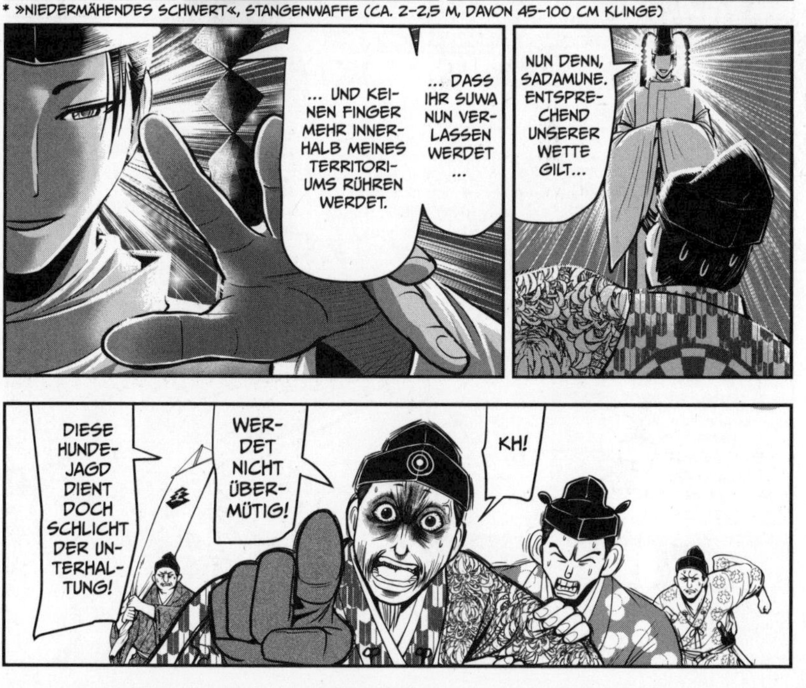

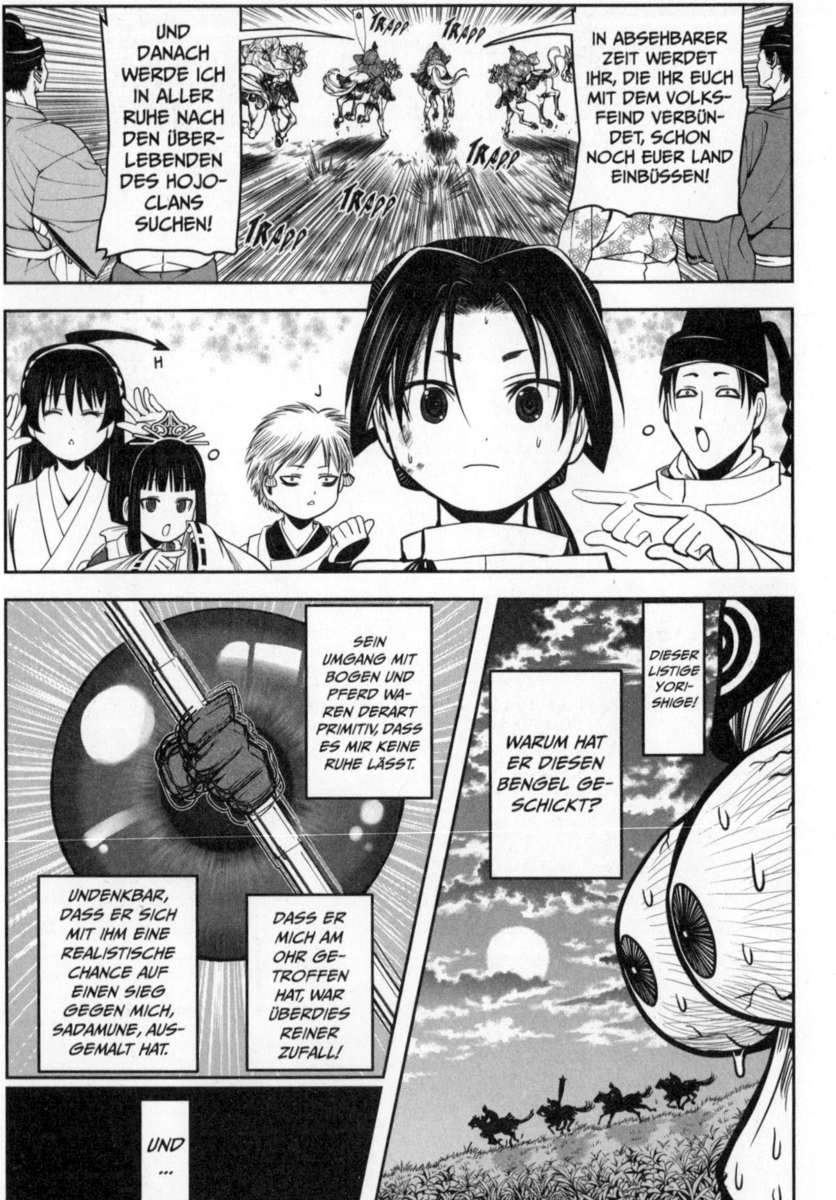
IN ABSEHBARER ZEIT WERDET IHR, DIE IHR EUCH MIT DEM VOLKSFEIND VERBÜNDET, SCHON NOCH EUER LAND EINBÜSSEN!
TRAPP
TRAPP
UND DANACH WERDE ICH IN ALLER RUHE NACH DEN ÜBERLEBENDEN DES HOJO-CLANS SUCHEN!
TRAPP
TRAPP
TRAPP
TRAPP
H
J
DIESER LISTIGE YORISHIGE!
WARUM HAT ER DIESEN BENGEL GESCHICKT?
SEIN UMGANG MIT BOGEN UND PFERD WAREN DERART PRIMITIV, DASS ES MIR KEINE RUHE LÄSST.
DASS ER MICH AM OHR GETROFFEN HAT, WAR ÜBERDIES REINER ZUFALL!
UNDENKBAR, DASS ER SICH MIT IHM EINE REALISTISCHE CHANCE AUF EINEN SIEG GEGEN MICH, SADAMUNE, AUSGEMALT HAT.
UND ...

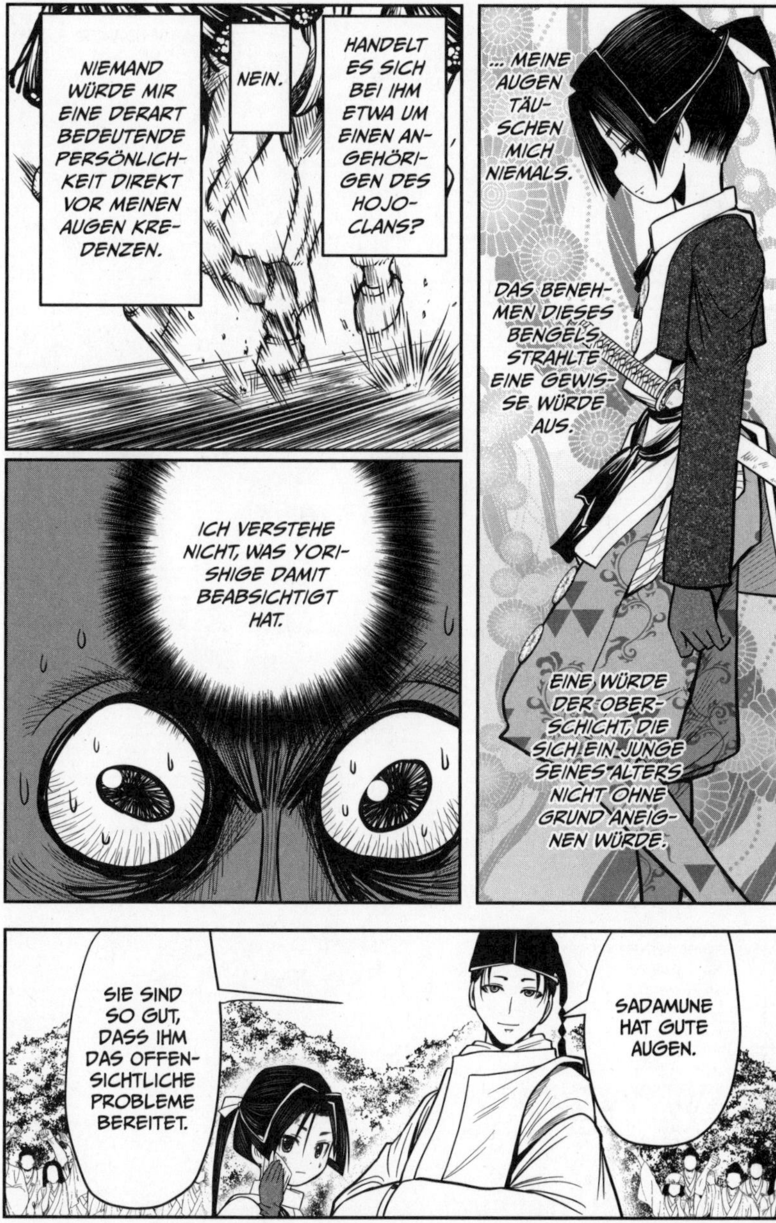
... MEINE AUGEN TÄUSCHEN MICH NIEMALS.
DAS BENEHMEN DIESES BENGELS STRAHLTE EINE GEWISSE WÜRDE AUS.
EINE WÜRDE DER OBERSCHICHT, DIE SICH EIN JUNGE SEINES ALTERS NICHT OHNE GRUND ANEIGNEN WÜRDE.
HANDELT ES SICH BEI IHM ETWA UM EINEN ANGEHÖRIGEN DES HOJO-CLANS?
NEIN.
NIEMAND WÜRDE MIR EINE DERART BEDEUTENDE PERSÖNLICHKEIT DIREKT VOR MEINEN AUGEN KREDENZEN.
ICH VERSTEHE NICHT, WAS YORISHIGE DAMIT BEABSICHTIGT HAT.
SADAMUNE HAT GUTE AUGEN.
SIE SIND SO GUT, DASS IHM DAS OFFENSICHTLICHE PROBLEME BEREITET.

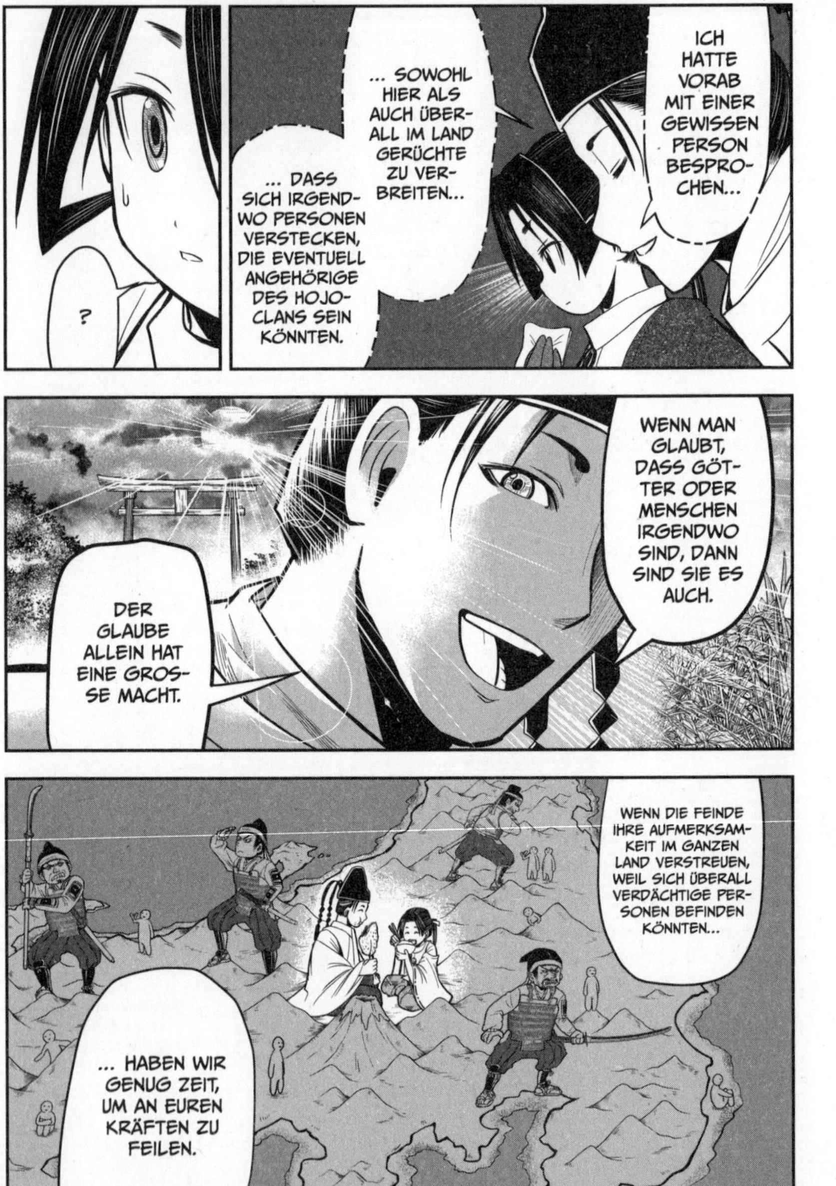
ICH HATTE VORAB MIT EINER GEWISSEN PERSON BESPROCHEN...
... SOWOHL HIER ALS AUCH ÜBERALL IM LAND GERÜCHTE ZU VERBREITEN...
... DASS SICH IRGENDWO PERSONEN VERSTECKEN, DIE EVENTUELL ANGEHÖRIGE DES HOJOCLANS SEIN KÖNNTEN.
?
WENN MAN GLAUBT, DASS GÖTTER ODER MENSCHEN IRGENDWO SIND, DANN SIND SIE ES AUCH.
DER GLAUBE ALLEIN HAT EINE GROSSE MACHT.
WENN DIE FEINDE IHRE AUFMERKSAMKEIT IM GANZEN LAND VERSTREUEN, WEIL SICH ÜBERALL VERDÄCHTIGE PERSONEN BEFINDEN KÖNNTEN...
... HABEN WIR GENUG ZEIT, UM AN EUREN KRÄFTEN ZU FEILEN.

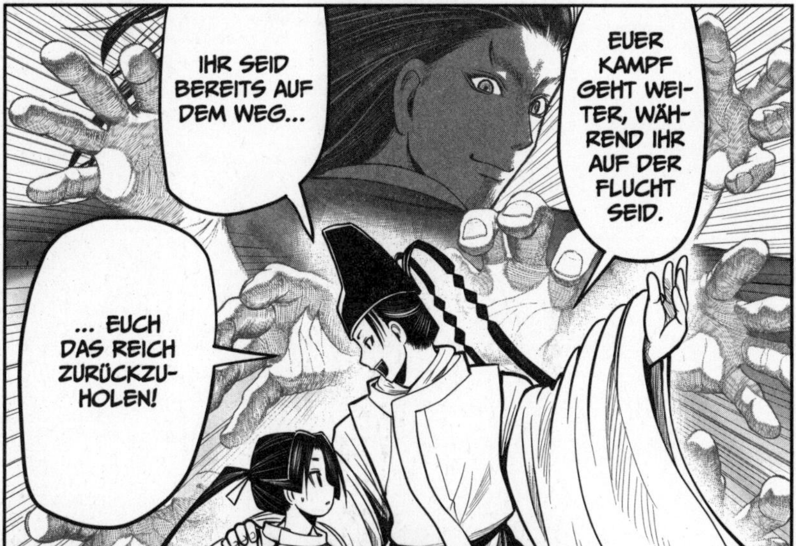
EUER KAMPF GEHT WEITER, WÄHREND IHR AUF DER FLUCHT SEID.
IHR SEID BEREITS AUF DEM WEG...
... EUCH DAS REICH ZURÜCKZUHOLEN!

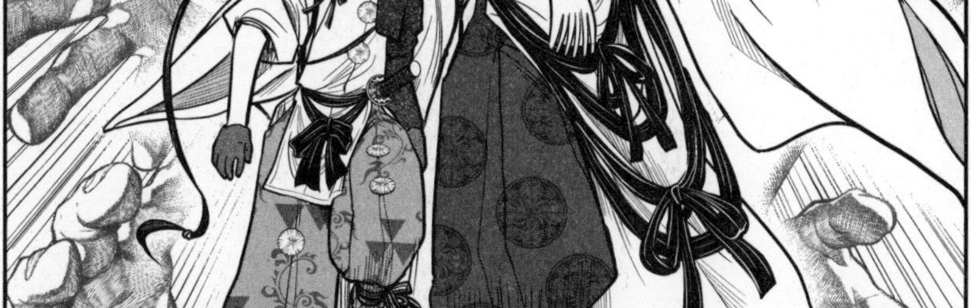
EINE FRAGE.
SCHWITZT IHR IMMER AUS DEN AUGÄPFELN?
IN DER TAT.
MAGENSÄURE UND DERGLEICHEN SCHEIDEN MEINE AUGEN EBENFALLS AUS.

DRUCKFEHLER IN DER KOMMENTARSPALTE ZUM INHALTSVERZEICHNIS AM ENDE DES JUMP MAGAZINS:

63 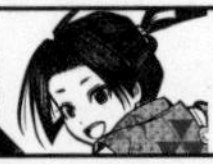 The Elusive Youth
Yusei Matsui

Eure Briefe haben mich auch in der Zeit, in der ich nichts veröffentlicht habe, sehr ermutigt. Vielen Dank! (Yusei)

Nur ein Wort anders und der Titel klingt wie der eines Films, der sich mit sozialkritischen Themen beschäftigt...

Durch die rasante Digitalisierung und das Outsourcen redaktioneller Arbeitsprozesse kommt es häufig zu Patzern oder Druckfehlern, die es im analogen Zeitalter in der Menge nicht gab.

Im Kapitel selbst war auch ein nicht allzu beeindruckender Fehler, der aber okay ist, weil er lustig war.

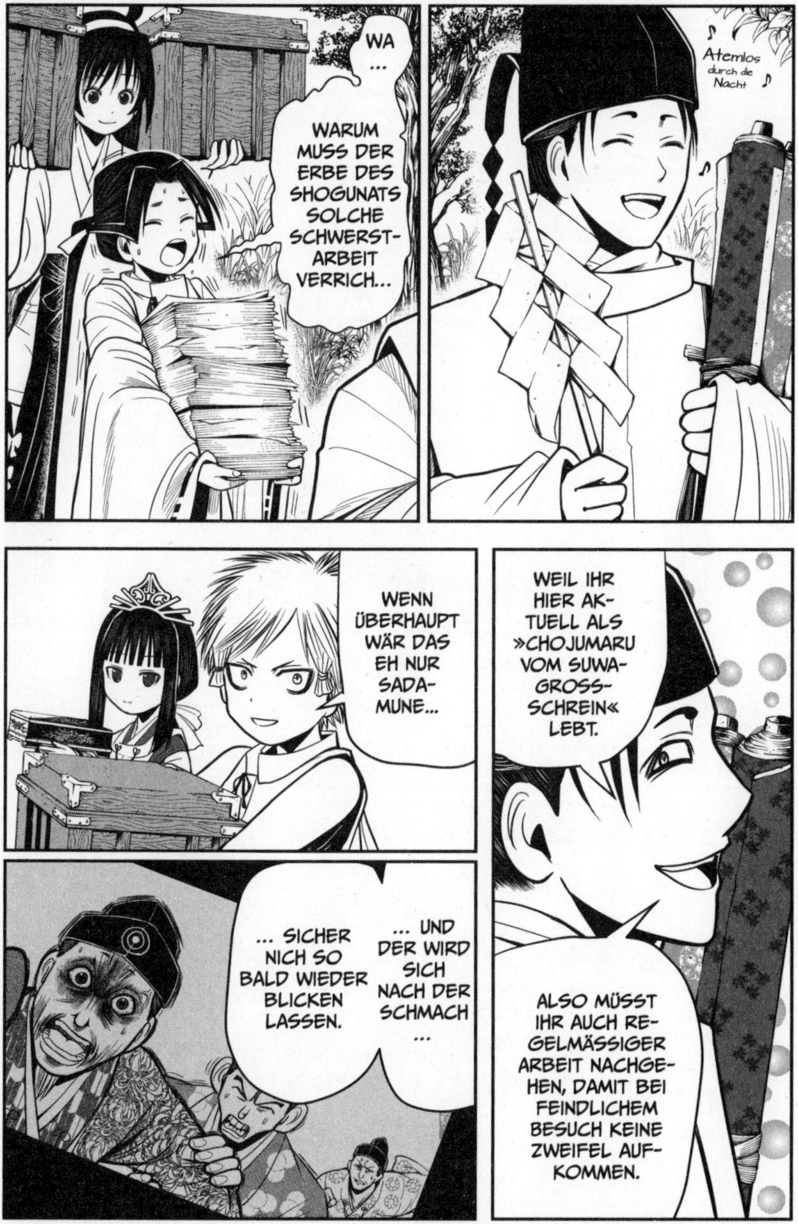
Atemlos durch die Nacht
WA ...
WARUM MUSS DER ERBE DES SHOGUNATS SOLCHE SCHWERST-ARBEIT VERRICH...
WEIL IHR HIER AK-TUELL ALS »CHOJUMARU VOM SUWA-GROSS-SCHREIN« LEBT.
WENN ÜBERHAUPT WÄR DAS EH NUR SADA-MUNE...
ALSO MÜSST IHR AUCH RE-GELMÄSSIGER ARBEIT NACHGE-HEN, DAMIT BEI FEINDLICHEM BESUCH KEINE ZWEIFEL AUF-KOMMEN.
... UND DER WIRD SICH NACH DER SCHMACH ...
... SICHER NICH SO BALD WIEDER BLICKEN LASSEN.

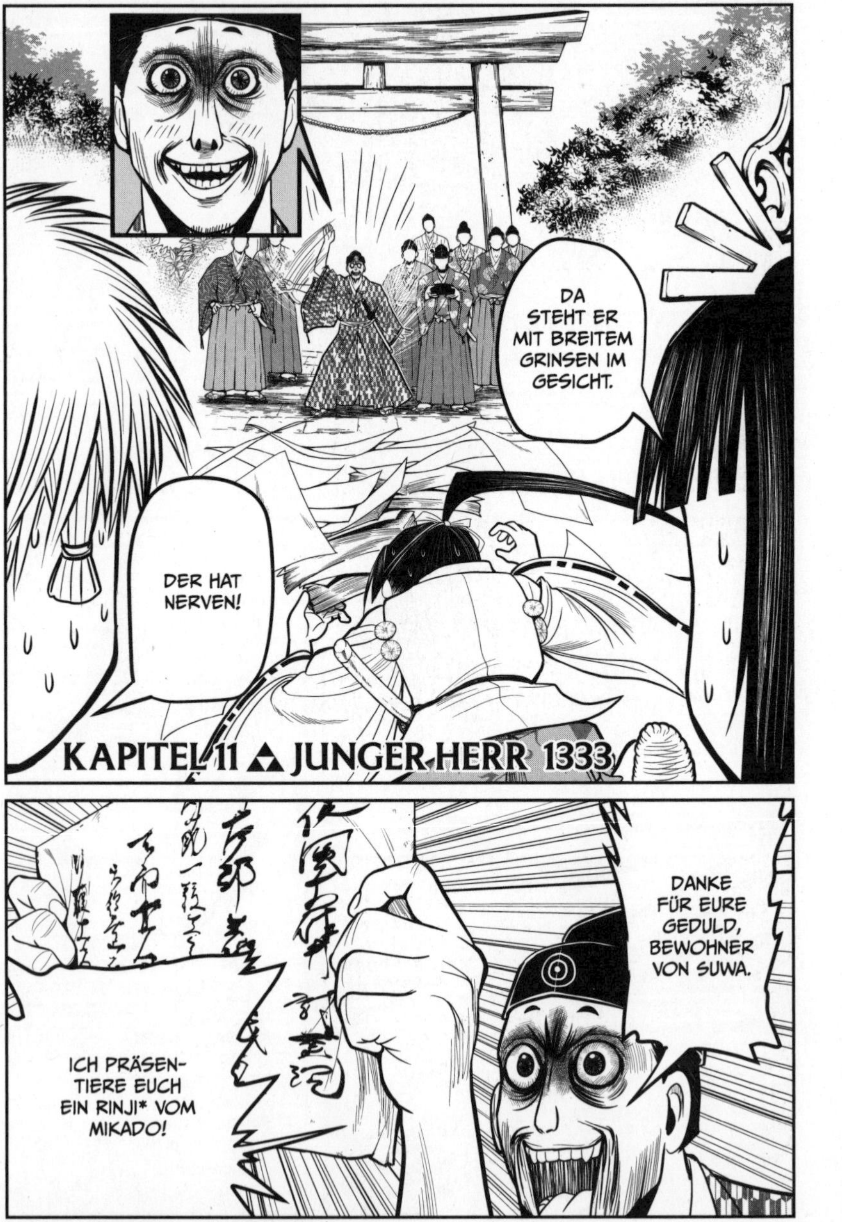

* KAISERLICHER BEFEHL. NICHT MISSACHTEN!

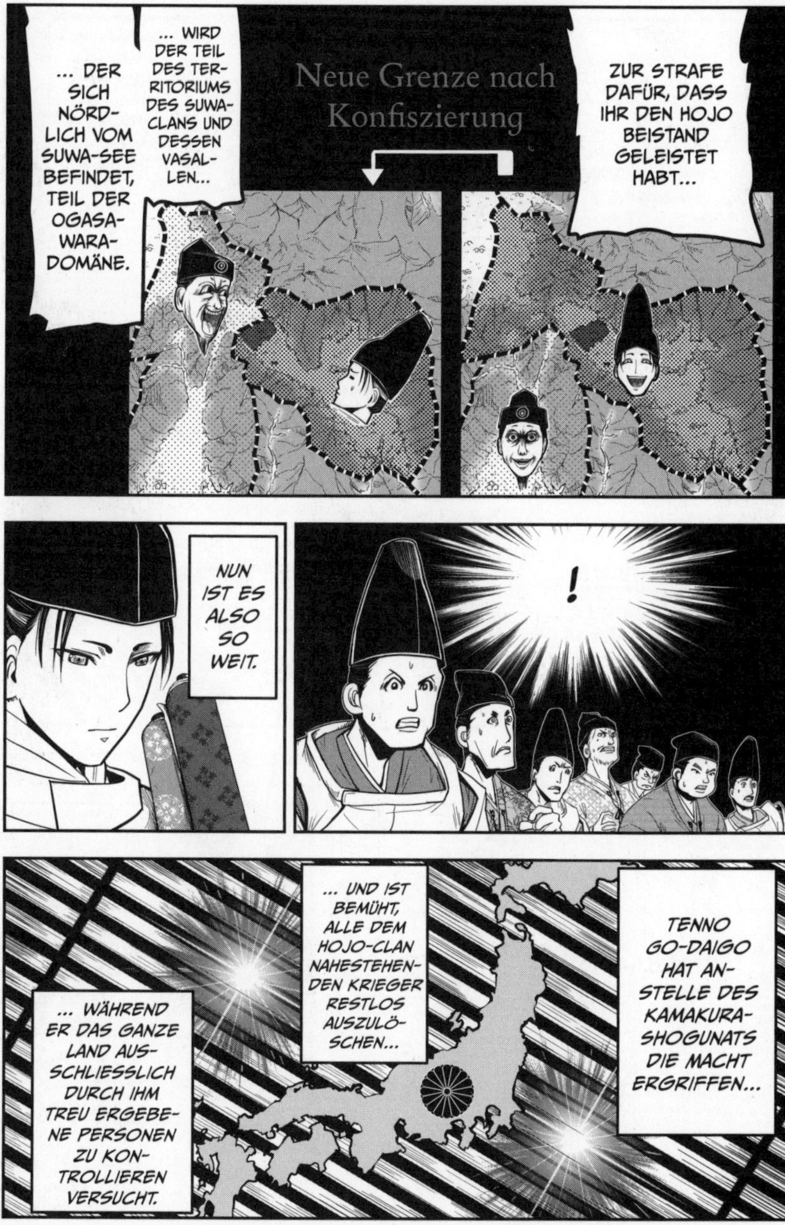

ZUR STRAFE DAFÜR, DASS IHR DEN HOJO BEISTAND GELEISTET HABT...
Neue Grenze nach Konfiszierung
... WIRD DER TEIL DES TERRITORIUMS DES SUWA-CLANS UND DESSEN VASALLEN...
... DER SICH NÖRDLICH VOM SUWA-SEE BEFINDET, TEIL DER OGASAWARA-DOMÄNE.
!
NUN IST ES ALSO SO WEIT.
TENNO GO-DAIGO HAT ANSTELLE DES KAMAKURA-SHOGUNATS DIE MACHT ERGRIFFEN...
... UND IST BEMÜHT, ALLE DEM HOJO-CLAN NAHESTEHENDEN KRIEGER RESTLOS AUSZULÖSCHEN...
... WÄHREND ER DAS GANZE LAND AUSSCHLIESSLICH DURCH IHM TREU ERGEBENE PERSONEN ZU KONTROLLIEREN VERSUCHT.

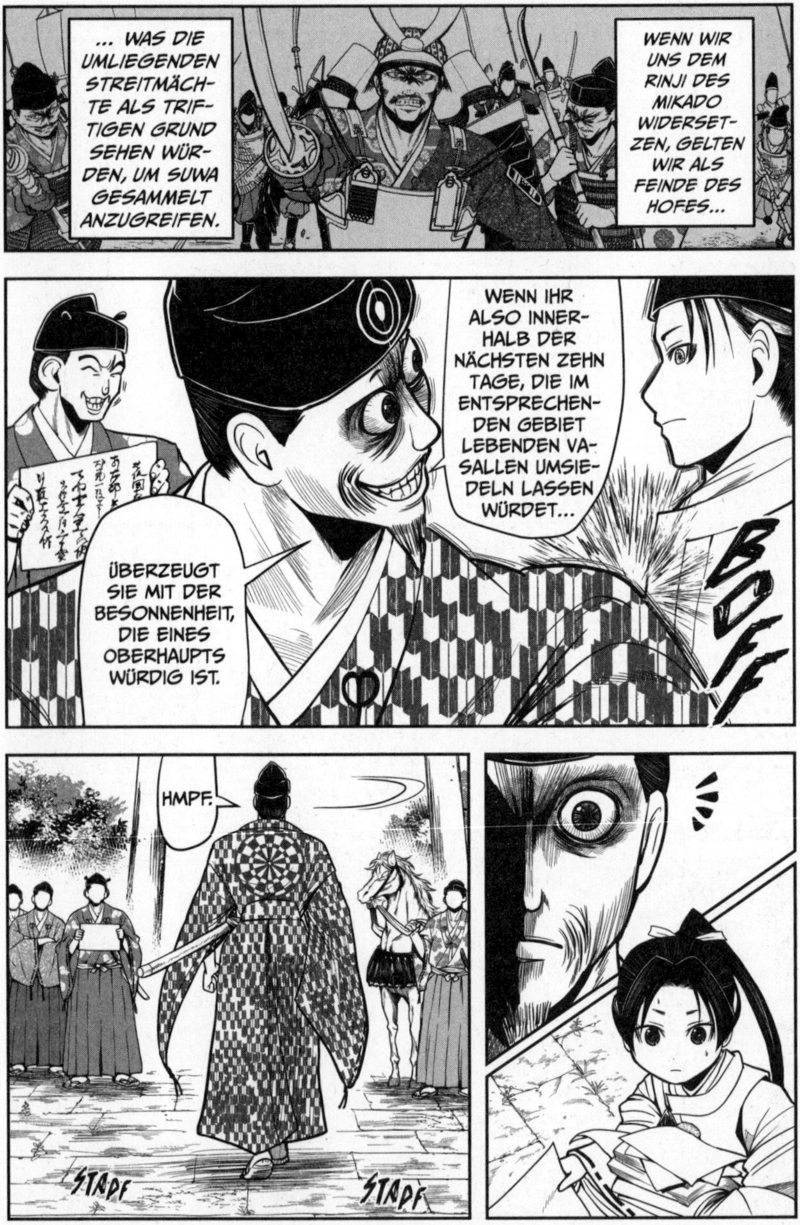
WENN WIR UNS DEM RINJI DES MIKADO WIDERSETZEN, GELTEN WIR ALS FEINDE DES HOFES...
... WAS DIE UMLIEGENDEN STREITMÄCHTE ALS TRIFTIGEN GRUND SEHEN WÜRDEN, UM SUWA GESAMMELT ANZUGREIFEN.
BOFF
WENN IHR ALSO INNERHALB DER NÄCHSTEN ZEHN TAGE, DIE IM ENTSPRECHENDEN GEBIET LEBENDEN VASALLEN UMSIEDELN LASSEN WÜRDET...
ÜBERZEUGT SIE MIT DER BESONNENHEIT, DIE EINES OBERHAUPTS WÜRDIG IST.
HMPF.
STAPF
STAPF

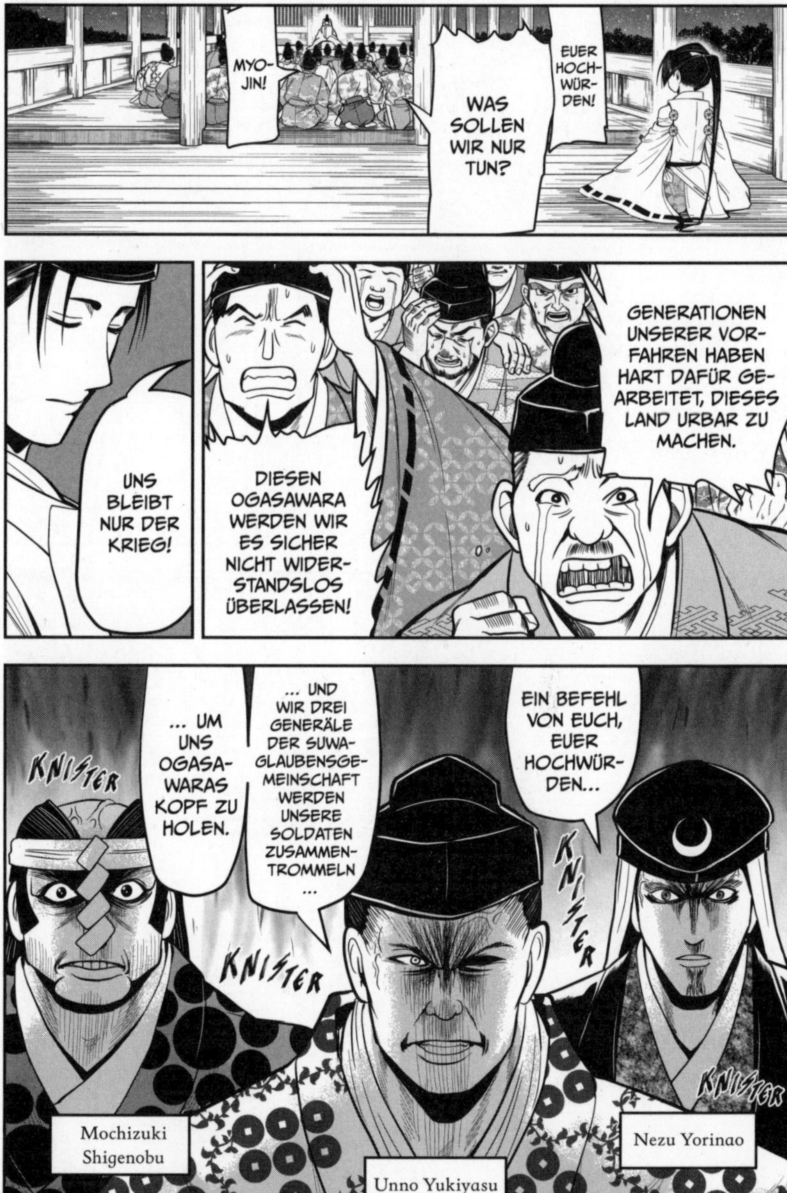
EUER HOCHWÜRDEN!
WAS SOLLEN WIR NUR TUN?
MYO-JIN!
GENERATIONEN UNSERER VORFAHREN HABEN HART DAFÜR GEARBEITET, DIESES LAND URBAR ZU MACHEN.
DIESEN OGASAWARA WERDEN WIR ES SICHER NICHT WIDERSTANDSLOS ÜBERLASSEN!
UNS BLEIBT NUR DER KRIEG!
EIN BEFEHL VON EUCH, EUER HOCHWÜRDEN...
... UND WIR DREI GENERÄLE DER SUWA-GLAUBENSGEMEINSCHAFT WERDEN UNSERE SOLDATEN ZUSAMMENTROMMELN ...
... UM UNS OGASAWARAS KOPF ZU HOLEN.
KNISTER
KNISTER
KNISTER
KNISTER
Nezu Yorinao
Unno Yukiyasu
Mochizuki Shigenobu

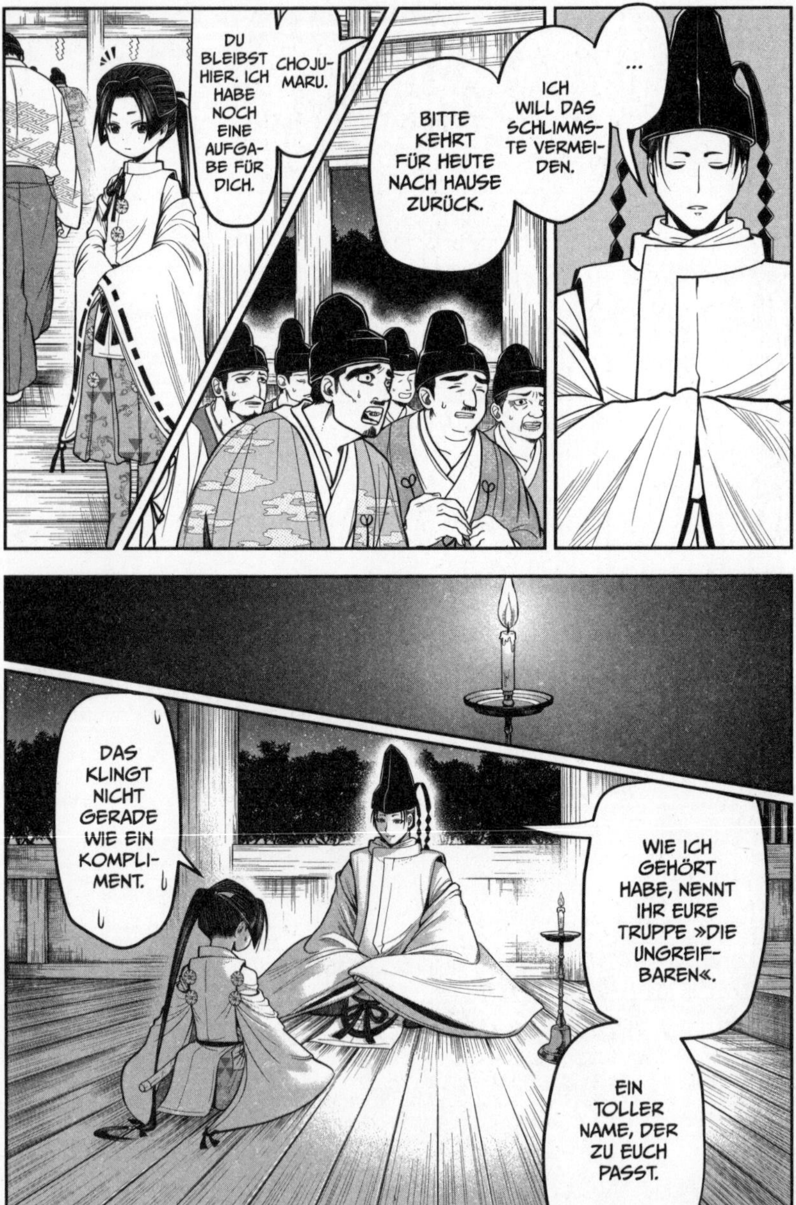
...
ICH WILL DAS SCHLIMMSTE VERMEIDEN.
BITTE KEHRT FÜR HEUTE NACH HAUSE ZURÜCK.
CHOJUMARU.
DU BLEIBST HIER. ICH HABE NOCH EINE AUFGABE FÜR DICH.
WIE ICH GEHÖRT HABE, NENNT IHR EURE TRUPPE »DIE UNGREIFBAREN«.
EIN TOLLER NAME, DER ZU EUCH PASST.
DAS KLINGT NICHT GERADE WIE EIN KOMPLIMENT.

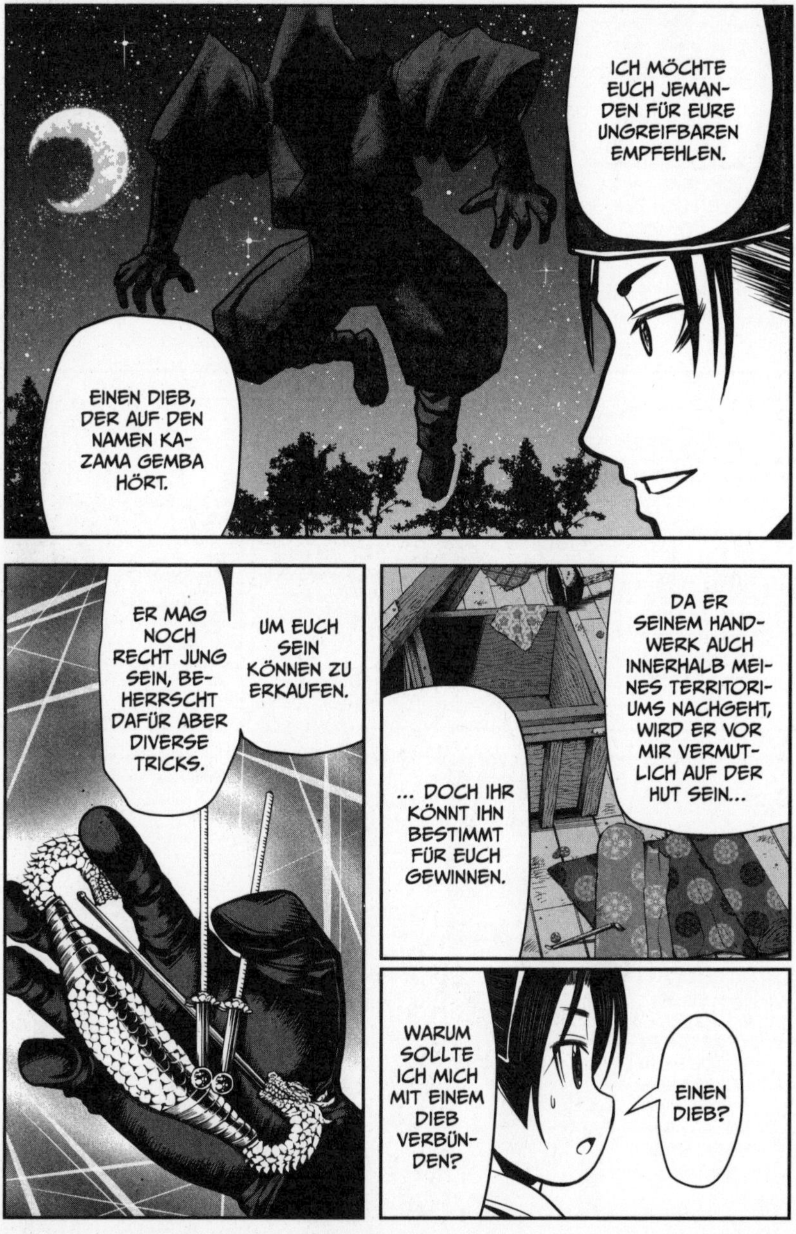
ICH MÖCHTE EUCH JEMANDEN FÜR EURE UNGREIFBAREN EMPFEHLEN.
EINEN DIEB, DER AUF DEN NAMEN KAZAMA GEMBA HÖRT.
DA ER SEINEM HANDWERK AUCH INNERHALB MEINES TERRITORIUMS NACHGEHT, WIRD ER VOR MIR VERMUTLICH AUF DER HUT SEIN...
... DOCH IHR KÖNNT IHN BESTIMMT FÜR EUCH GEWINNEN.
UM EUCH SEIN KÖNNEN ZU ERKAUFEN.
ER MAG NOCH RECHT JUNG SEIN, BEHERRSCHT DAFÜR ABER DIVERSE TRICKS.
EINEN DIEB?
WARUM SOLLTE ICH MICH MIT EINEM DIEB VERBÜNDEN?

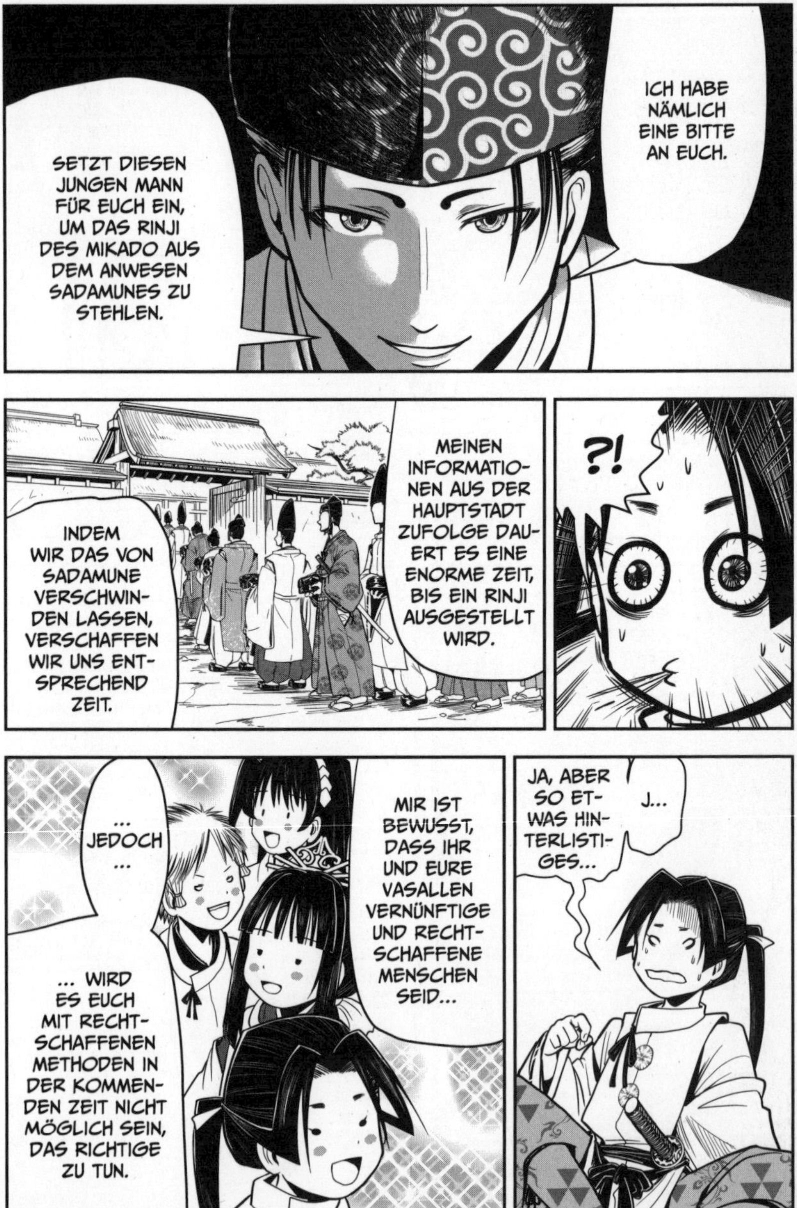

ICH HABE NÄMLICH EINE BITTE AN EUCH.
SETZT DIESEN JUNGEN MANN FÜR EUCH EIN, UM DAS RINJI DES MIKADO AUS DEM ANWESEN SADAMUNES ZU STEHLEN.
?!
MEINEN INFORMATIONEN AUS DER HAUPTSTADT ZUFOLGE DAUERT ES EINE ENORME ZEIT, BIS EIN RINJI AUSGESTELLT WIRD.
INDEM WIR DAS VON SADAMUNE VERSCHWINDEN LASSEN, VERSCHAFFEN WIR UNS ENTSPRECHEND ZEIT.
J...
JA, ABER SO ETWAS HINTERLISTIGES...
MIR IST BEWUSST, DASS IHR UND EURE VASALLEN VERNÜNFTIGE UND RECHTSCHAFFENE MENSCHEN SEID...
... JEDOCH ...
... WIRD ES EUCH MIT RECHTSCHAFFENEN METHODEN IN DER KOMMENDEN ZEIT NICHT MÖGLICH SEIN, DAS RICHTIGE ZU TUN.

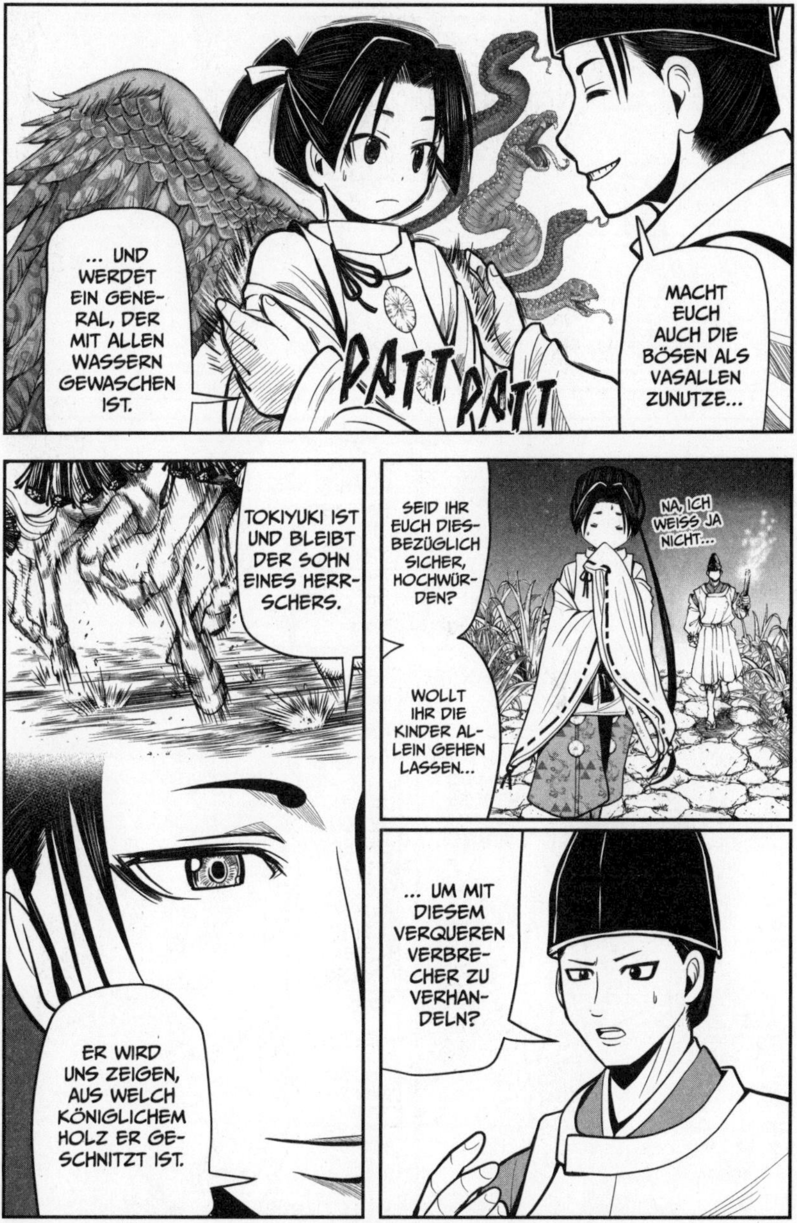
MACHT EUCH AUCH DIE BÖSEN ALS VASALLEN ZUNUTZE...
... UND WERDET EIN GENERAL, DER MIT ALLEN WASSERN GEWASCHEN IST.
PATT PATT
NA, ICH WEISS JA NICHT...
SEID IHR EUCH DIESBEZÜGLICH SICHER, HOCHWÜRDEN?
WOLLT IHR DIE KINDER ALLEIN GEHEN LASSEN...
... UM MIT DIESEM VERQUEREN VERBRECHER ZU VERHANDELN?
TOKIYUKI IST UND BLEIBT DER SOHN EINES HERRSCHERS.
ER WIRD UNS ZEIGEN, AUS WELCH KÖNIGLICHEM HOLZ ER GESCHNITZT IST.

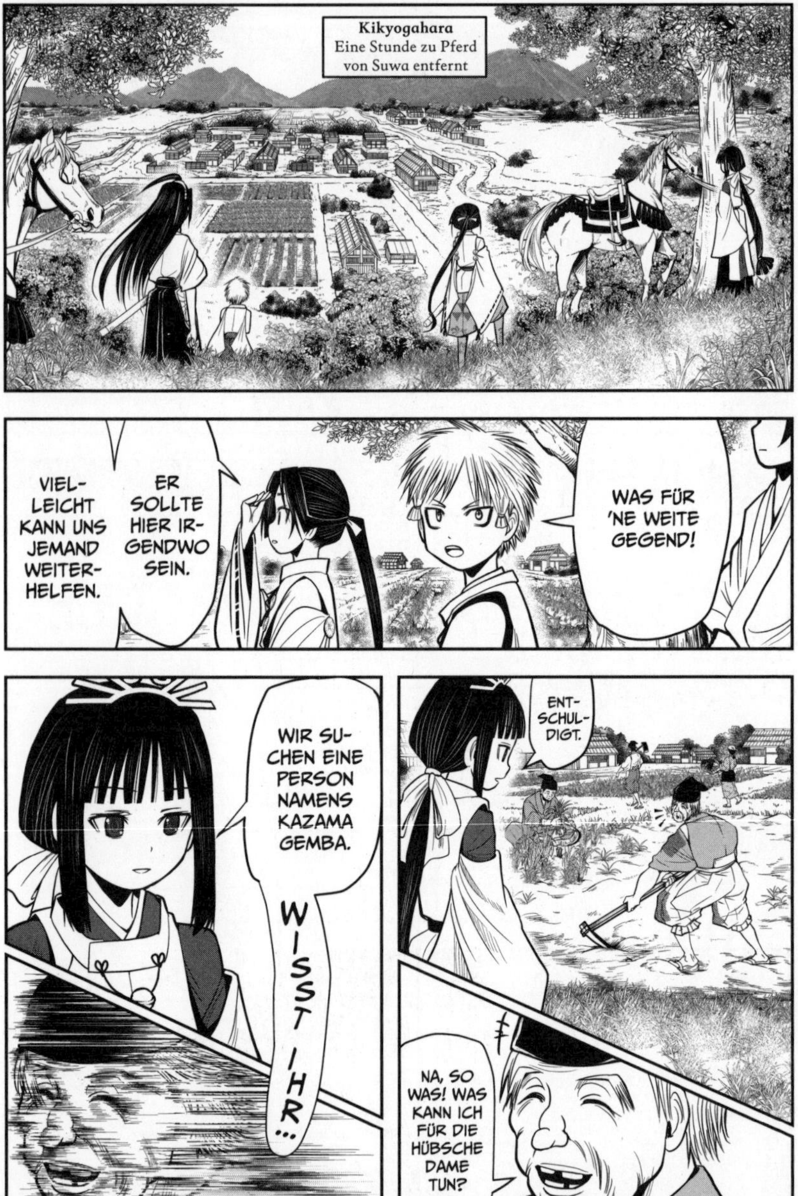
Kikyogahara
Eine Stunde zu Pferd von Suwa entfernt
WAS FÜR 'NE WEITE GEGEND!
ER SOLLTE HIER IRGENDWO SEIN.
VIELLEICHT KANN UNS JEMAND WEITERHELFEN.
ENTSCHULDIGT.
WIR SUCHEN EINE PERSON NAMENS KAZAMA GEMBA.
WISST IHR ...
NA, SO WAS! WAS KANN ICH FÜR DIE HÜBSCHE DAME TUN?

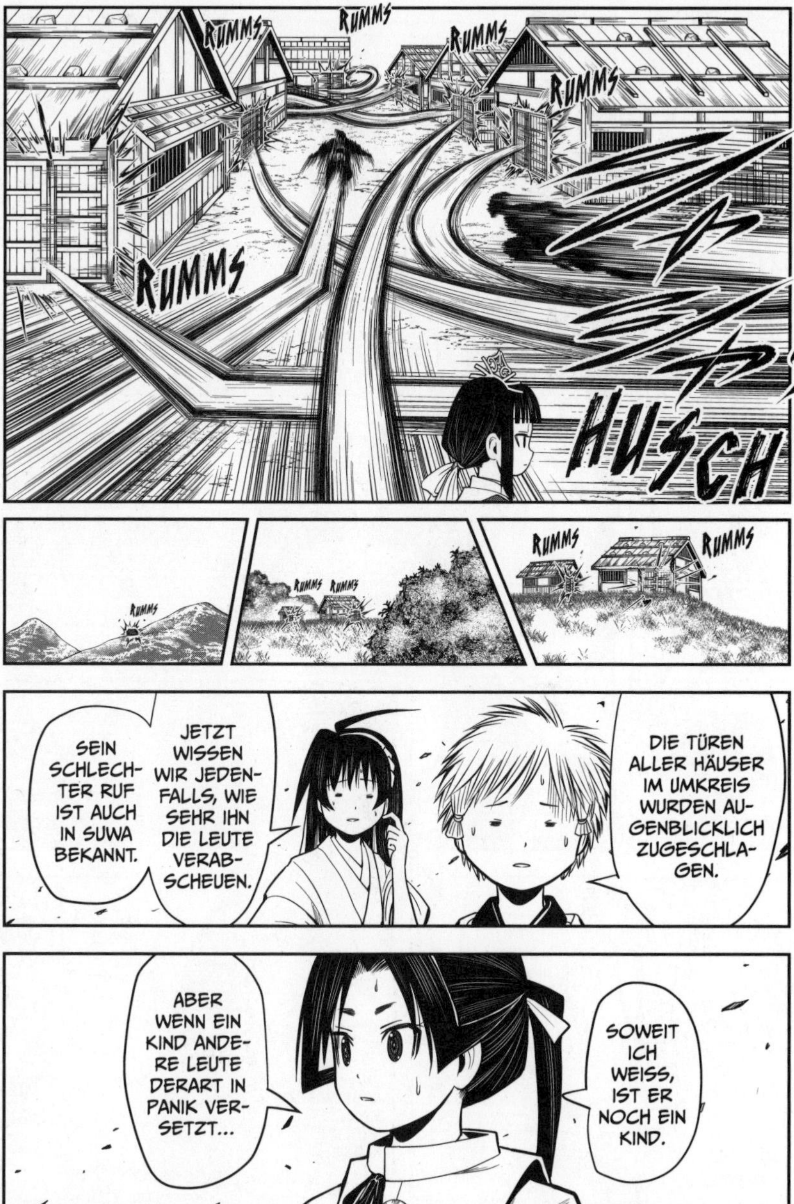
RUMMS
RUMMS
RUMMS
RUMMS
RUMMS
HUSCH
RUMMS
RUMMS
RUMMS
RUMMS
RUMMS
DIE TÜREN ALLER HÄUSER IM UMKREIS WURDEN AUGENBLICKLICH ZUGESCHLAGEN.
JETZT WISSEN WIR JEDENFALLS, WIE SEHR IHN DIE LEUTE VERABSCHEUEN.
SEIN SCHLECHTER RUF IST AUCH IN SUWA BEKANNT.
SOWEIT ICH WEISS, IST ER NOCH EIN KIND.
ABER WENN EIN KIND ANDERE LEUTE DERART IN PANIK VERSETZT...

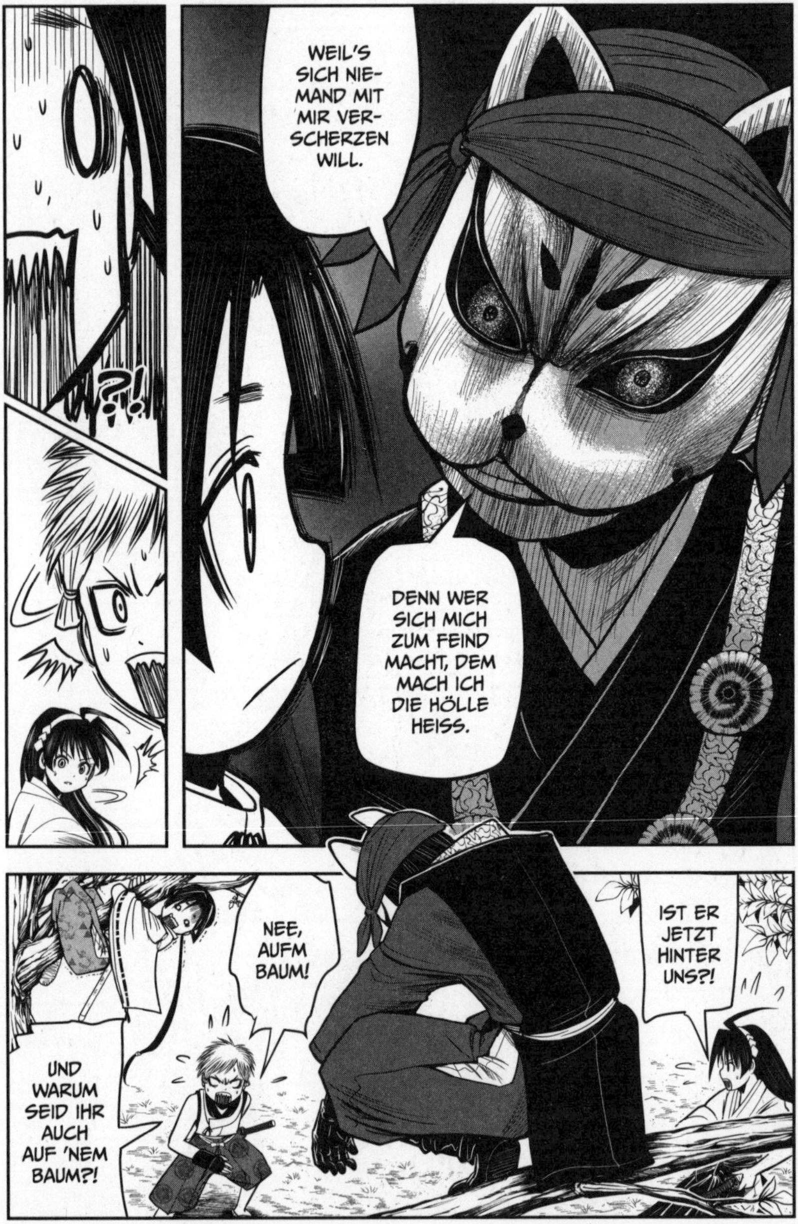
WEIL'S SICH NIE-MAND MIT MIR VER-SCHERZEN WILL.
DENN WER SICH MICH ZUM FEIND MACHT, DEM MACH ICH DIE HÖLLE HEISS.
?!
IST ER JETZT HINTER UNS?!
NEE, AUFM BAUM!
UND WARUM SEID IHR AUCH AUF 'NEM BAUM?!

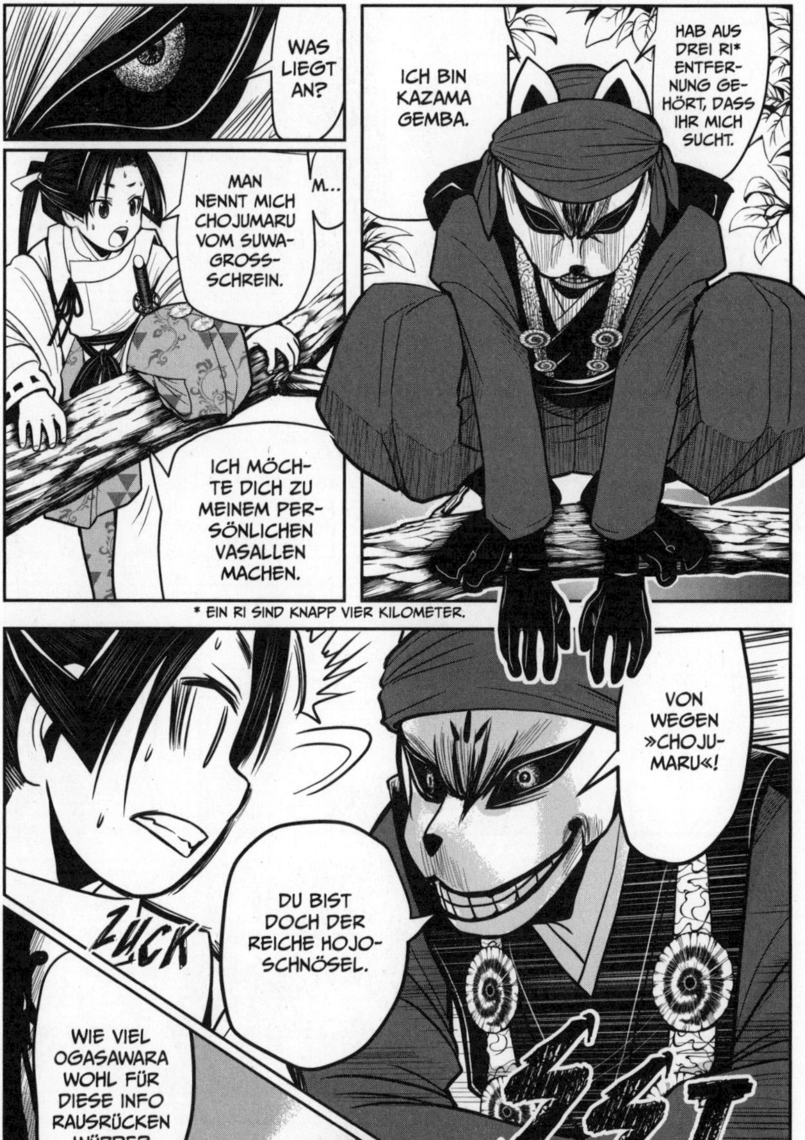

* EIN RI SIND KNAPP VIER KILOMETER.

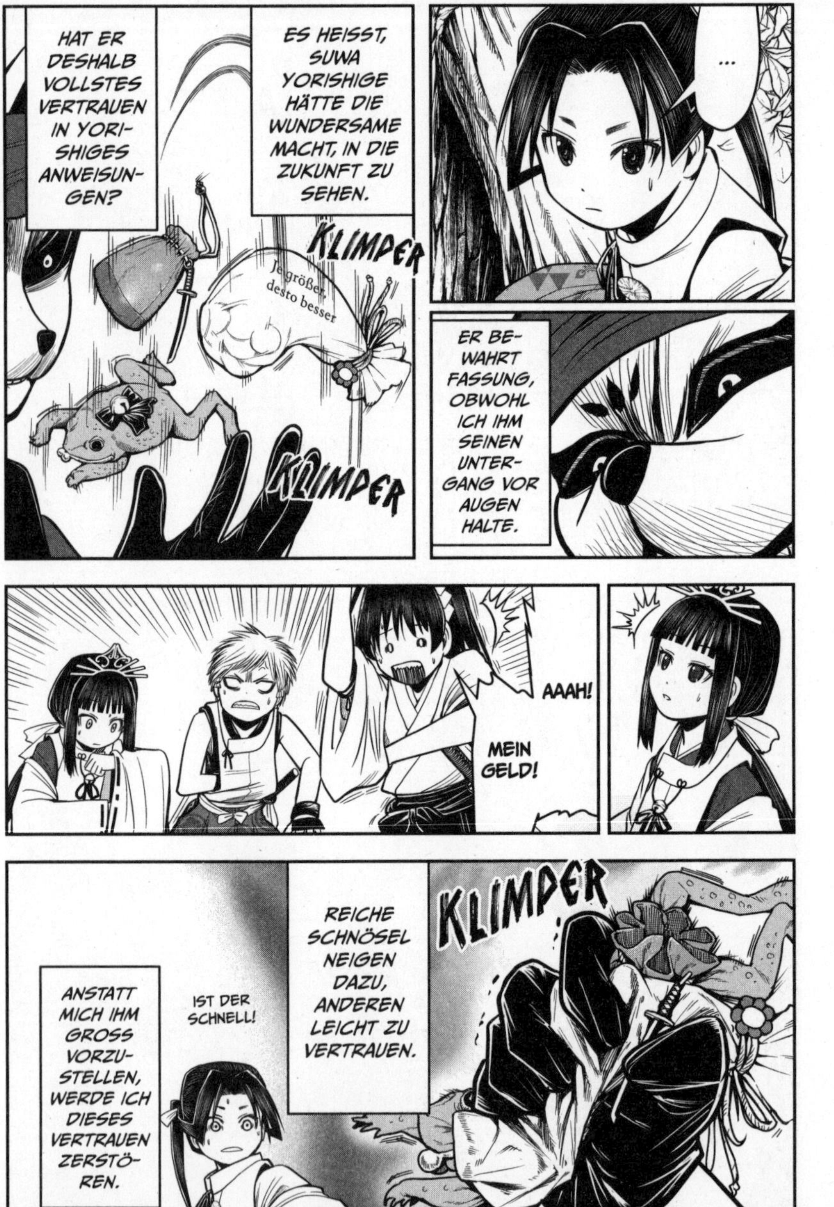

...
ES HEISST, SUWA YORISHIGE HÄTTE DIE WUNDERSAME MACHT, IN DIE ZUKUNFT ZU SEHEN.
HAT ER DESHALB VOLLSTES VERTRAUEN IN YORI-SHIGES ANWEISUN-GEN?
KLIMPER
Je größer, desto besser
KLIMPER
ER BE-WAHRT FASSUNG, OBWOHL ICH IHM SEINEN UNTER-GANG VOR AUGEN HALTE.
AAAH!
MEIN GELD!
KLIMPER
REICHE SCHNÖSEL NEIGEN DAZU, ANDEREN LEICHT ZU VERTRAUEN.
IST DER SCHNELL!
ANSTATT MICH IHM GROSS VORZU-STELLEN, WERDE ICH DIESES VERTRAUEN ZERSTÖ-REN.

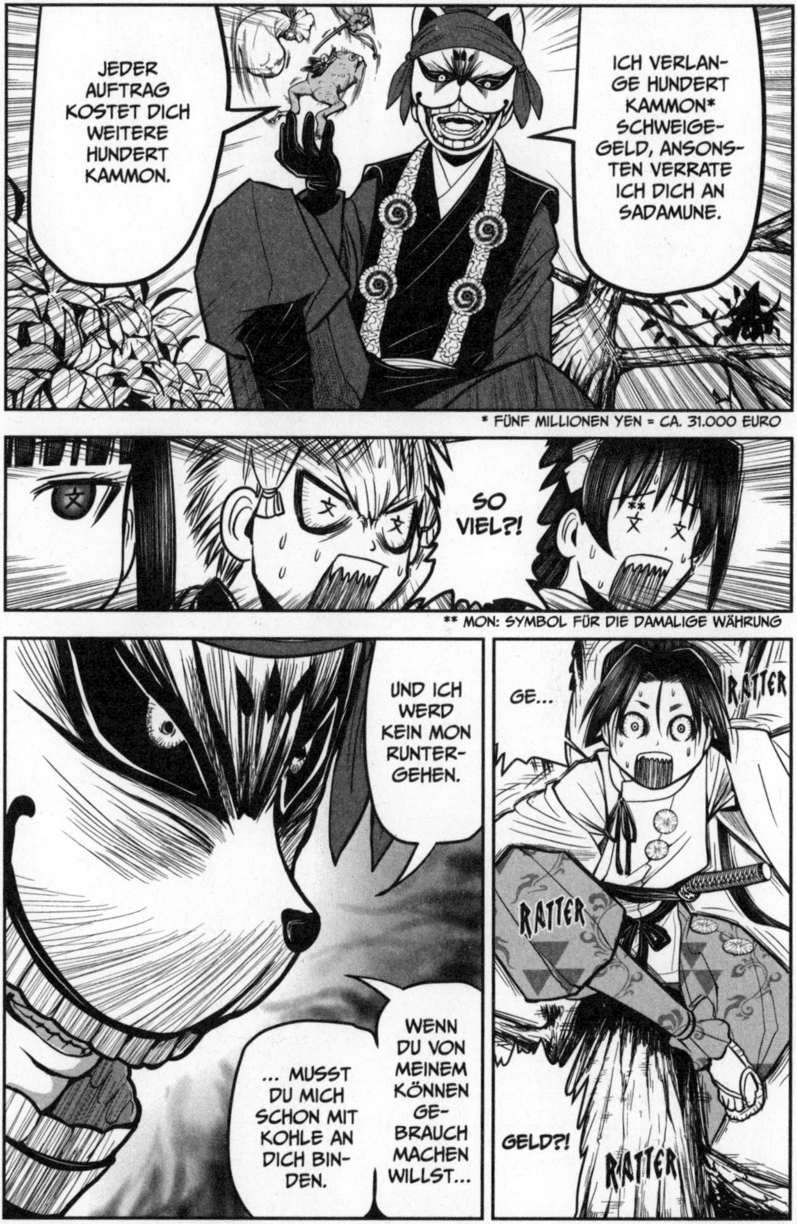

* FÜNF MILLIONEN YEN = CA. 31.000 EURO

** MON: SYMBOL FÜR DIE DAMALIGE WÄHRUNG

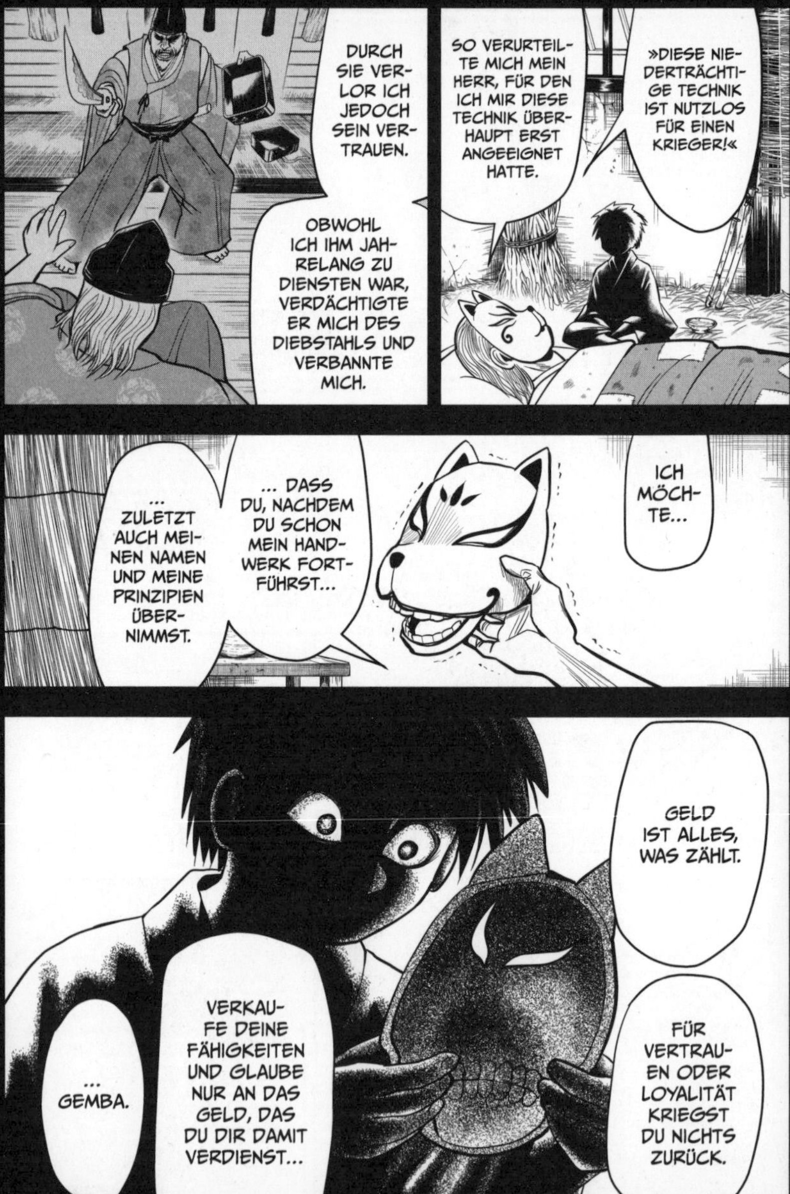
»DIESE NIEDERTRÄCHTIGE TECHNIK IST NUTZLOS FÜR EINEN KRIEGER!«
SO VERURTEILTE MICH MEIN HERR, FÜR DEN ICH MIR DIESE TECHNIK ÜBERHAUPT ERST ANGEEIGNET HATTE.
DURCH SIE VERLOR ICH JEDOCH SEIN VERTRAUEN.
OBWOHL ICH IHM JAHRELANG ZU DIENSTEN WAR, VERDÄCHTIGTE ER MICH DES DIEBSTAHLS UND VERBANNTE MICH.
ICH MÖCHTE...
... DASS DU, NACHDEM DU SCHON MEIN HANDWERK FORTFÜHRST...
... ZULETZT AUCH MEINEN NAMEN UND MEINE PRINZIPIEN ÜBERNIMMST.
GELD IST ALLES, WAS ZÄHLT.
FÜR VERTRAUEN ODER LOYALITÄT KRIEGST DU NICHTS ZURÜCK.
VERKAUFE DEINE FÄHIGKEITEN UND GLAUBE NUR AN DAS GELD, DAS DU DIR DAMIT VERDIENST...
... GEMBA.

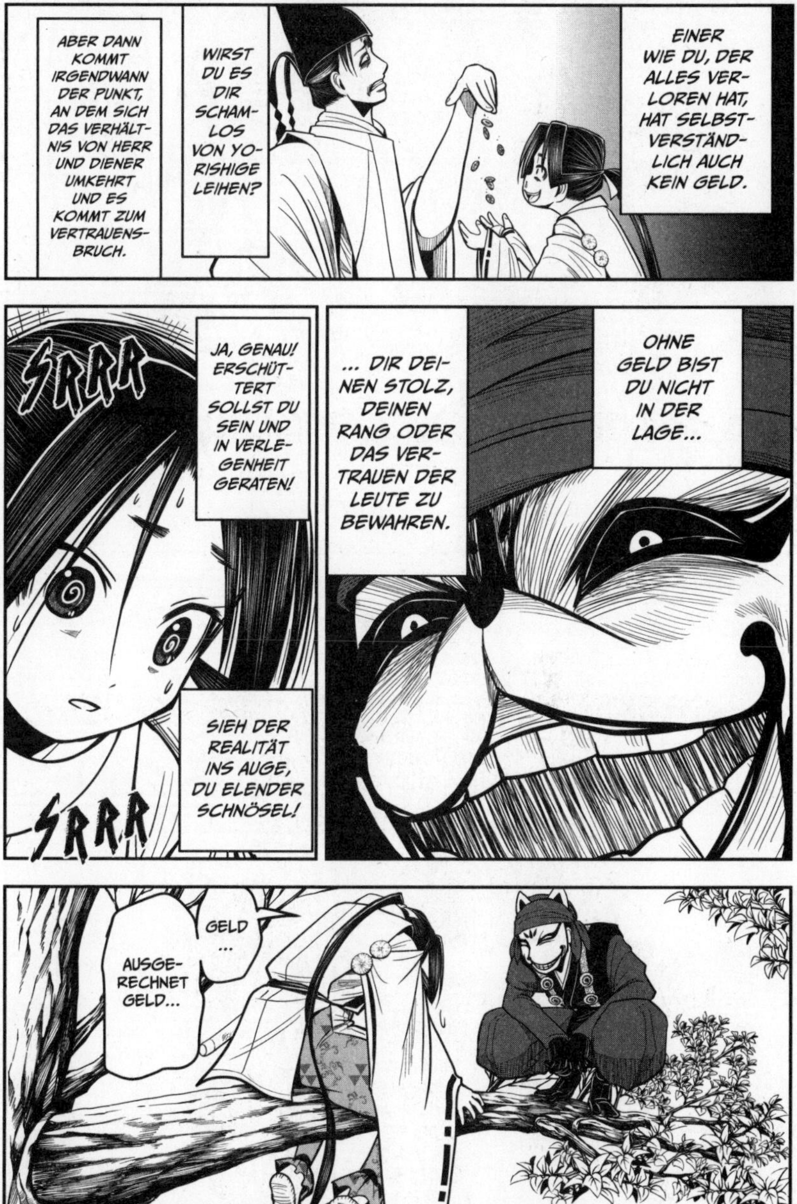
EINER WIE DU, DER ALLES VERLOREN HAT, HAT SELBSTVERSTÄNDLICH AUCH KEIN GELD.
WIRST DU ES DIR SCHAMLOS VON YORISHIGE LEIHEN?
ABER DANN KOMMT IRGENDWANN DER PUNKT, AN DEM SICH DAS VERHÄLTNIS VON HERR UND DIENER UMKEHRT UND ES KOMMT ZUM VERTRAUENSBRUCH.
OHNE GELD BIST DU NICHT IN DER LAGE...
... DIR DEINEN STOLZ, DEINEN RANG ODER DAS VERTRAUEN DER LEUTE ZU BEWAHREN.
JA, GENAU! ERSCHÜTTERT SOLLST DU SEIN UND IN VERLEGENHEIT GERATEN!
SRRR
SIEH DER REALITÄT INS AUGE, DU ELENDER SCHNÖSEL!
SRRR
GELD ...
AUSGERECHNET GELD...

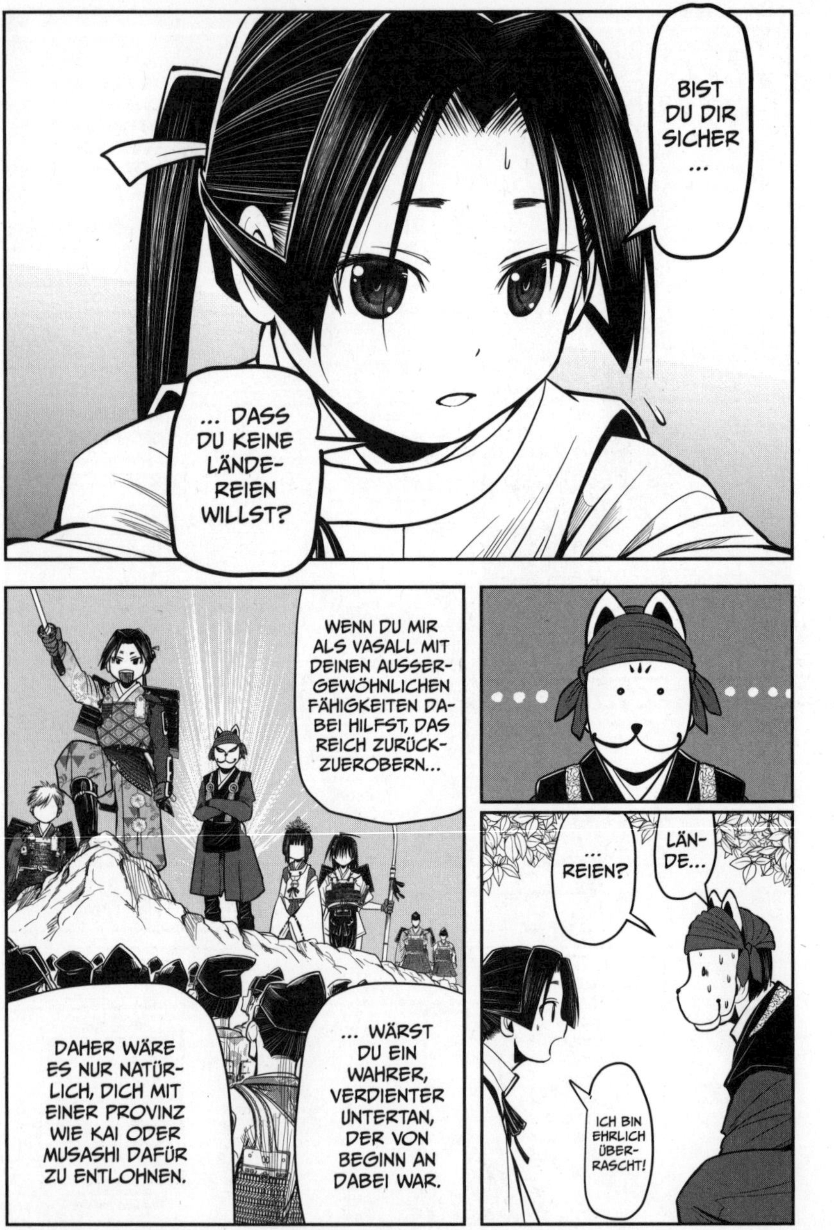
BIST DU DIR SICHER ...
... DASS DU KEINE LÄNDE-REIEN WILLST?
......
WENN DU MIR ALS VASALL MIT DEINEN AUSSER-GEWÖHNLICHEN FÄHIGKEITEN DA-BEI HILFST, DAS REICH ZURÜCK-ZUEROBERN...
... WÄRST DU EIN WAHRER, VERDIENTER UNTERTAN, DER VON BEGINN AN DABEI WAR.
DAHER WÄRE ES NUR NATÜR-LICH, DICH MIT EINER PROVINZ WIE KAI ODER MUSASHI DAFÜR ZU ENTLOHNEN.
LÄN-DE...
... REIEN?
ICH BIN EHRLICH ÜBER-RASCHT!

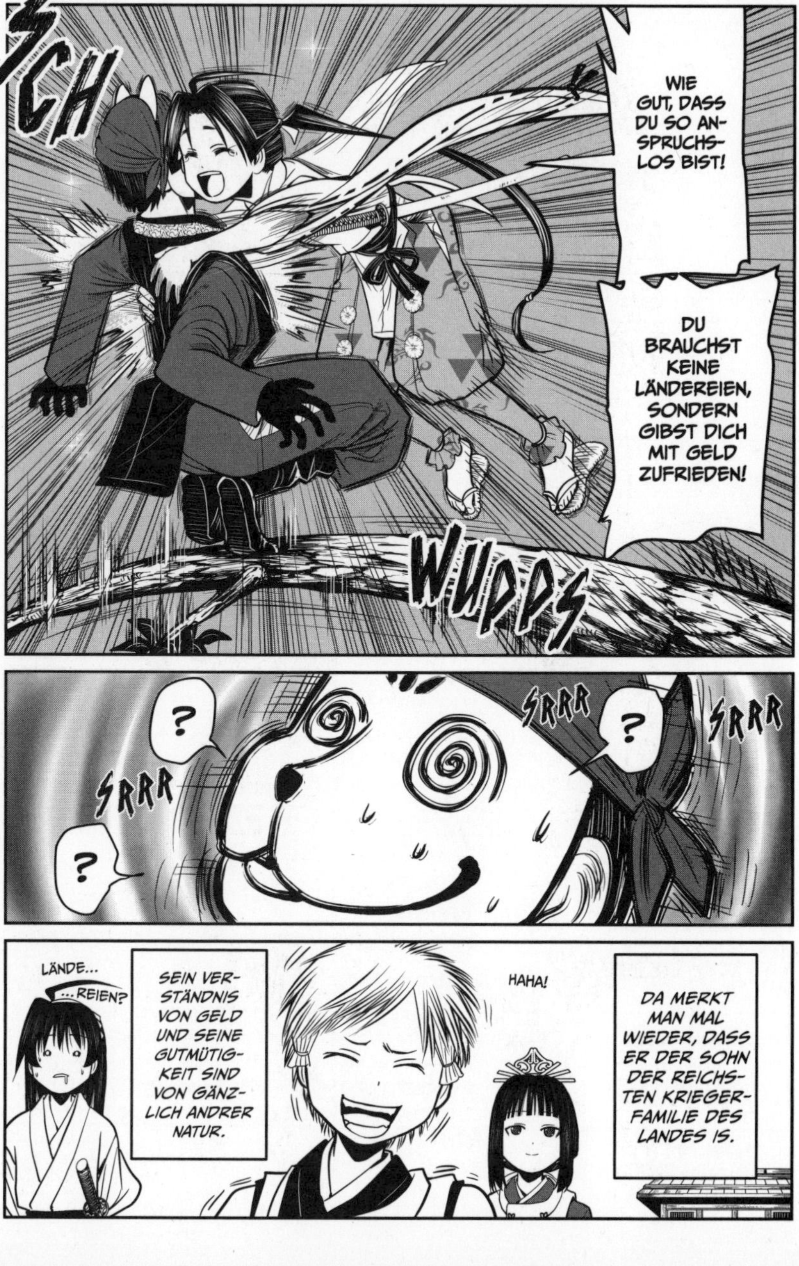
SCH
WIE GUT, DASS DU SO ANSPRUCHSLOS BIST!
DU BRAUCHST KEINE LÄNDEREIEN, SONDERN GIBST DICH MIT GELD ZUFRIEDEN!
WUPPS
SRRR
?
SRRR
?
SRRR
?
DA MERKT MAN MAL WIEDER, DASS ER DER SOHN DER REICHSTEN KRIEGERFAMILIE DES LANDES IS.
HAHA!
SEIN VERSTÄNDNIS VON GELD UND SEINE GUTMÜTIGKEIT SIND VON GÄNZLICH ANDRER NATUR.
LÄNDE...
...REIEN?

AYAKOS GELDSÄCKCHEN

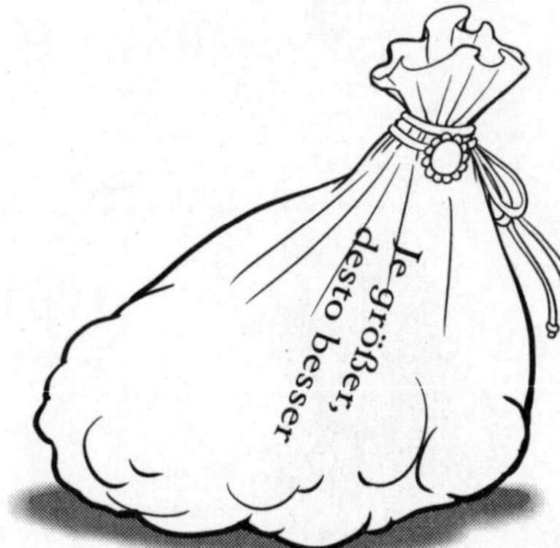

Ihr Säckchen ist zwar riesig, doch der darin enthaltene Geldbetrag ist verhältnismäßig gering. Sie erhält genauso viel Taschengeld wie alle anderen Vasallen, füllt das Säckchen aber mit Steinen aus. Für den Fall, dass sie von Banditen überfallen werden, kann sie das Säckchen »versehentlich« fallenlassen oder aber den Angreifer damit erschlagen.

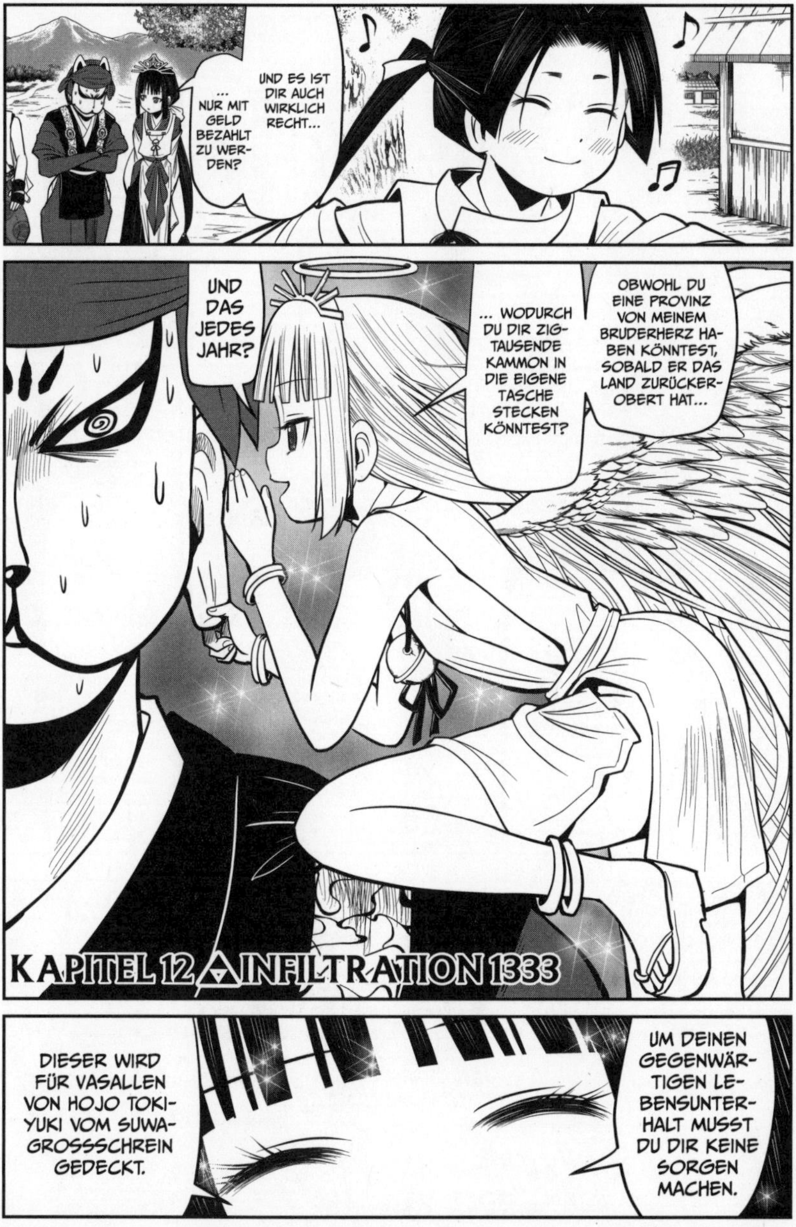
UND ES IST DIR AUCH WIRKLICH RECHT...
... NUR MIT GELD BEZAHLT ZU WERDEN?
OBWOHL DU EINE PROVINZ VON MEINEM BRUDERHERZ HABEN KÖNNTEST, SOBALD ER DAS LAND ZURÜCKEROBERT HAT...
... WODURCH DU DIR ZIGTAUSENDE KAMMON IN DIE EIGENE TASCHE STECKEN KÖNNTEST?
UND DAS JEDES JAHR?
KAPITEL 12 INFILTRATION 1333
UM DEINEN GEGENWÄRTIGEN LEBENSUNTERHALT MUSST DU DIR KEINE SORGEN MACHEN.
DIESER WIRD FÜR VASALLEN VON HOJO TOKIYUKI VOM SUWA-GROSSSCHREIN GEDECKT.

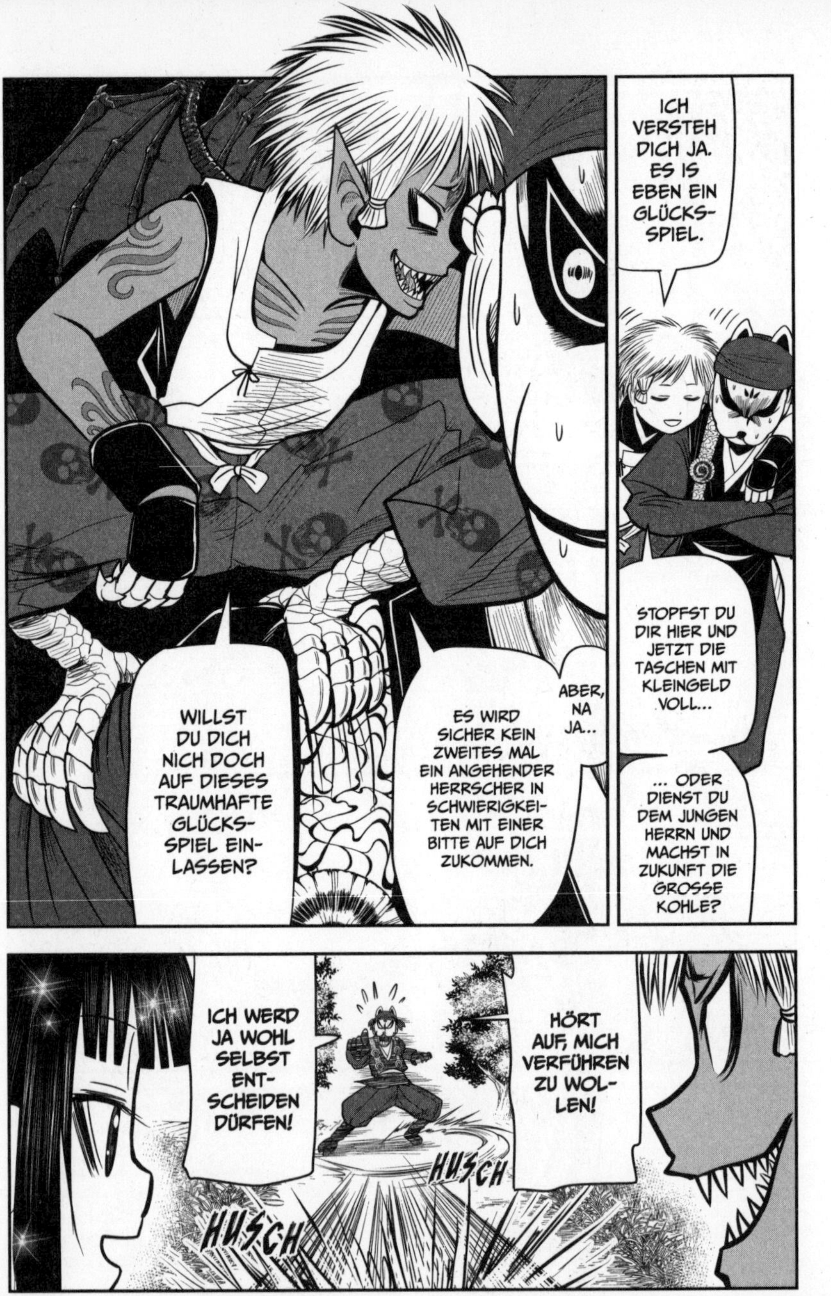
ICH VERSTEH DICH JA. ES IS EBEN EIN GLÜCKS-SPIEL.
STOPFST DU DIR HIER UND JETZT DIE TASCHEN MIT KLEINGELD VOLL...
... ODER DIENST DU DEM JUNGEN HERRN UND MACHST IN ZUKUNFT DIE GROSSE KOHLE?
ABER, NA JA...
ES WIRD SICHER KEIN ZWEITES MAL EIN ANGEHENDER HERRSCHER IN SCHWIERIGKEI-TEN MIT EINER BITTE AUF DICH ZUKOMMEN.
WILLST DU DICH NICH DOCH AUF DIESES TRAUMHAFTE GLÜCKS-SPIEL EIN-LASSEN?
HÖRT AUF, MICH VERFÜHREN ZU WOL-LEN!
ICH WERD JA WOHL SELBST ENT-SCHEIDEN DÜRFEN!
HUSCH
HUSCH

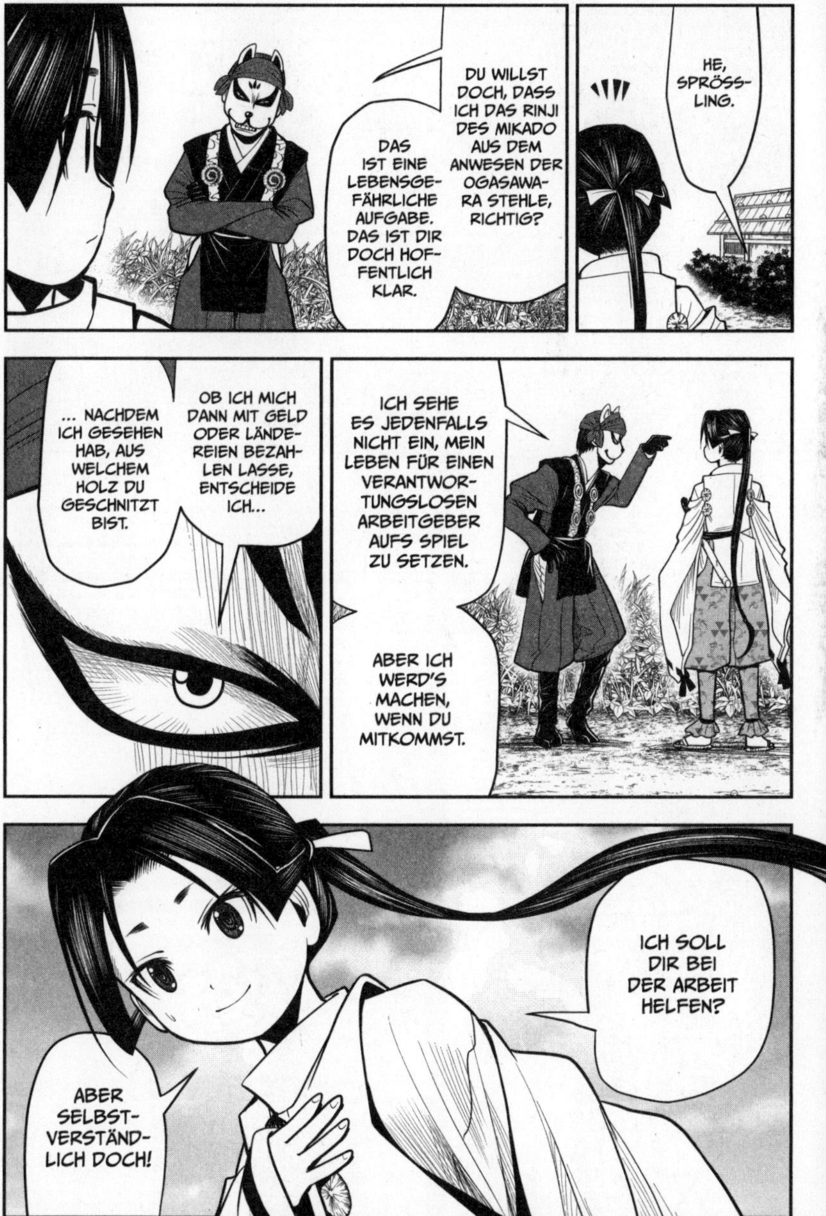
HE, SPRÖSSLING.
DU WILLST DOCH, DASS ICH DAS RINJI DES MIKADO AUS DEM ANWESEN DER OGASAWARA STEHLE, RICHTIG?
DAS IST EINE LEBENSGEFÄHRLICHE AUFGABE. DAS IST DIR DOCH HOFFENTLICH KLAR.
ICH SEHE ES JEDENFALLS NICHT EIN, MEIN LEBEN FÜR EINEN VERANTWORTUNGSLOSEN ARBEITGEBER AUFS SPIEL ZU SETZEN.
ABER ICH WERD'S MACHEN, WENN DU MITKOMMST.
OB ICH MICH DANN MIT GELD ODER LÄNDEREIEN BEZAHLEN LASSE, ENTSCHEIDE ICH...
... NACHDEM ICH GESEHEN HAB, AUS WELCHEM HOLZ DU GESCHNITZT BIST.
ICH SOLL DIR BEI DER ARBEIT HELFEN?
ABER SELBSTVERSTÄNDLICH DOCH!

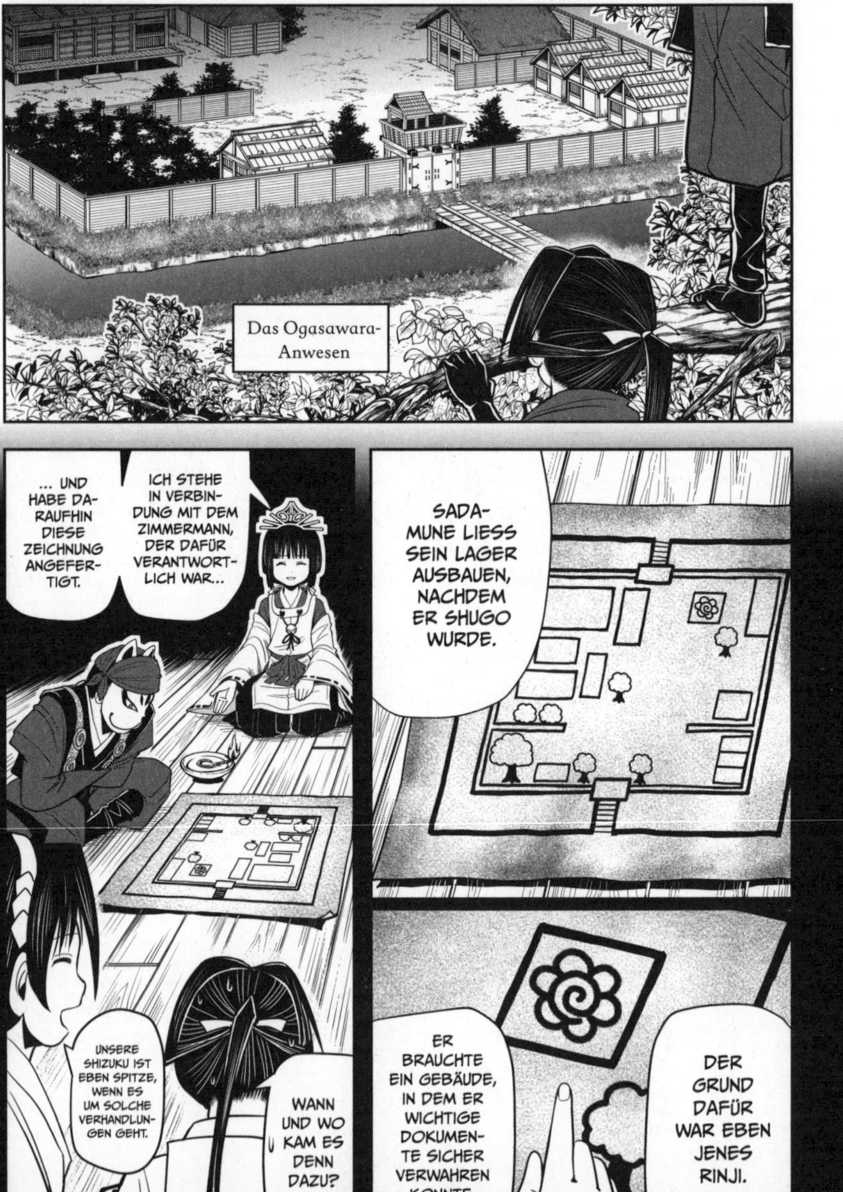
Das Ogasawara-Anwesen
SADAMUNE LIESS SEIN LAGER AUSBAUEN, NACHDEM ER SHUGO WURDE.
ICH STEHE IN VERBINDUNG MIT DEM ZIMMERMANN, DER DAFÜR VERANTWORTLICH WAR...
... UND HABE DARAUFHIN DIESE ZEICHNUNG ANGEFERTIGT.
DER GRUND DAFÜR WAR EBEN JENES RINJI.
ER BRAUCHTE EIN GEBÄUDE, IN DEM ER WICHTIGE DOKUMENTE SICHER VERWAHREN KONNTE.
WANN UND WO KAM ES DENN DAZU?
UNSERE SHIZUKU IST EBEN SPITZE, WENN ES UM SOLCHE VERHANDLUNGEN GEHT.

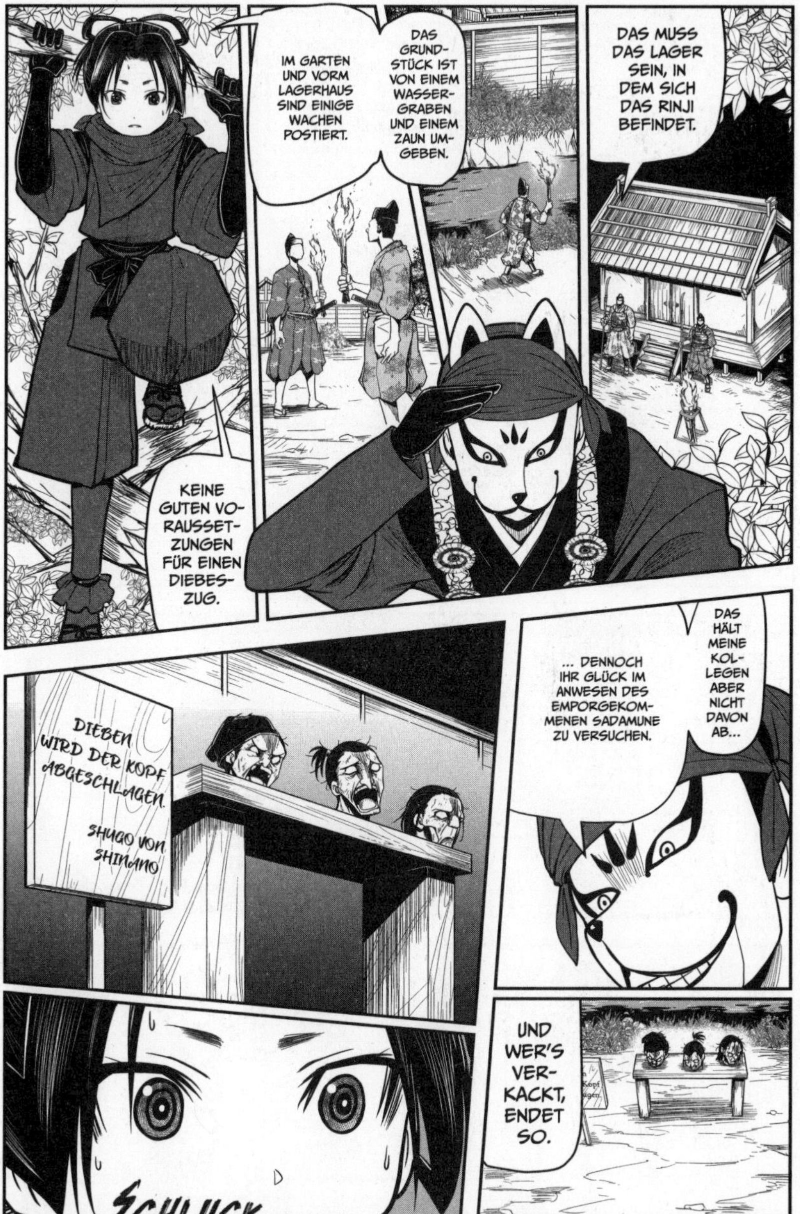

DAS MUSS DAS LAGER SEIN, IN DEM SICH DAS RINJI BEFINDET.
DAS GRUNDSTÜCK IST VON EINEM WASSERGRABEN UND EINEM ZAUN UMGEBEN.
IM GARTEN UND VORM LAGERHAUS SIND EINIGE WACHEN POSTIERT.
KEINE GUTEN VORAUSSETZUNGEN FÜR EINEN DIEBESZUG.
DAS HÄLT MEINE KOLLEGEN ABER NICHT DAVON AB...
... DENNOCH IHR GLÜCK IM ANWESEN DES EMPORGEKOMMENEN SADAMUNE ZU VERSUCHEN.
DIEBEN WIRD DER KOPF ABGESCHLAGEN.
SHUGO VON SHINANO
UND WER'S VERKACKT, ENDET SO.
S-CHL-UCK

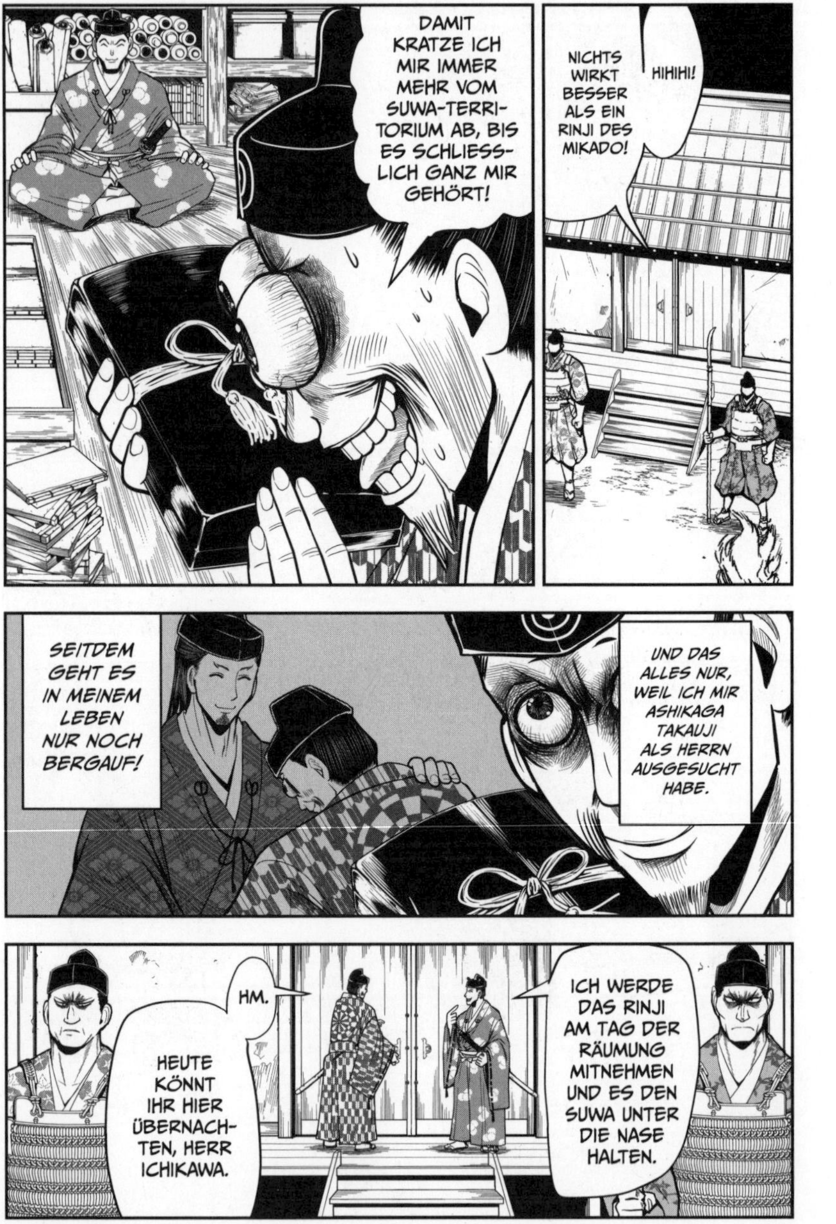
HIHIHI!
NICHTS WIRKT BESSER ALS EIN RINJI DES MIKADO!
DAMIT KRATZE ICH MIR IMMER MEHR VOM SUWA-TERRITORIUM AB, BIS ES SCHLIESSLICH GANZ MIR GEHÖRT!
UND DAS ALLES NUR, WEIL ICH MIR ASHIKAGA TAKAUJI ALS HERRN AUSGESUCHT HABE.
SEITDEM GEHT ES IN MEINEM LEBEN NUR NOCH BERGAUF!
ICH WERDE DAS RINJI AM TAG DER RÄUMUNG MITNEHMEN UND ES DEN SUWA UNTER DIE NASE HALTEN.
HM.
HEUTE KÖNNT IHR HIER ÜBERNACHTEN, HERR ICHIKAWA.

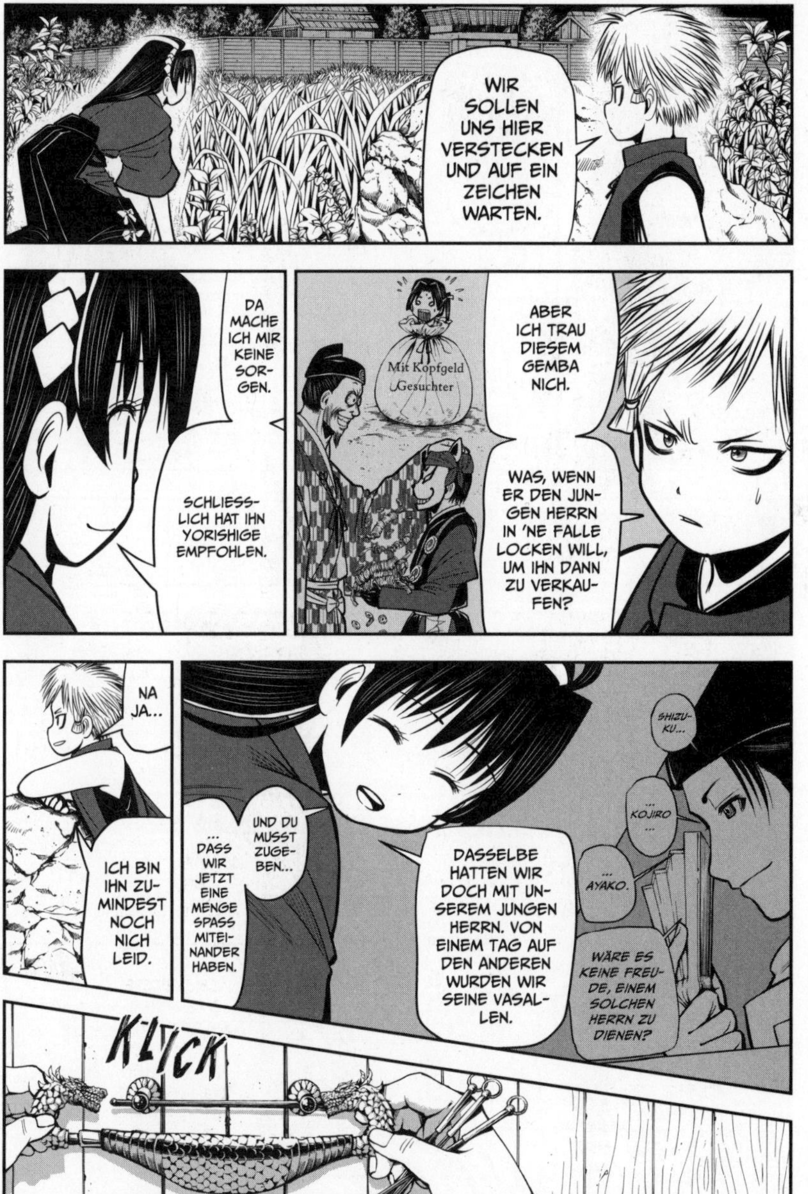
WIR SOLLEN UNS HIER VERSTECKEN UND AUF EIN ZEICHEN WARTEN.
ABER ICH TRAU DIESEM GEMBA NICH.
Mit Kopfgeld Gesuchter
WAS, WENN ER DEN JUNGEN HERRN IN 'NE FALLE LOCKEN WILL, UM IHN DANN ZU VERKAUFEN?
DA MACHE ICH MIR KEINE SORGEN.
SCHLIESSLICH HAT IHN YORISHIGE EMPFOHLEN.
SHIZUKU...
...KOJIRO...
...AYAKO.
WÄRE ES KEINE FREUDE, EINEM SOLCHEN HERRN ZU DIENEN?
DASSELBE HATTEN WIR DOCH MIT UNSEREM JUNGEN HERRN. VON EINEM TAG AUF DEN ANDEREN WURDEN WIR SEINE VASALLEN.
UND DU MUSST ZUGEBEN...
...DASS WIR JETZT EINE MENGE SPASS MITEINANDER HABEN.
NA JA...
ICH BIN IHN ZUMINDEST NOCH NICH LEID.
KLICK

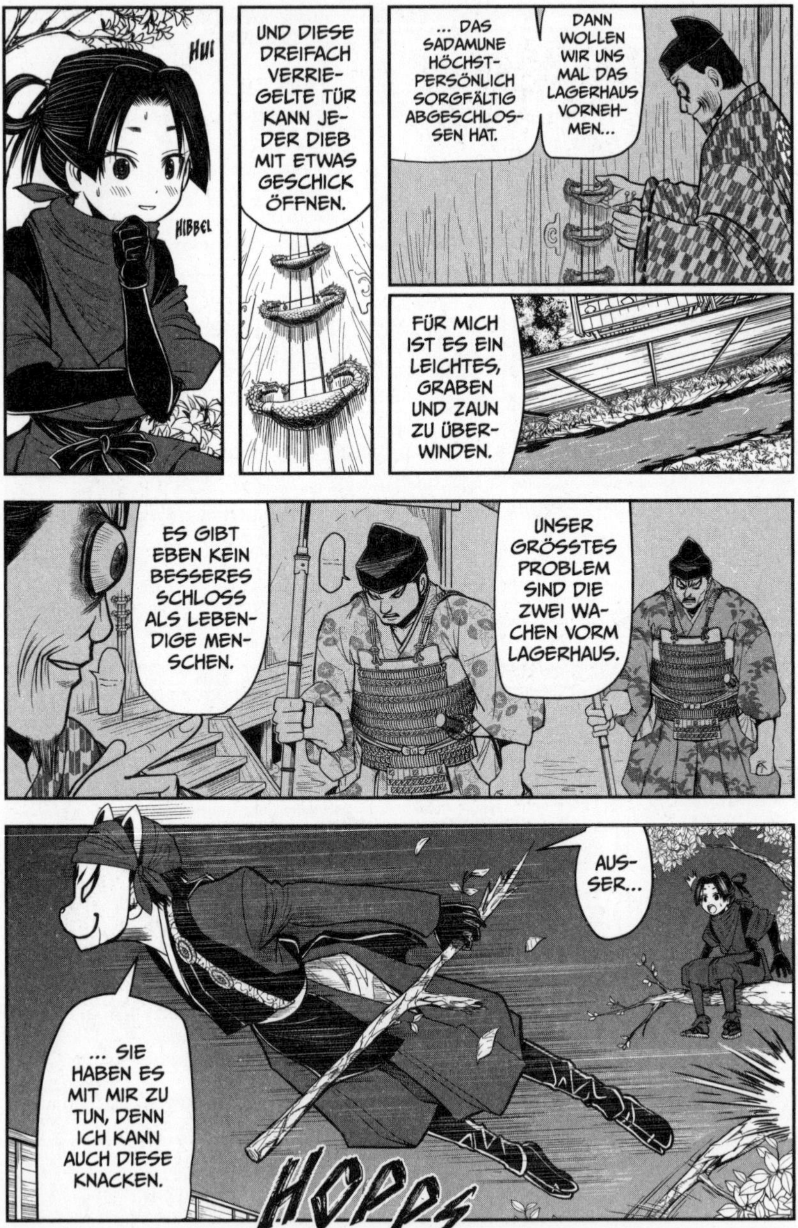

DANN WOLLEN WIR UNS MAL DAS LAGERHAUS VORNEHMEN...
... DAS SADAMUNE HÖCHSTPERSÖNLICH SORGFÄLTIG ABGESCHLOSSEN HAT.
FÜR MICH IST ES EIN LEICHTES, GRABEN UND ZAUN ZU ÜBERWINDEN.
UND DIESE DREIFACH VERRIEGELTE TÜR KANN JEDER DIEB MIT ETWAS GESCHICK ÖFFNEN.
HUI
HIBBEL
UNSER GRÖSSTES PROBLEM SIND DIE ZWEI WACHEN VORM LAGERHAUS.
ES GIBT EBEN KEIN BESSERES SCHLOSS ALS LEBENDIGE MENSCHEN.
AUSSER...
... SIE HABEN ES MIT MIR ZU TUN, DENN ICH KANN AUCH DIESE KNACKEN.
HOPPS

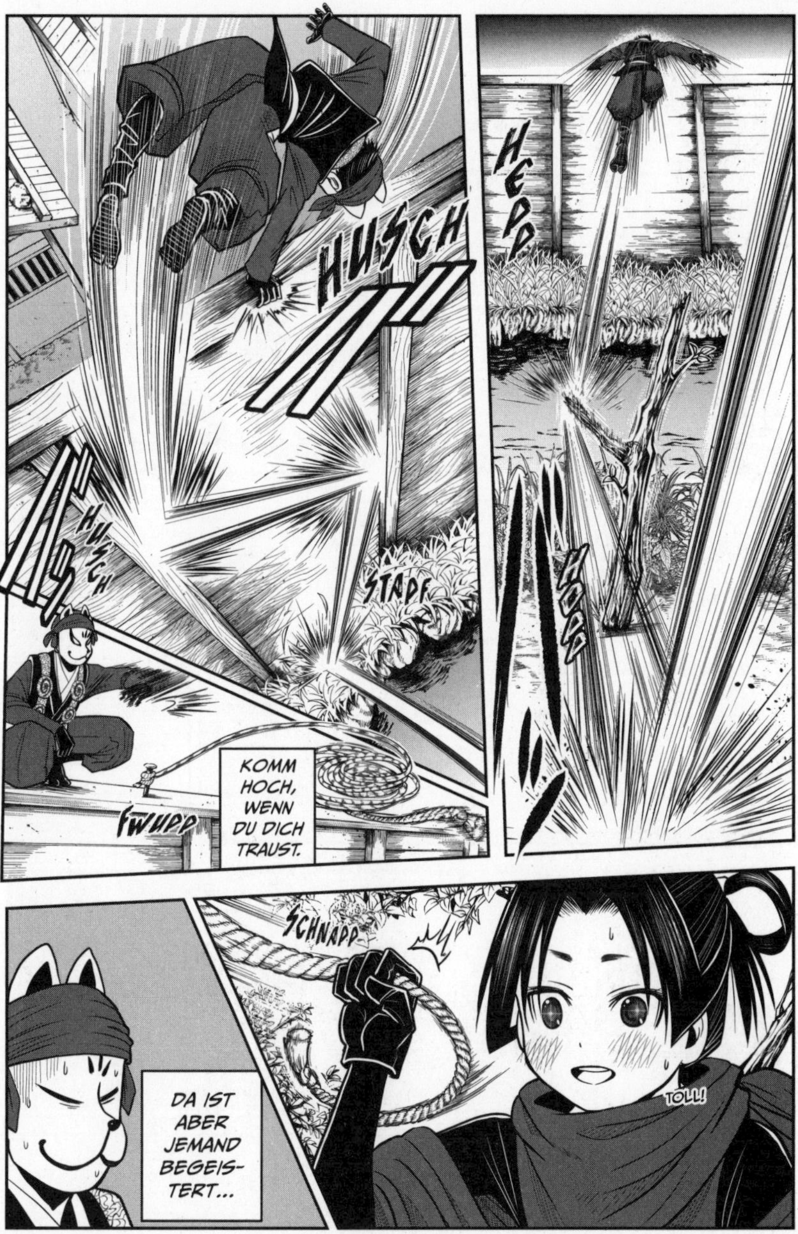
HEPP
HUSCH
STAPF
HUSCH
FWUPP
KOMM HOCH, WENN DU DICH TRAUST.
SCHNAPP
TOLL!
DA IST ABER JEMAND BEGEIS-TERT…

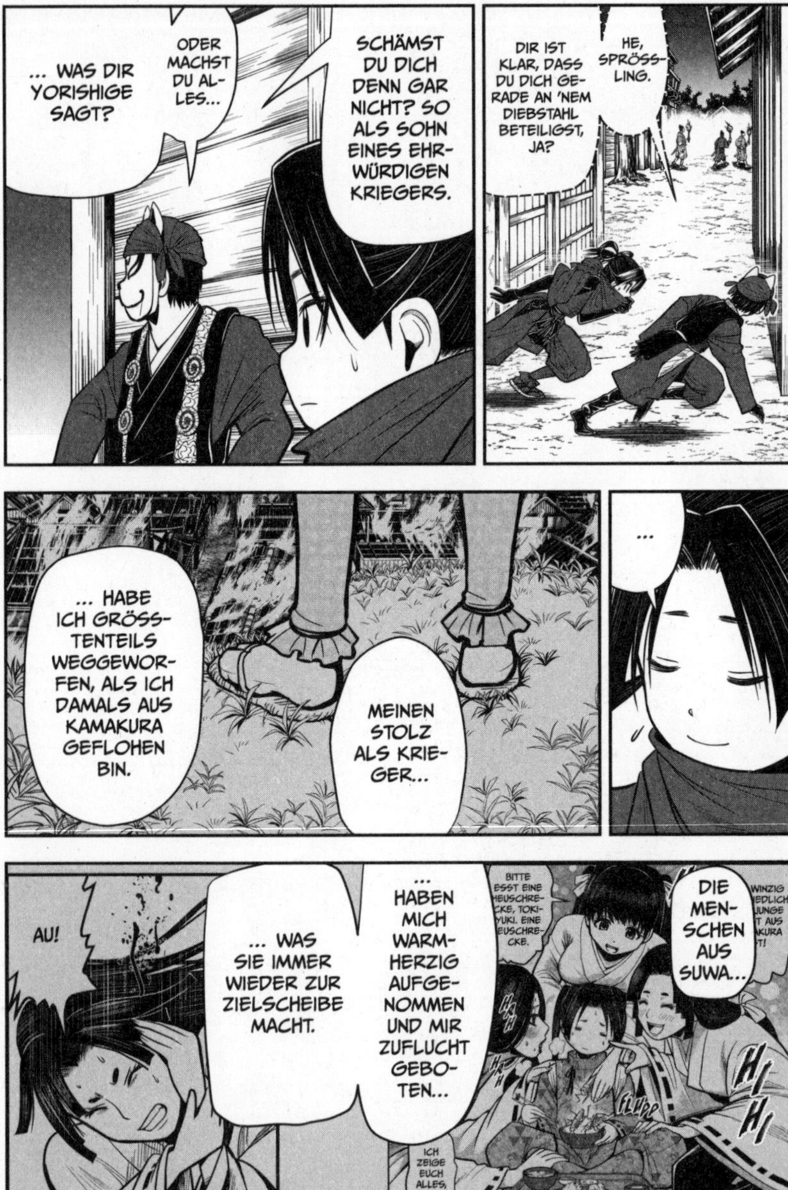
HE, SPRÖSSLING.
DIR IST KLAR, DASS DU DICH GERADE AN 'NEM DIEBSTAHL BETEILIGST, JA?
SCHÄMST DU DICH DENN GAR NICHT? SO ALS SOHN EINES EHRWÜRDIGEN KRIEGERS.
ODER MACHST DU ALLES...
... WAS DIR YORISHIGE SAGT?
...
MEINEN STOLZ ALS KRIEGER...
... HABE ICH GRÖSSTENTEILS WEGGEWORFEN, ALS ICH DAMALS AUS KAMAKURA GEFLOHEN BIN.
DIE MENSCHEN AUS SUWA...
WINZIG
BITTE ESST EINE HEUSCHRECKE, TOKIYUKI. EINE HEUSCHRECKE.
HAH
FLUPP
HI HI
ICH ZEIGE EUCH ALLES, WAS IHR WOLLT.
... HABEN MICH WARMHERZIG AUFGENOMMEN UND MIR ZUFLUCHT GEBOTEN...
... WAS SIE IMMER WIEDER ZUR ZIELSCHEIBE MACHT.
AU!

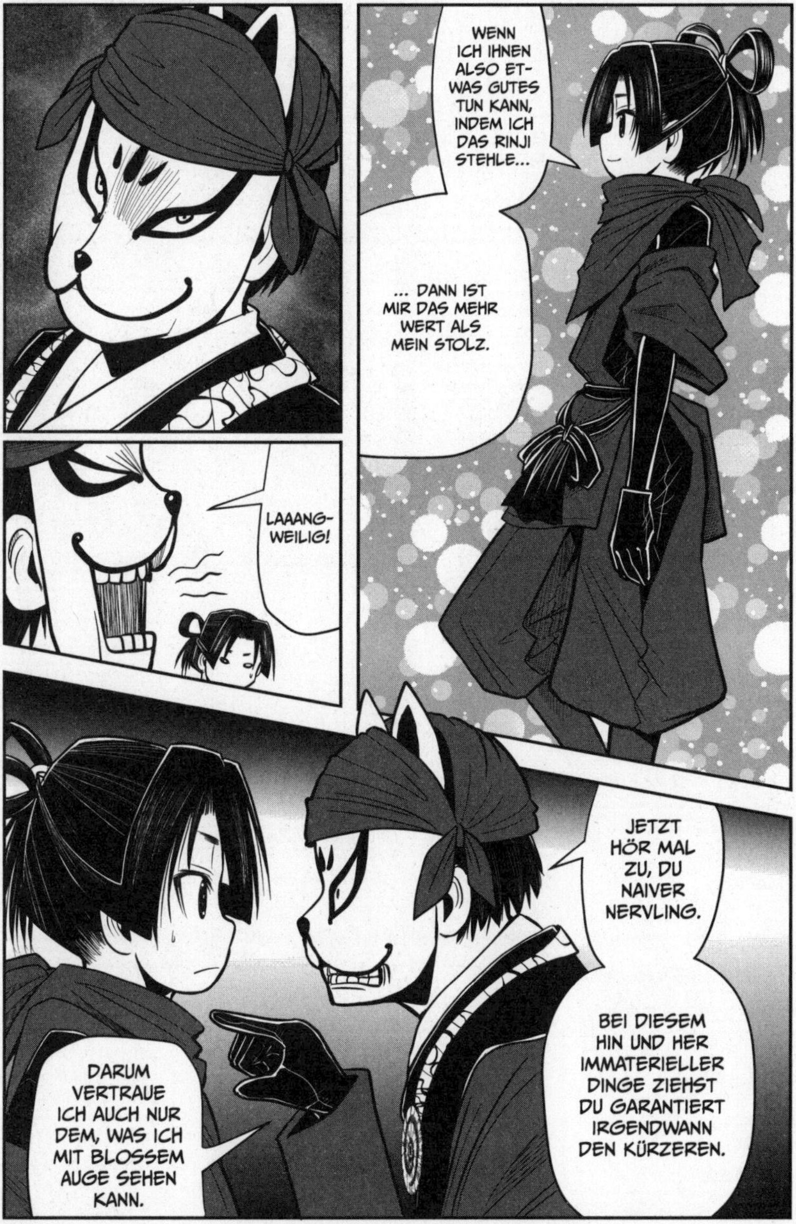
WENN ICH IHNEN ALSO ET-WAS GUTES TUN KANN, INDEM ICH DAS RINJI STEHLE...
... DANN IST MIR DAS MEHR WERT ALS MEIN STOLZ.
LAAANG-WEILIG!
JETZT HÖR MAL ZU, DU NAIVER NERVLING.
BEI DIESEM HIN UND HER IMMATERIELLER DINGE ZIEHST DU GARANTIERT IRGENDWANN DEN KÜRZEREN.
DARUM VERTRAUE ICH AUCH NUR DEM, WAS ICH MIT BLOSSEM AUGE SEHEN KANN.

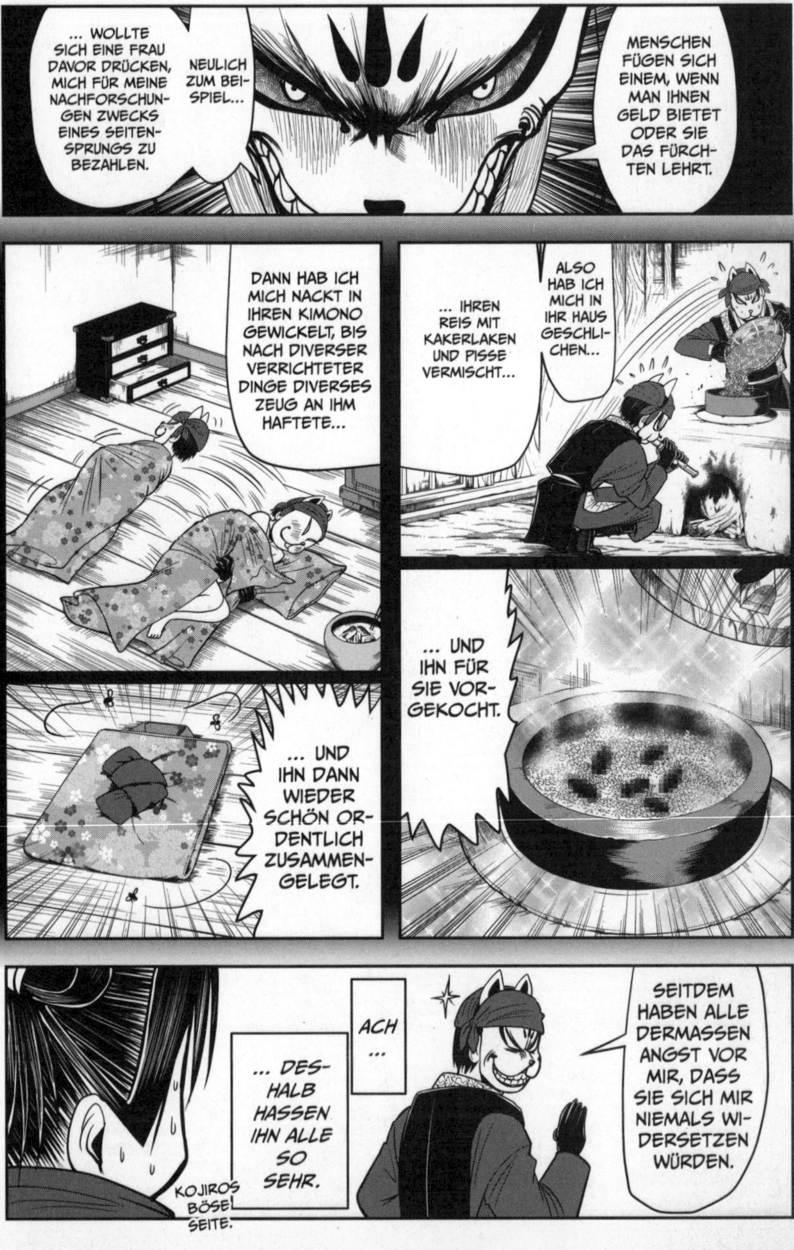
MENSCHEN FÜGEN SICH EINEM, WENN MAN IHNEN GELD BIETET ODER SIE DAS FÜRCHTEN LEHRT.
NEULICH ZUM BEISPIEL...
... WOLLTE SICH EINE FRAU DAVOR DRÜCKEN, MICH FÜR MEINE NACHFORSCHUNGEN ZWECKS EINES SEITENSPRUNGS ZU BEZAHLEN.
ALSO HAB ICH MICH IN IHR HAUS GESCHLICHEN...
... IHREN REIS MIT KAKERLAKEN UND PISSE VERMISCHT...
DANN HAB ICH MICH NACKT IN IHREN KIMONO GEWICKELT, BIS NACH DIVERSER VERRICHTETER DINGE DIVERSES ZEUG AN IHM HAFTETE...
... UND IHN FÜR SIE VORGEKOCHT.
... UND IHN DANN WIEDER SCHÖN ORDENTLICH ZUSAMMENGELEGT.
SEITDEM HABEN ALLE DERMASSEN ANGST VOR MIR, DASS SIE SICH MIR NIEMALS WIDERSETZEN WÜRDEN.
ACH ...
... DESHALB HASSEN IHN ALLE SO SEHR.
KOJIROS BÖSE SEITE.

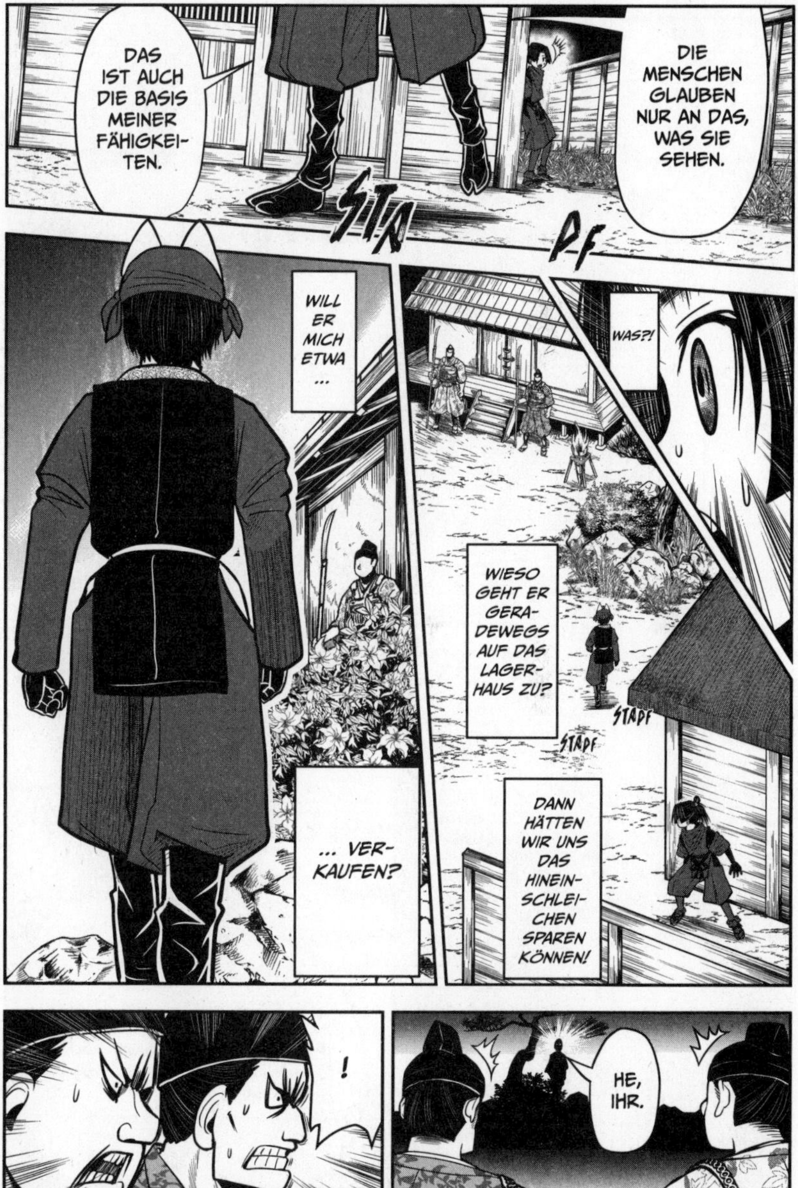
DIE MENSCHEN GLAUBEN NUR AN DAS, WAS SIE SEHEN.
DAS IST AUCH DIE BASIS MEINER FÄHIGKEITEN.
STAPF
WAS?!
WIESO GEHT ER GERADEWEGS AUF DAS LAGERHAUS ZU?
STAPF
STAPF
DANN HÄTTEN WIR UNS DAS HINEINSCHLEICHEN SPAREN KÖNNEN!
WILL ER MICH ETWA ...
... VERKAUFEN?
HE, IHR.
!

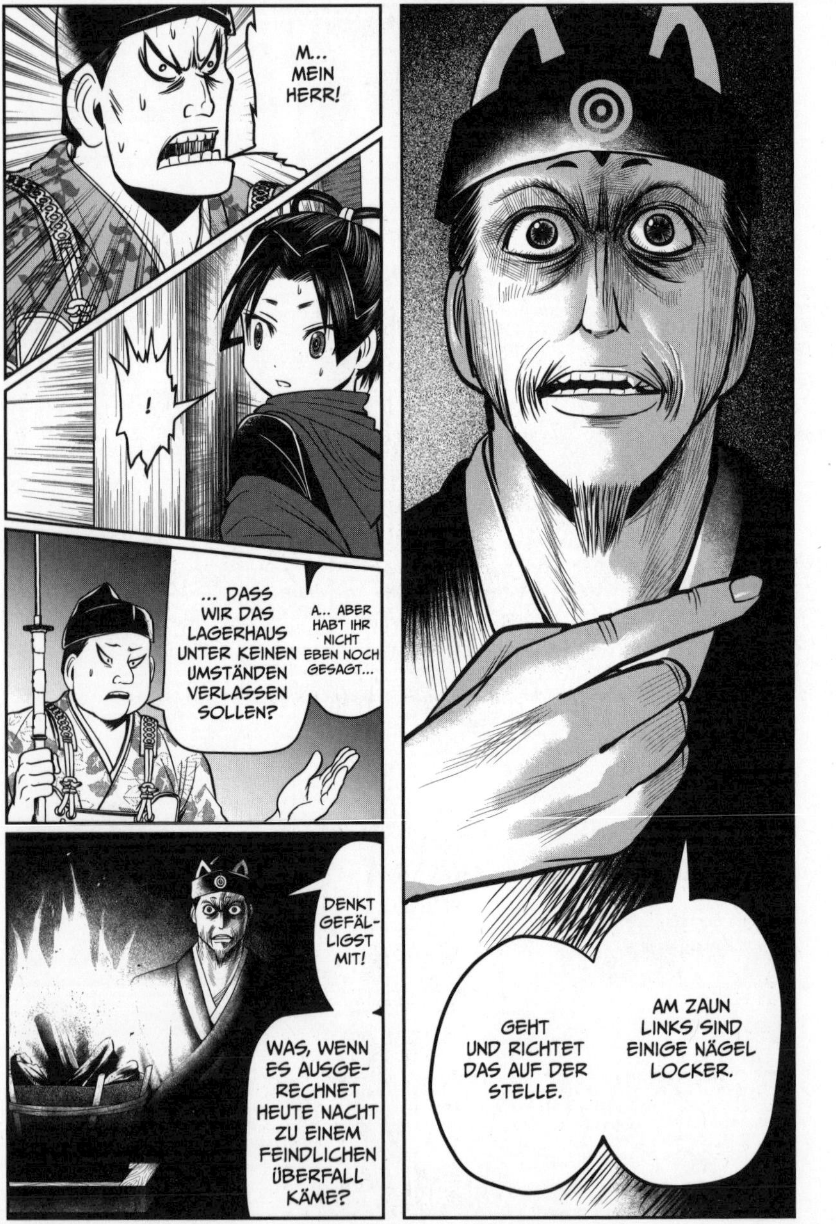
M... MEIN HERR!
!
A... ABER HABT IHR NICHT EBEN NOCH GESAGT...
... DASS WIR DAS LAGERHAUS UNTER KEINEN UMSTÄNDEN VERLASSEN SOLLEN?
DENKT GEFÄL-LIGST MIT!
WAS, WENN ES AUSGE-RECHNET HEUTE NACHT ZU EINEM FEINDLICHEN ÜBERFALL KÄME?
AM ZAUN LINKS SIND EINIGE NÄGEL LOCKER.
GEHT UND RICHTET DAS AUF DER STELLE.

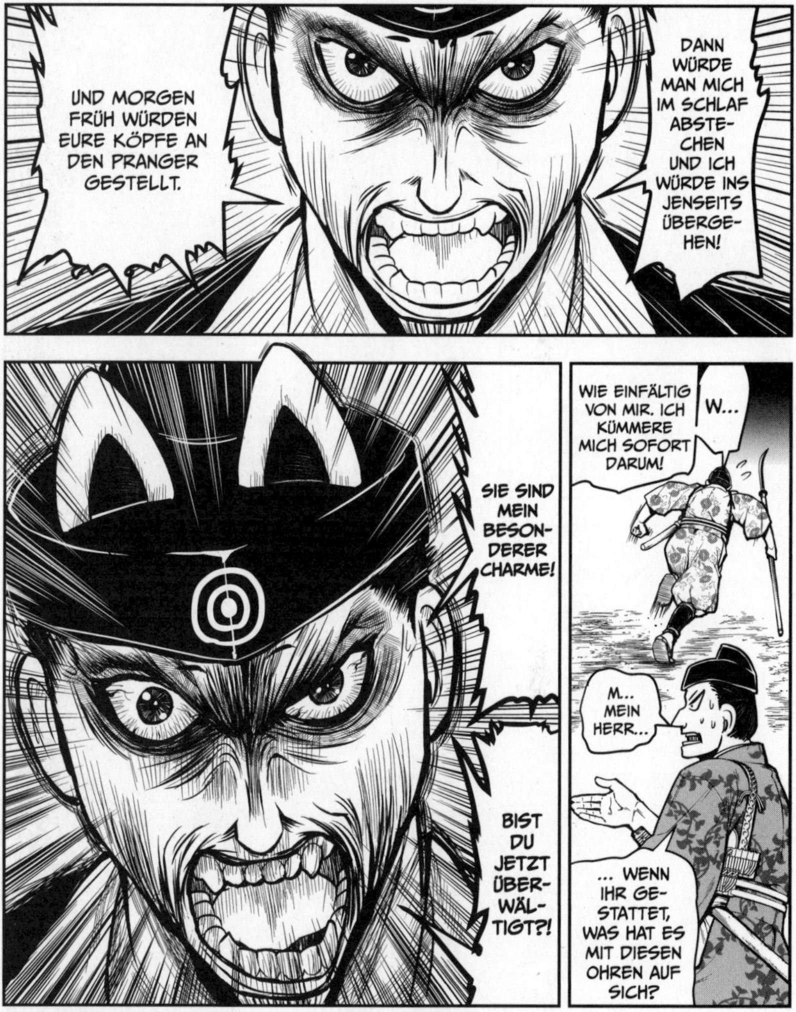
DANN WÜRDE MAN MICH IM SCHLAF ABSTECHEN UND ICH WÜRDE INS JENSEITS ÜBERGEHEN!
UND MORGEN FRÜH WÜRDEN EURE KÖPFE AN DEN PRANGER GESTELLT.
W...
WIE EINFÄLTIG VON MIR. ICH KÜMMERE MICH SOFORT DARUM!
M... MEIN HERR...
... WENN IHR GESTATTET, WAS HAT ES MIT DIESEN OHREN AUF SICH?
SIE SIND MEIN BESONDERER CHARME!
BIST DU JETZT ÜBERWÄLTIGT?!
JA... JAWOHL!
DAS TRIFFT MEINEN GESCHMACK SO ÜBERWÄLTIGEND WIE EIN NÄCHTLICHER ÜBERRASCHUNGSANGRIFF.
GRIIINS

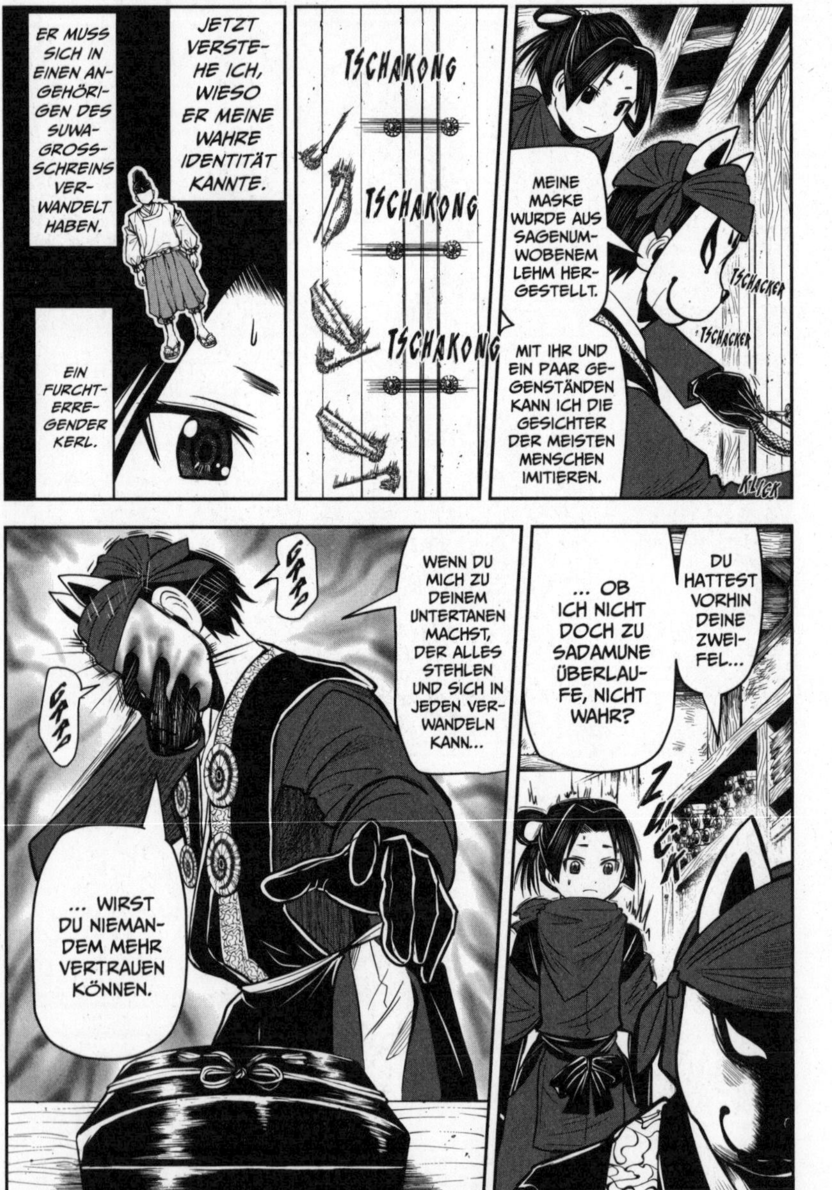

MEINE MASKE WURDE AUS SAGENUMWOBENEM LEHM HERGESTELLT.
TSCHACKER
TSCHACKER
MIT IHR UND EIN PAAR GEGENSTÄNDEN KANN ICH DIE GESICHTER DER MEISTEN MENSCHEN IMITIEREN.
KLICK
TSCHAKONG
TSCHAKONG
TSCHAKONG
JETZT VERSTEHE ICH, WIESO ER MEINE WAHRE IDENTITÄT KANNTE.
ER MUSS SICH IN EINEN ANGEHÖRIGEN DES SUWA-GROSSSCHREINS VERWANDELT HABEN.
EIN FURCHTERREGENDER KERL.
DU HATTEST VORHIN DEINE ZWEIFEL...
... OB ICH NICHT DOCH ZU SADAMUNE ÜBERLAUFE, NICHT WAHR?
ZUCK
WENN DU MICH ZU DEINEM UNTERTANEN MACHST, DER ALLES STEHLEN UND SICH IN JEDEN VERWANDELN KANN...
GRRR
GRRR
... WIRST DU NIEMANDEM MEHR VERTRAUEN KÖNNEN.

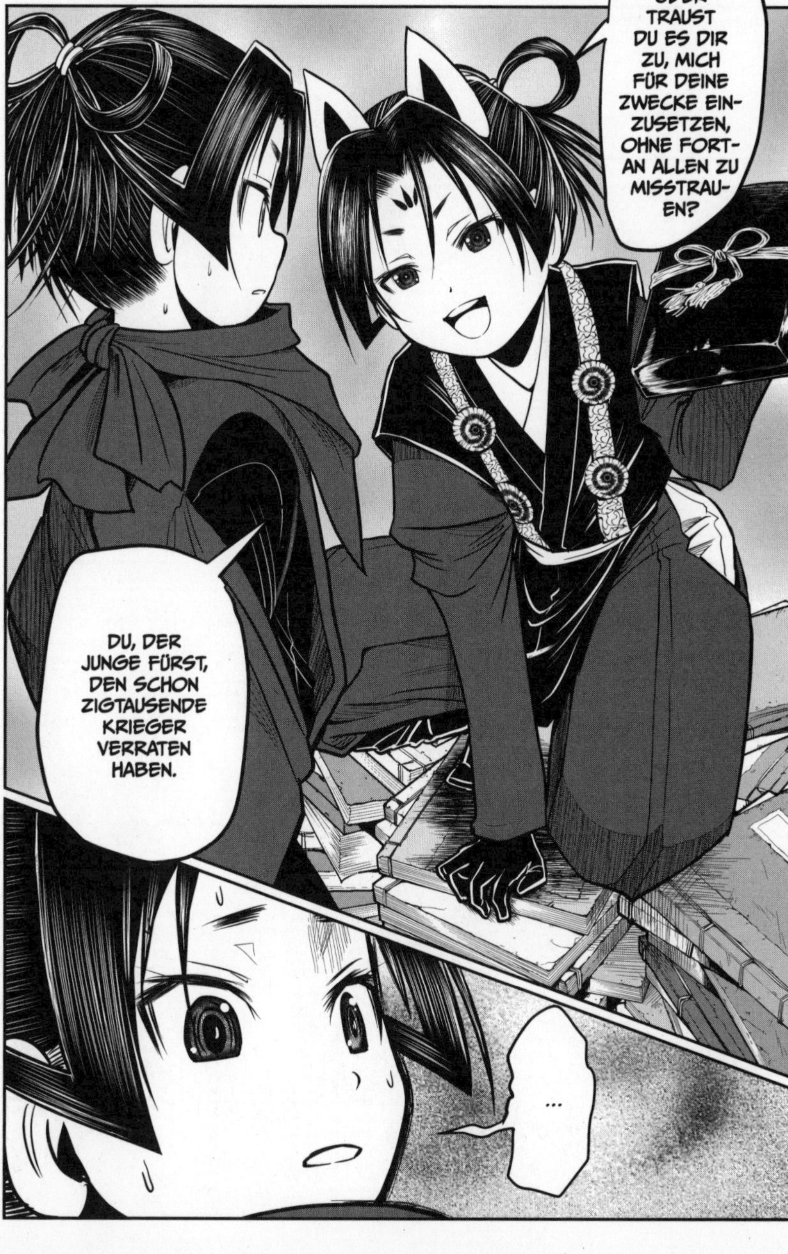
ODER TRAUST DU ES DIR ZU, MICH FÜR DEINE ZWECKE EIN-ZUSETZEN, OHNE FORT-AN ALLEN ZU MISSTRAU-EN?
DU, DER JUNGE FÜRST, DEN SCHON ZIGTAUSENDE KRIEGER VERRATEN HABEN.
...

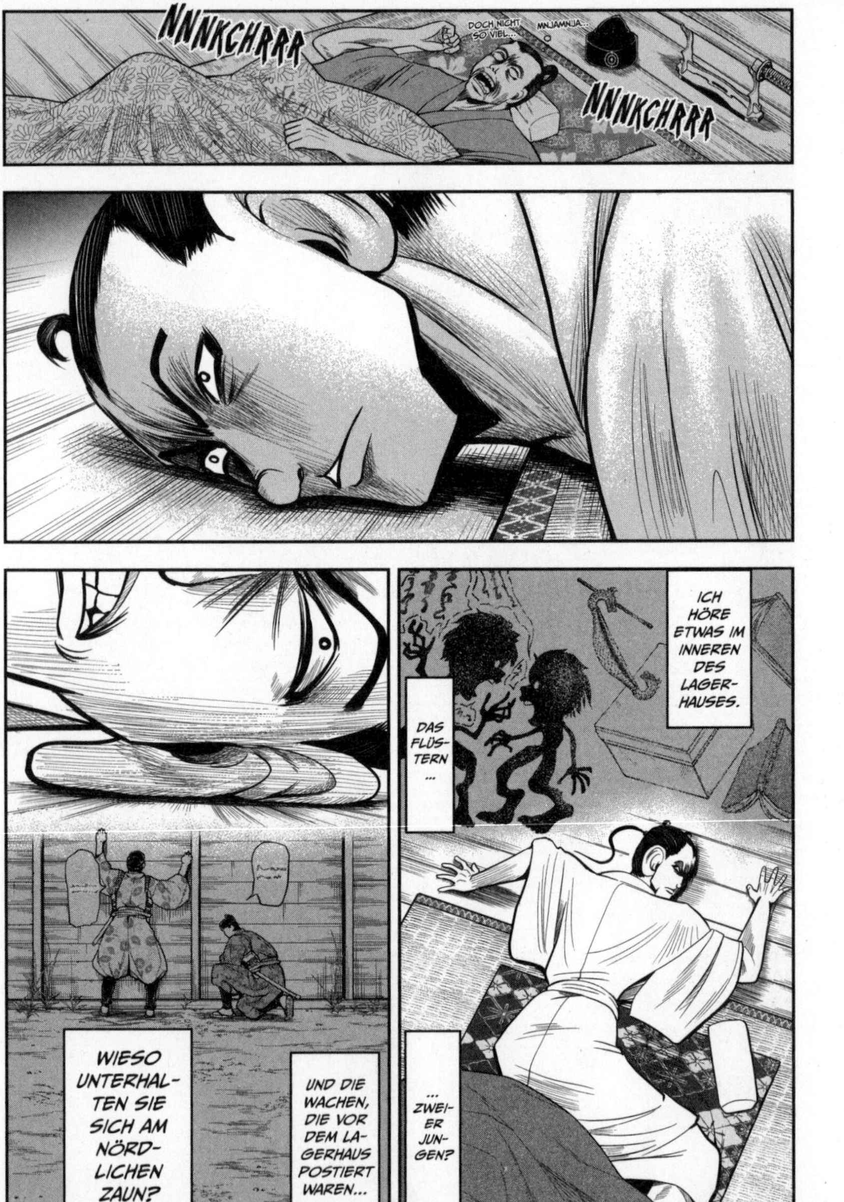
NNNKCHRRR
MNJAMNJA...
DOCH NICHT SO VIEL...
NNNKCHRRR
ICH HÖRE ETWAS IM INNEREN DES LAGERHAUSES.
DAS FLÜSTERN ...
... ZWEIER JUNGEN?
UND DIE WACHEN, DIE VOR DEM LAGERHAUS POSTIERT WAREN...
WIESO UNTERHALTEN SIE SICH AM NÖRDLICHEN ZAUN?

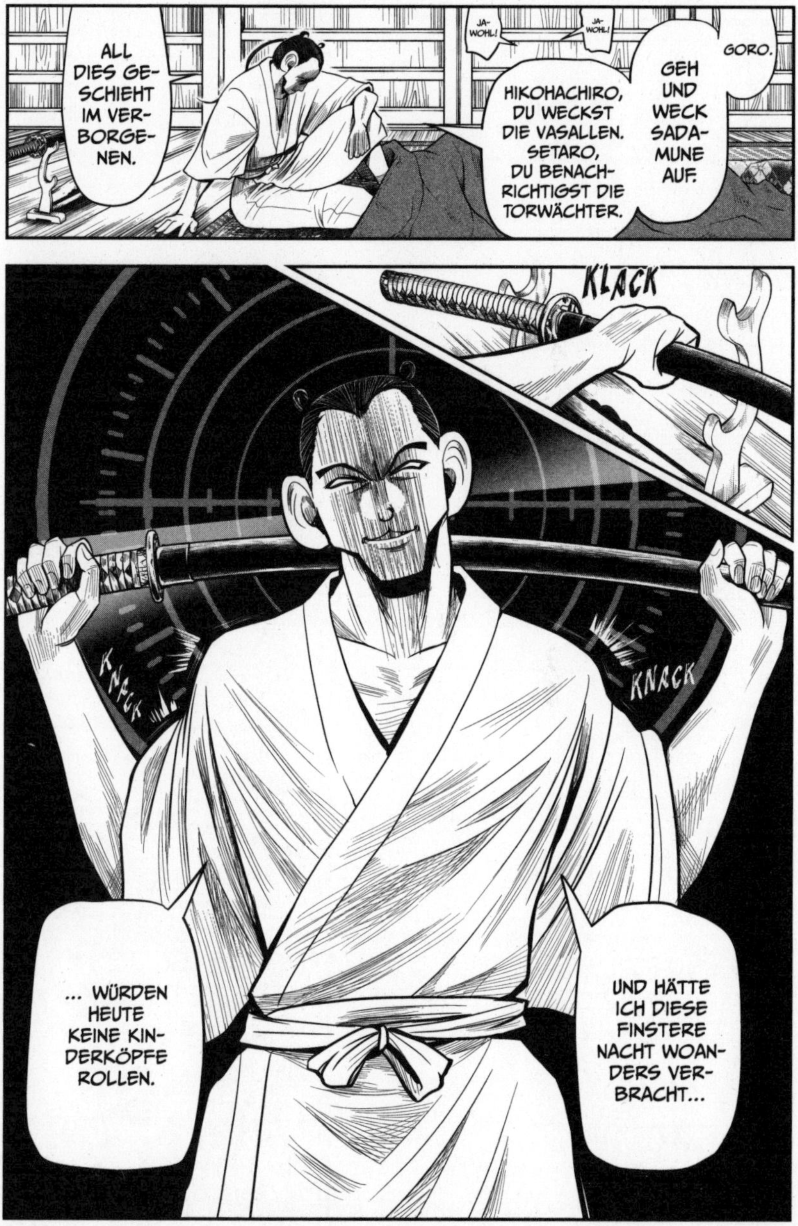

GORO.
GEH UND WECK SADAMUNE AUF.
JA-WOHL!
HIKOHACHIRO, DU WECKST DIE VASALLEN. SETARO, DU BENACHRICHTIGST DIE TORWÄCHTER.
JA-WOHL!
ALL DIES GESCHIEHT IM VERBORGENEN.
KLACK
KNACK
KNACK
UND HÄTTE ICH DIESE FINSTERE NACHT WOANDERS VERBRACHT...
... WÜRDEN HEUTE KEINE KINDERKÖPFE ROLLEN.

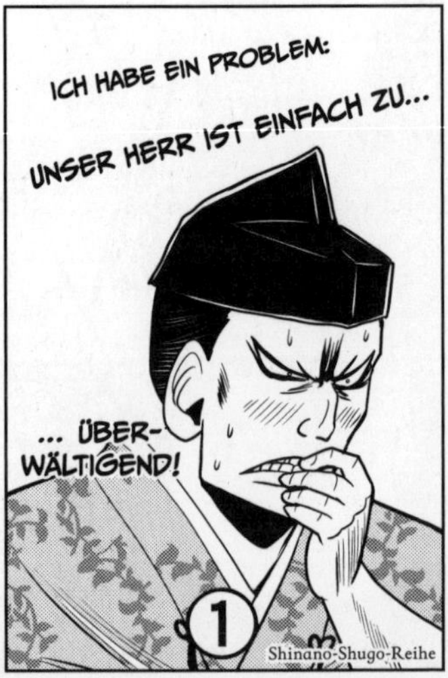
ICH HABE EIN PROBLEM:
UNSER HERR IST EINFACH ZU...
... ÜBER-
WÄLTIGEND!
1
Shinano-Shugo-Reihe

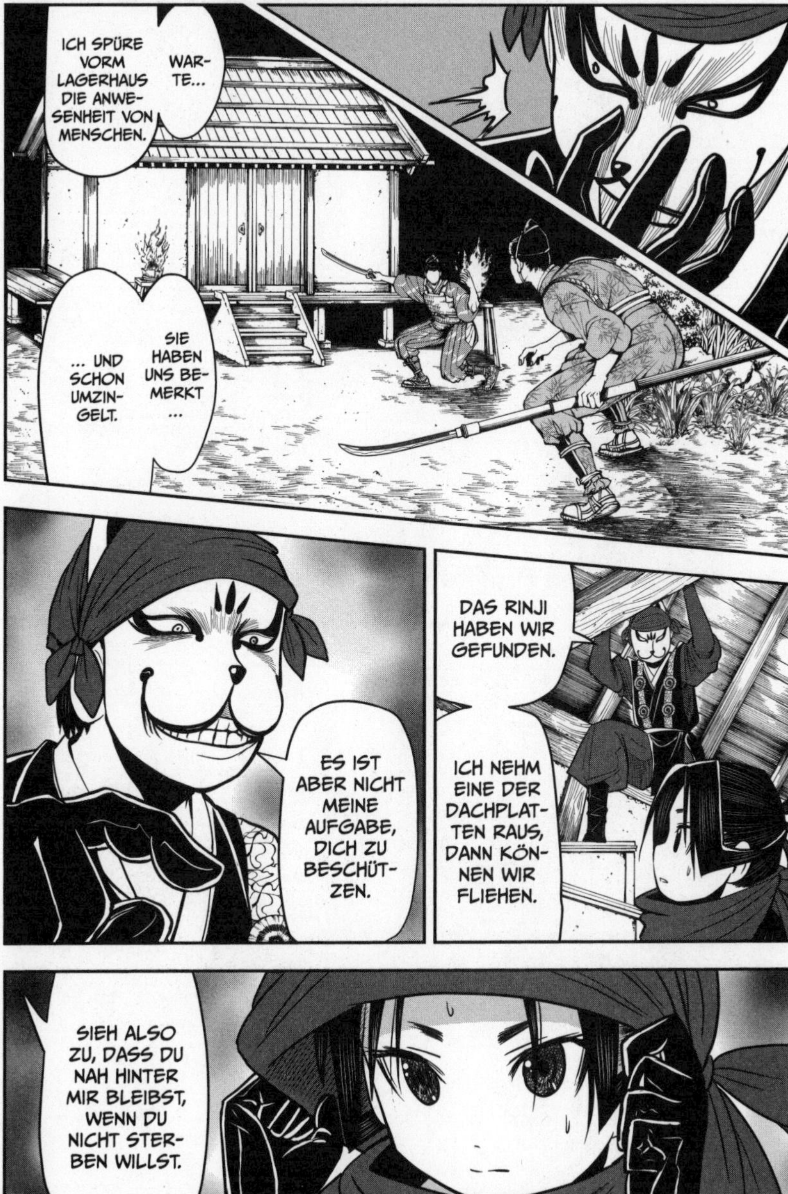
WARTE...
ICH SPÜRE VORM LAGERHAUS DIE ANWESENHEIT VON MENSCHEN.
SIE HABEN UNS BEMERKT ...
... UND SCHON UMZINGELT.
DAS RINJI HABEN WIR GEFUNDEN.
ICH NEHM EINE DER DACHPLATTEN RAUS, DANN KÖNNEN WIR FLIEHEN.
ES IST ABER NICHT MEINE AUFGABE, DICH ZU BESCHÜTZEN.
SIEH ALSO ZU, DASS DU NAH HINTER MIR BLEIBST, WENN DU NICHT STERBEN WILLST.

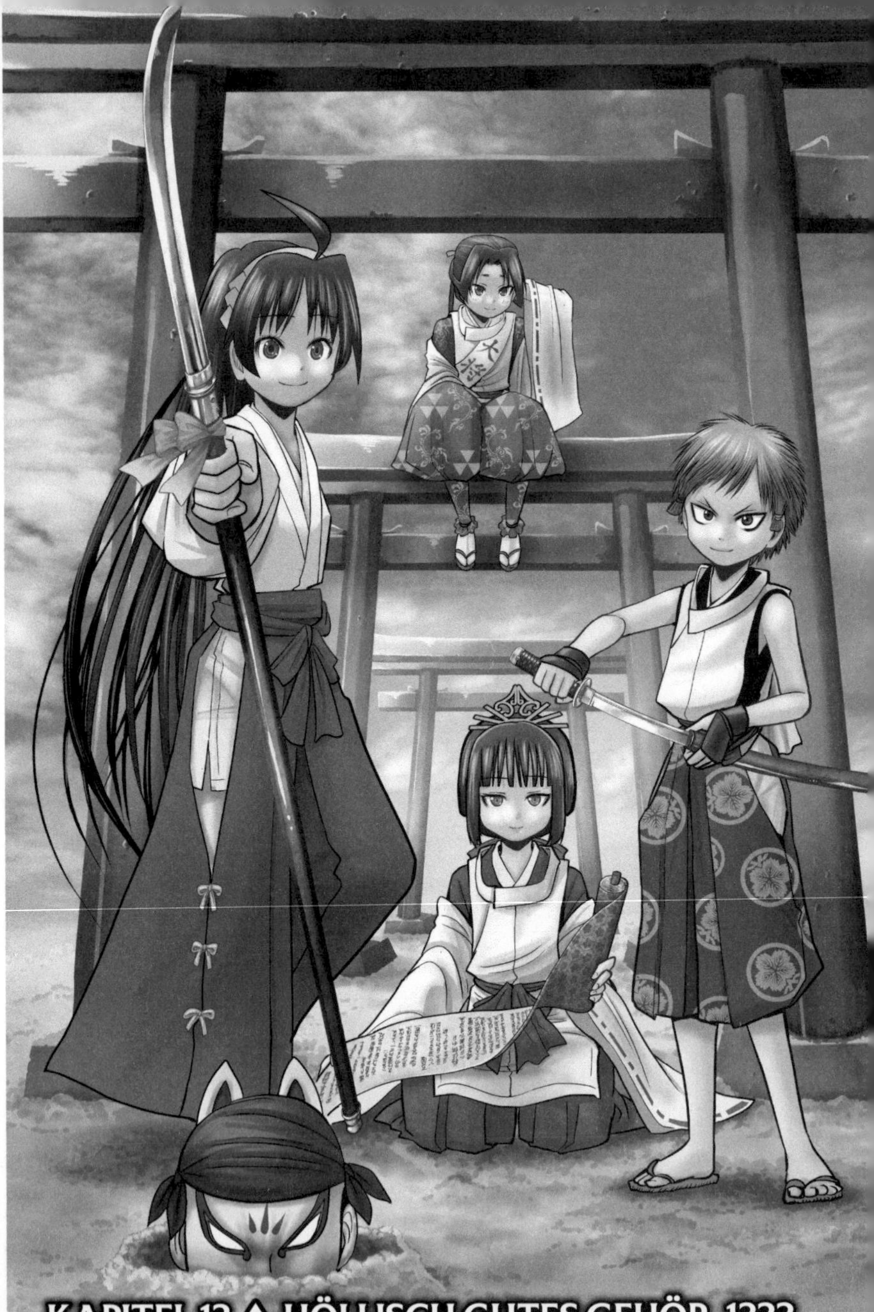

KAPITEL 13 △ HÖLLISCH GUTES GEHÖR 1333

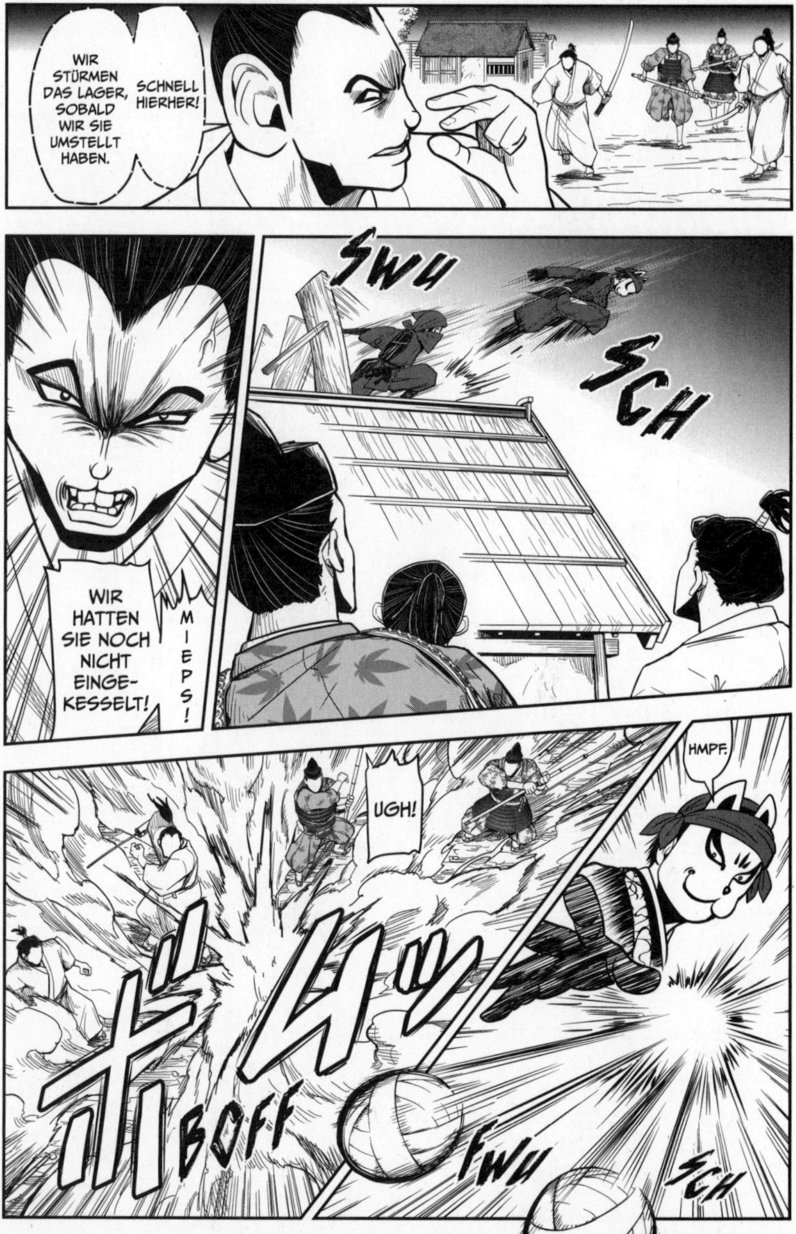
SCHNELL HIERHER!
WIR STÜRMEN DAS LAGER, SOBALD WIR SIE UMSTELLT HABEN.
SWU
SCH
MIEPS!
WIR HATTEN SIE NOCH NICHT EINGE-KESSELT!
HMPF.
UGH!
BOFF
FWU
SCH

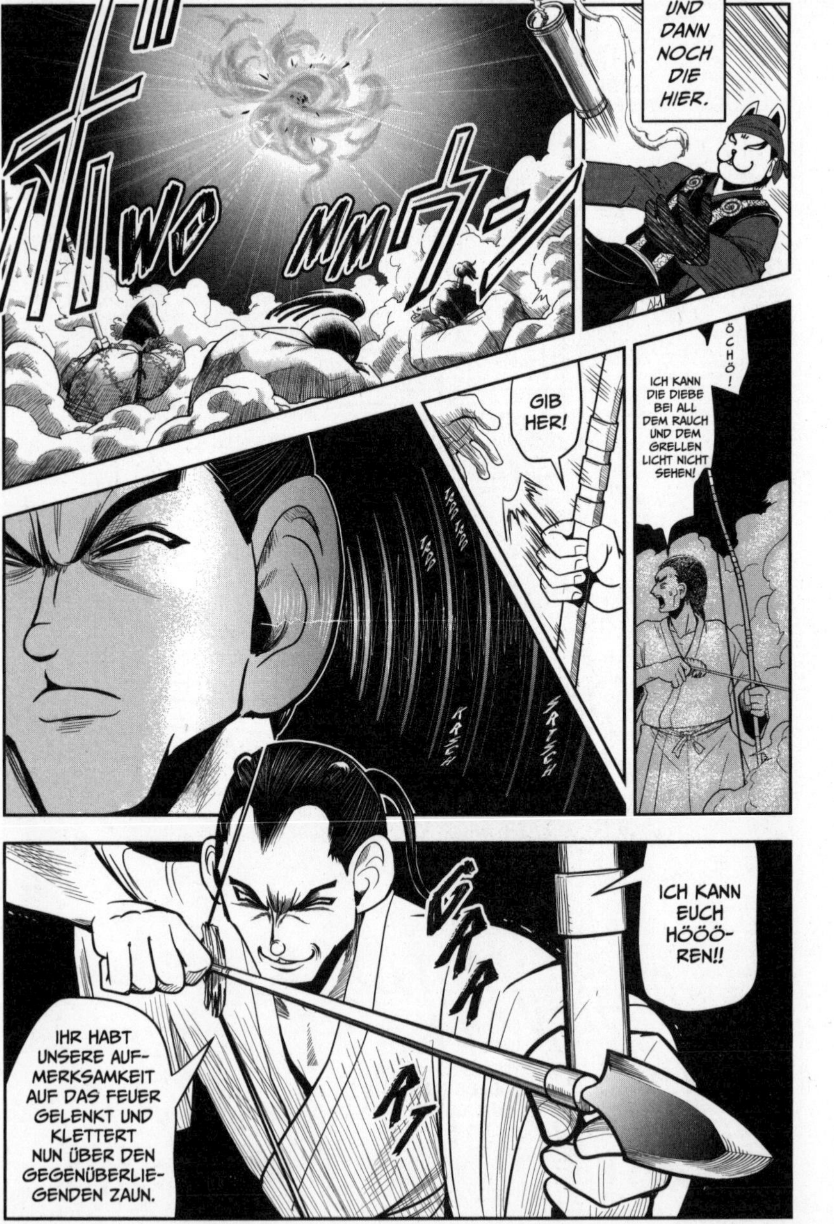
UND DANN NOCH DIE HIER.
WO
MM
ÖCHÖ!
ICH KANN DIE DIEBE BEI ALL DEM RAUCH UND DEM GRELLEN LICHT NICHT SEHEN!
GIB HER!
ICH KANN EUCH HÖÖÖ-REN!!
GRRRT
IHR HABT UNSERE AUF-MERKSAMKEIT AUF DAS FEUER GELENKT UND KLETTERT NUN ÜBER DEN GEGENÜBERLIE-GENDEN ZAUN.

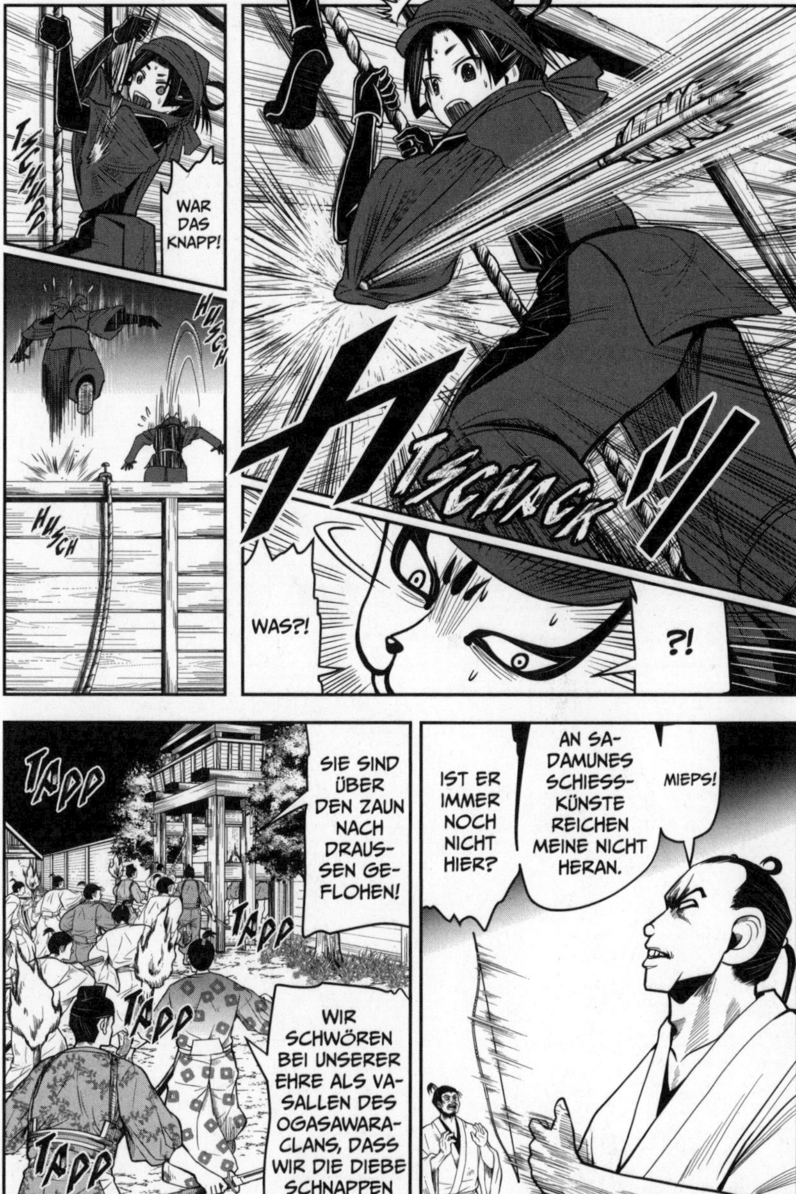
TSCHACK
?!
WAS?!
TSCHWOO
WAR DAS KNAPP!
HUSCH
HUSCH
AN SADAMUNES SCHIESSKÜNSTE REICHEN MEINE NICHT HERAN.
MIEPS!
IST ER IMMER NOCH NICHT HIER?
SIE SIND ÜBER DEN ZAUN NACH DRAUSSEN GEFLOHEN!
TAPP
TAPP
TAPP
TAPP
WIR SCHWÖREN BEI UNSERER EHRE ALS VASALLEN DES OGASAWARA-CLANS, DASS WIR DIE DIEBE SCHNAPPEN WERDEN!

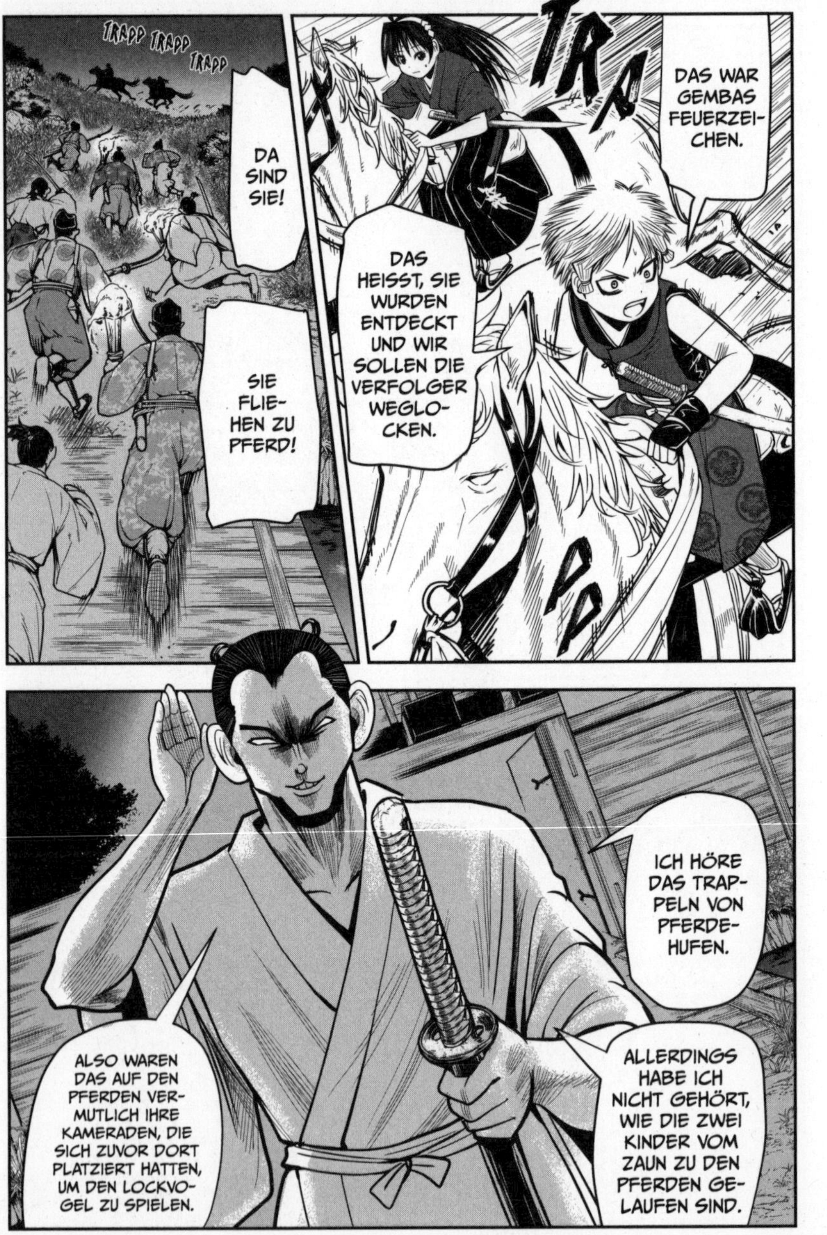
TRA
DAS WAR GEMBAS FEUERZEICHEN.
DAS HEISST, SIE WURDEN ENTDECKT UND WIR SOLLEN DIE VERFOLGER WEGLOCKEN.
TRAPP TRAPP TRAPP
DA SIND SIE!
SIE FLIEHEN ZU PFERD!
ICH HÖRE DAS TRAPPELN VON PFERDEHUFEN.
ALLERDINGS HABE ICH NICHT GEHÖRT, WIE DIE ZWEI KINDER VOM ZAUN ZU DEN PFERDEN GELAUFEN SIND.
ALSO WAREN DAS AUF DEN PFERDEN VERMUTLICH IHRE KAMERADEN, DIE SICH ZUVOR DORT PLATZIERT HATTEN, UM DEN LOCKVOGEL ZU SPIELEN.

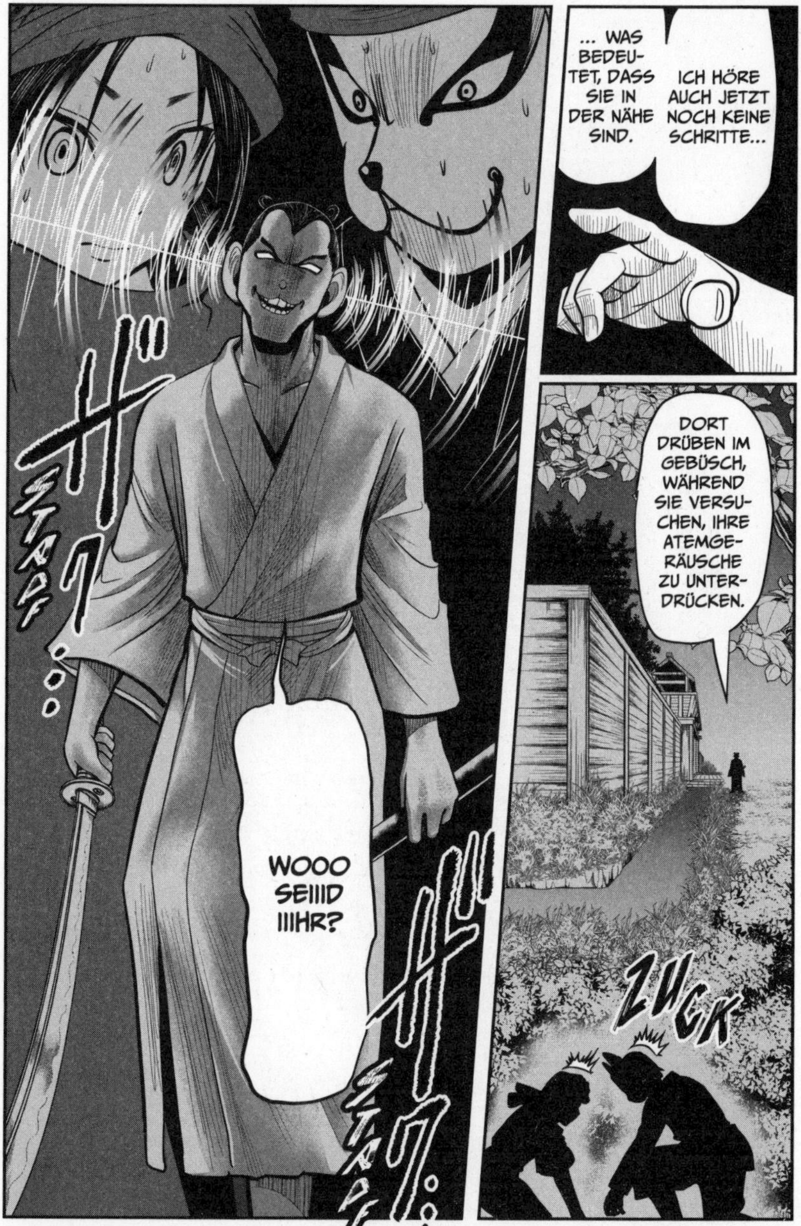
ICH HÖRE AUCH JETZT NOCH KEINE SCHRITTE...
... WAS BEDEU-TET, DASS SIE IN DER NÄHE SIND.
DORT DRÜBEN IM GEBÜSCH, WÄHREND SIE VERSU-CHEN, IHRE ATEMGE-RÄUSCHE ZU UNTER-DRÜCKEN.
ZUCK
STRAPF...
WOOO SEIIID IIIHR?
STRAPF...

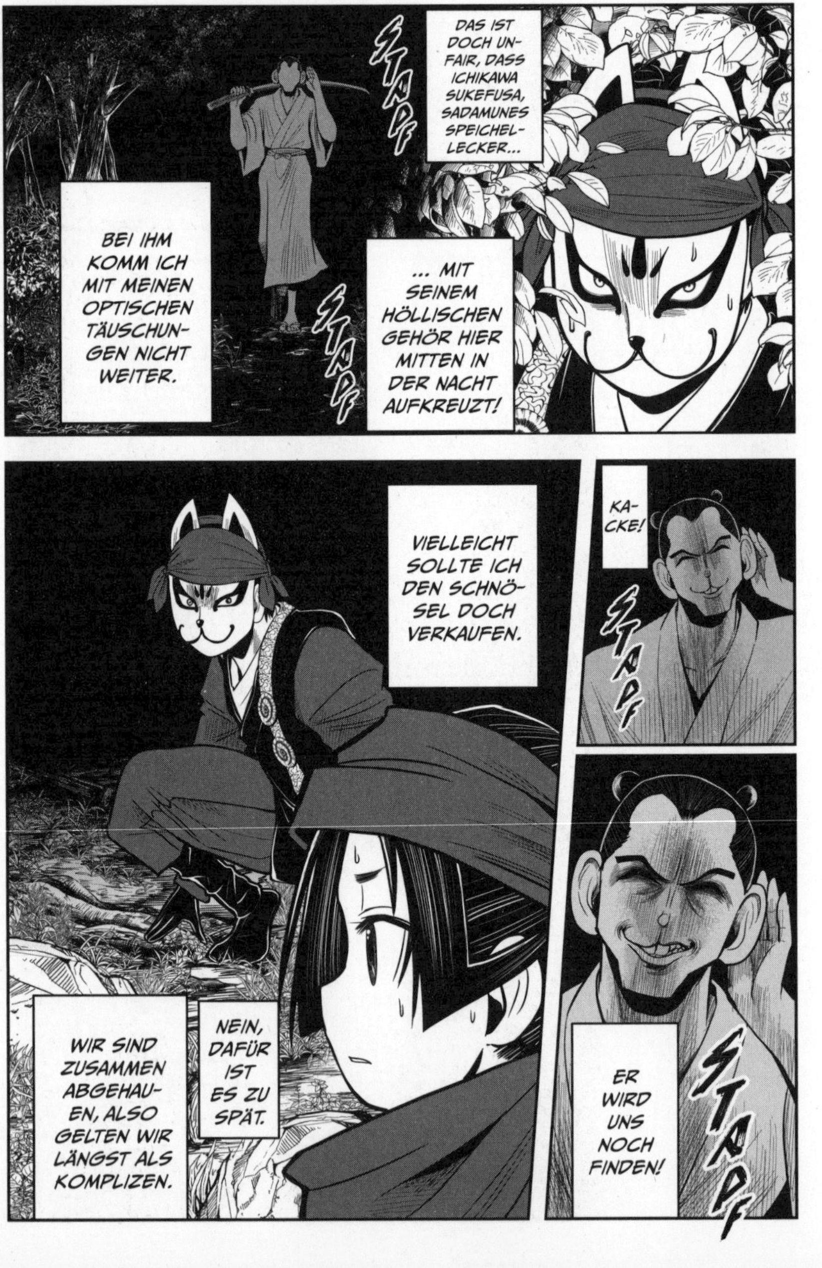
STAPF
DAS IST DOCH UN-FAIR, DASS ICHIKAWA SUKEFUSA, SADAMUNES SPEICHEL-LECKER...
... MIT SEINEM HÖLLISCHEN GEHÖR HIER MITTEN IN DER NACHT AUFKREUZT!
STAPF
BEI IHM KOMM ICH MIT MEINEN OPTISCHEN TÄUSCHUN-GEN NICHT WEITER.
KA-CKE!
STAPF
VIELLEICHT SOLLTE ICH DEN SCHNÖ-SEL DOCH VERKAUFEN.
ER WIRD UNS NOCH FINDEN!
STAPF
NEIN, DAFÜR IST ES ZU SPÄT.
WIR SIND ZUSAMMEN ABGEHAU-EN, ALSO GELTEN WIR LÄNGST ALS KOMPLIZEN.

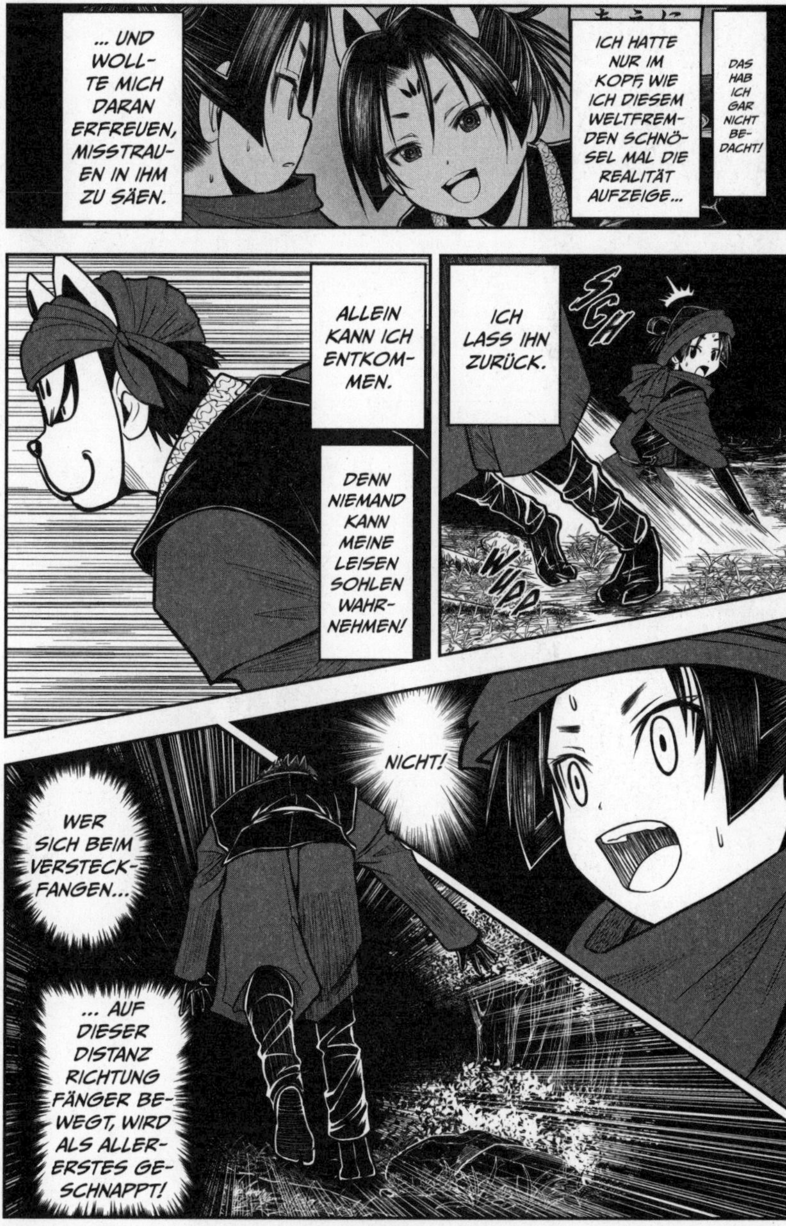
DAS HAB ICH GAR NICHT BEDACHT!
ICH HATTE NUR IM KOPF, WIE ICH DIESEM WELTFREMDEN SCHNÖSEL MAL DIE REALITÄT AUFZEIGE...
... UND WOLLTE MICH DARAN ERFREUEN, MISSTRAUEN IN IHM ZU SÄEN.
SCH
ICH LASS IHN ZURÜCK.
WUPP
ALLEIN KANN ICH ENTKOMMEN.
DENN NIEMAND KANN MEINE LEISEN SOHLEN WAHRNEHMEN!
NICHT!
WER SICH BEIM VERSTECKFANGEN...
... AUF DIESER DISTANZ RICHTUNG FÄNGER BEWEGT, WIRD ALS ALLERERSTES GESCHNAPPT!

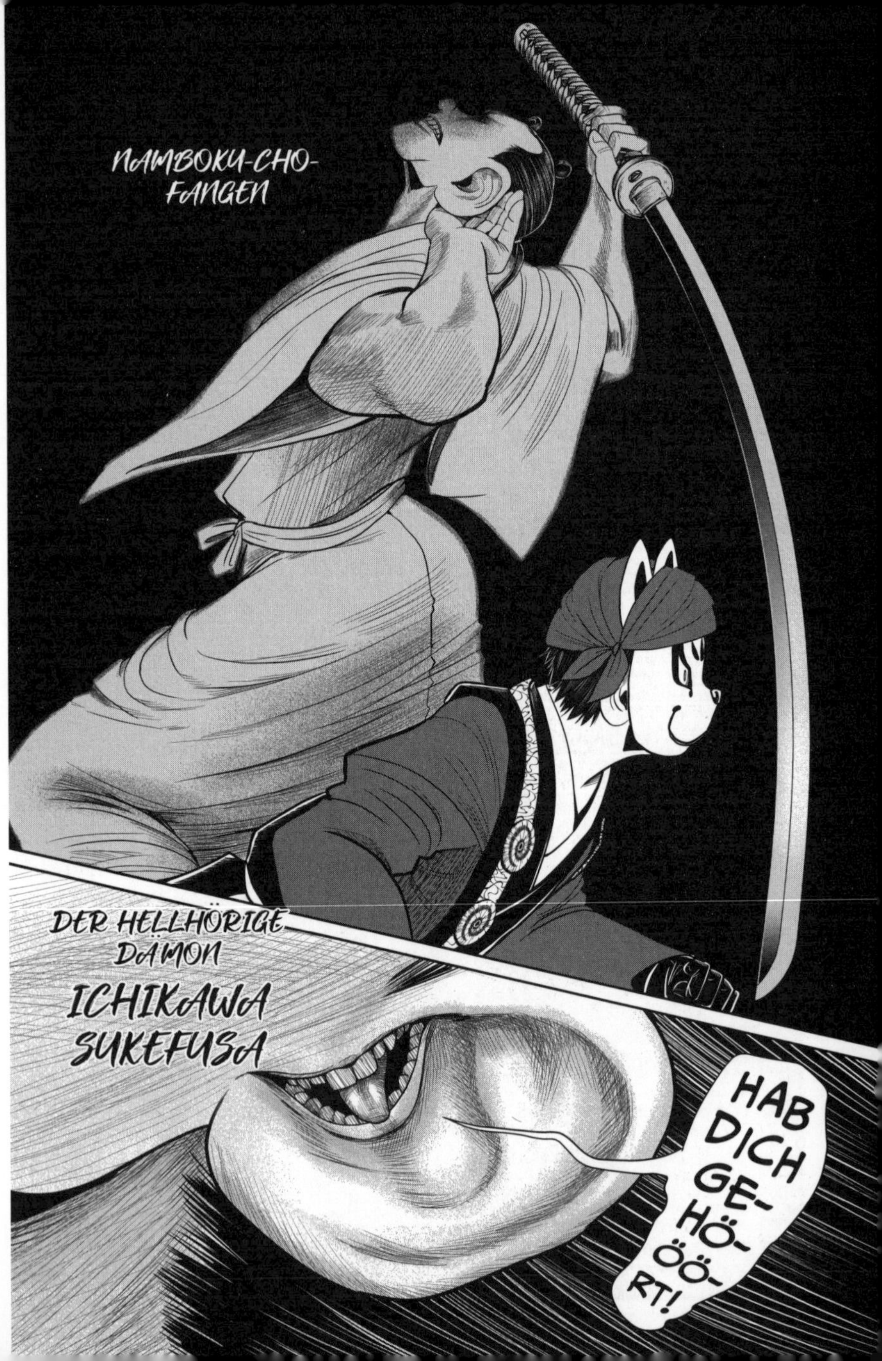
NAMBOKU-CHO-
FANGEN
DER HELLHÖRIGE
DÄMON
ICHIKAWA
SUKEFUSA
HAB
DICH
GE-
HÖ-
ÖÖ-
RT!

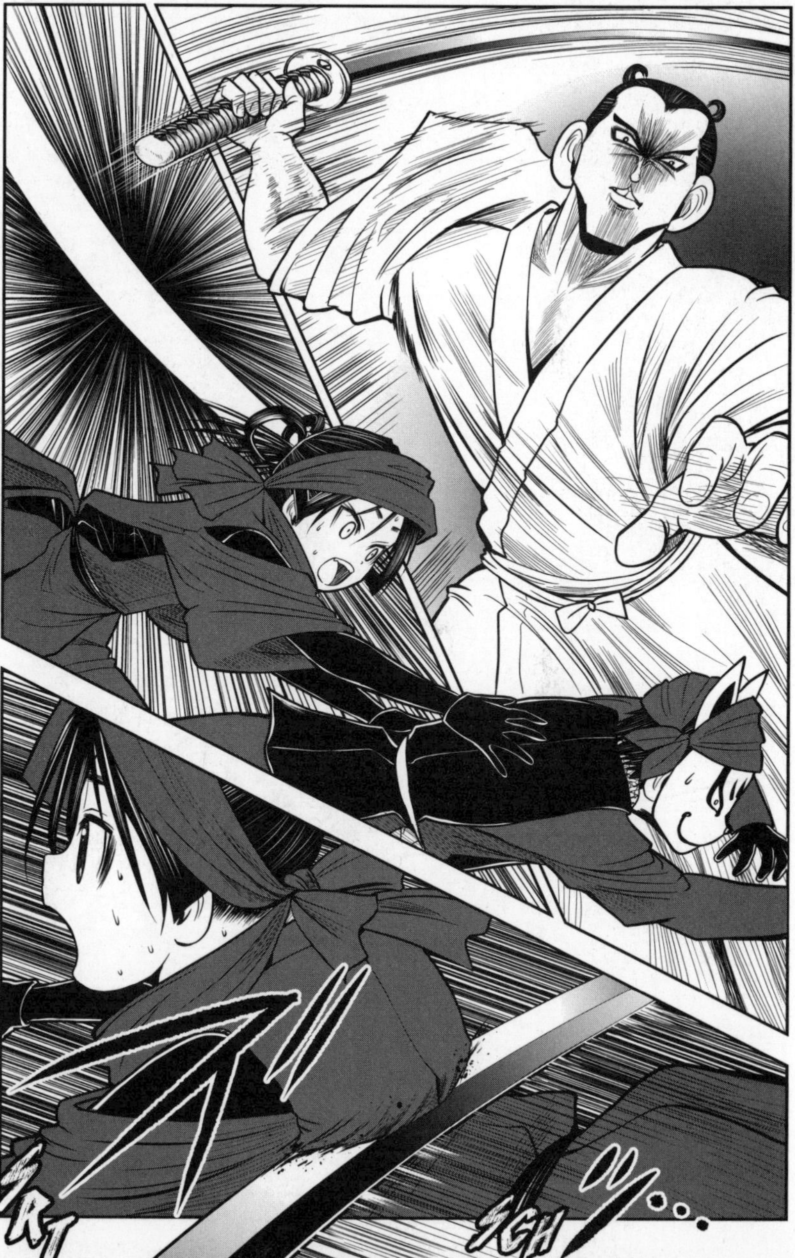

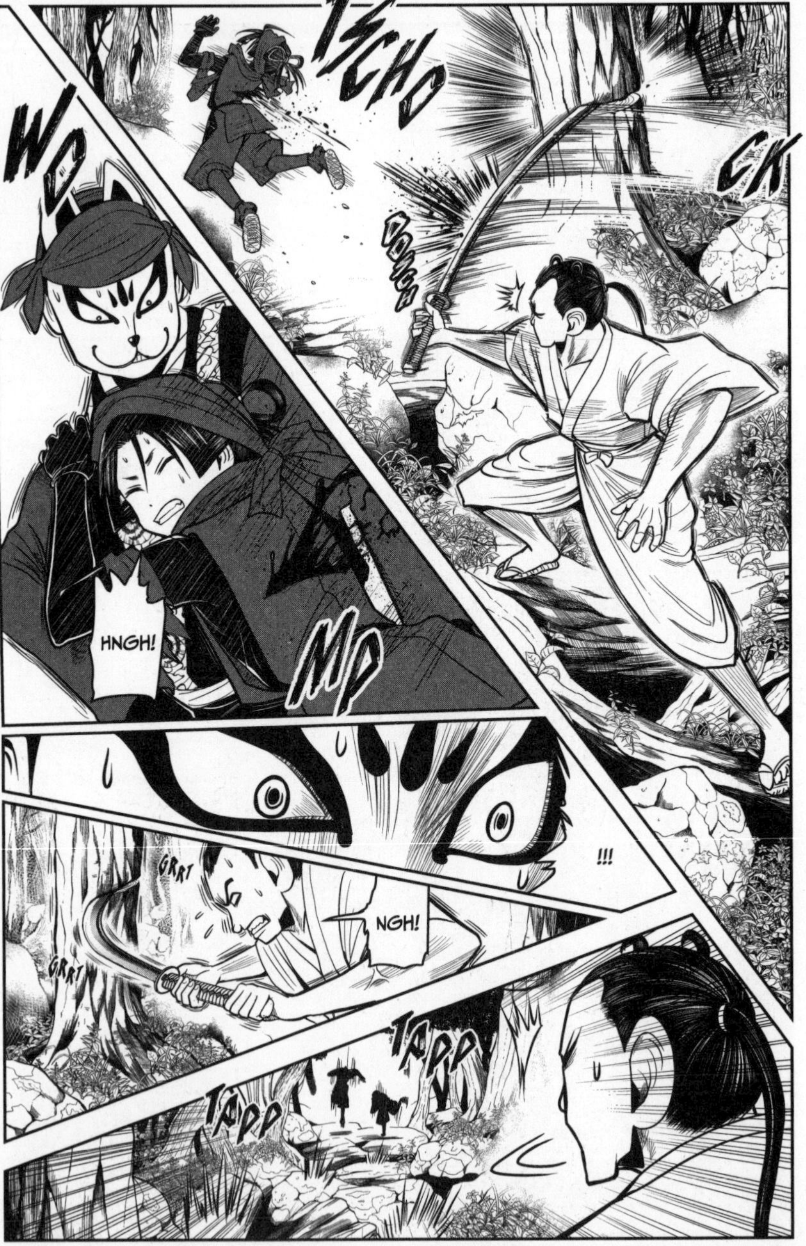
TSCHO
CK
WO
HNGH!
MP
!!!
GRRT
NGH!
GRRT
TAPP
TAPP

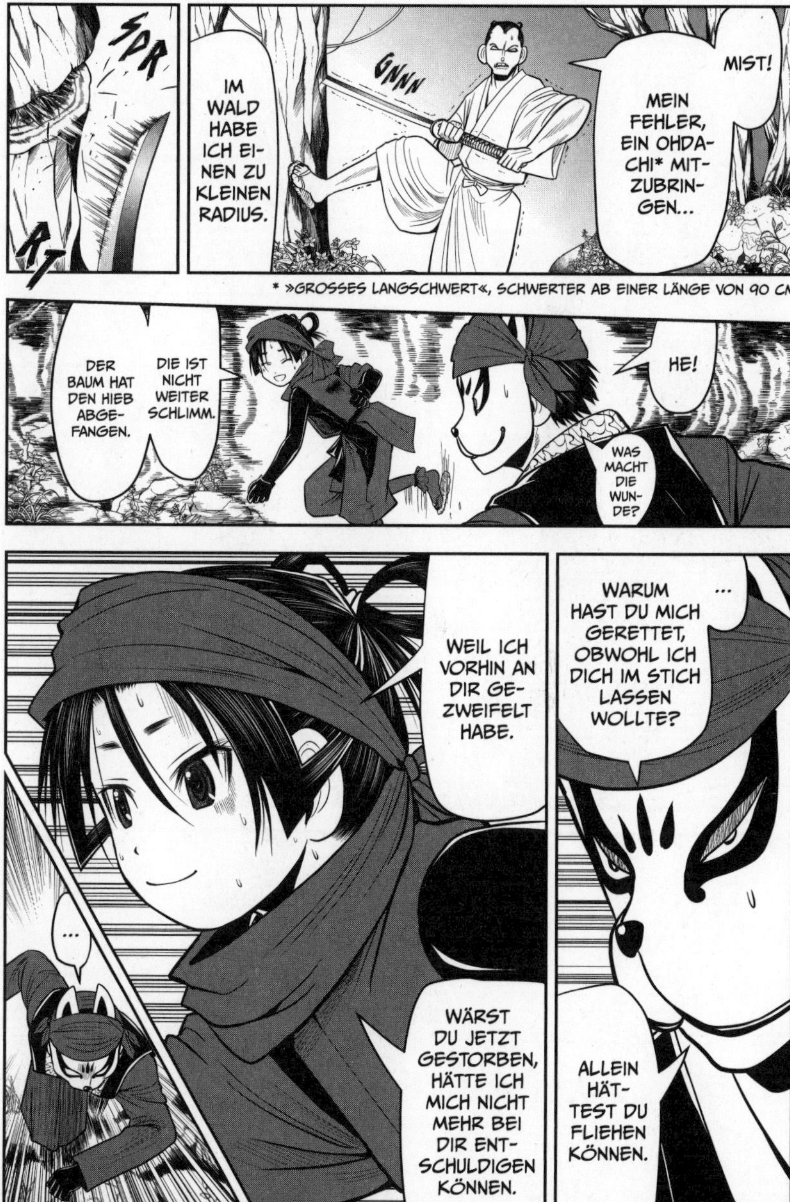

* »GROSSES LANGSCHWERT«, SCHWERTER AB EINER LÄNGE VON 90 CM

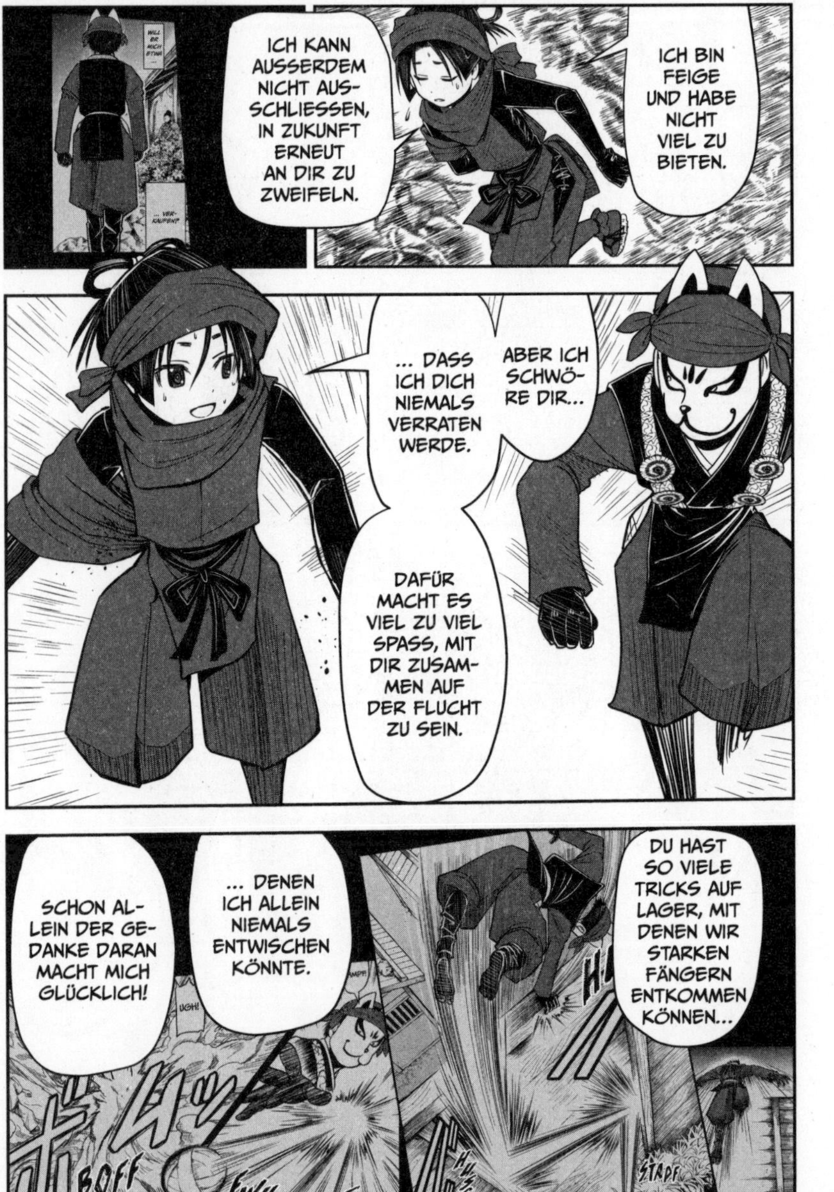
ICH BIN FEIGE UND HABE NICHT VIEL ZU BIETEN.
ICH KANN AUSSERDEM NICHT AUS-SCHLIESSEN, IN ZUKUNFT ERNEUT AN DIR ZU ZWEIFELN.
WILL ER MICH ETWA …
… VER-KAUFEN?
ABER ICH SCHWÖ-RE DIR…
… DASS ICH DICH NIEMALS VERRATEN WERDE.
DAFÜR MACHT ES VIEL ZU VIEL SPASS, MIT DIR ZUSAM-MEN AUF DER FLUCHT ZU SEIN.
DU HAST SO VIELE TRICKS AUF LAGER, MIT DENEN WIR STARKEN FÄNGERN ENTKOMMEN KÖNNEN…
… DENEN ICH ALLEIN NIEMALS ENTWISCHEN KÖNNTE.
SCHON AL-LEIN DER GE-DANKE DARAN MACHT MICH GLÜCKLICH!
STAPF
HUSCH
SCH
FWU
UGH!
BOFF

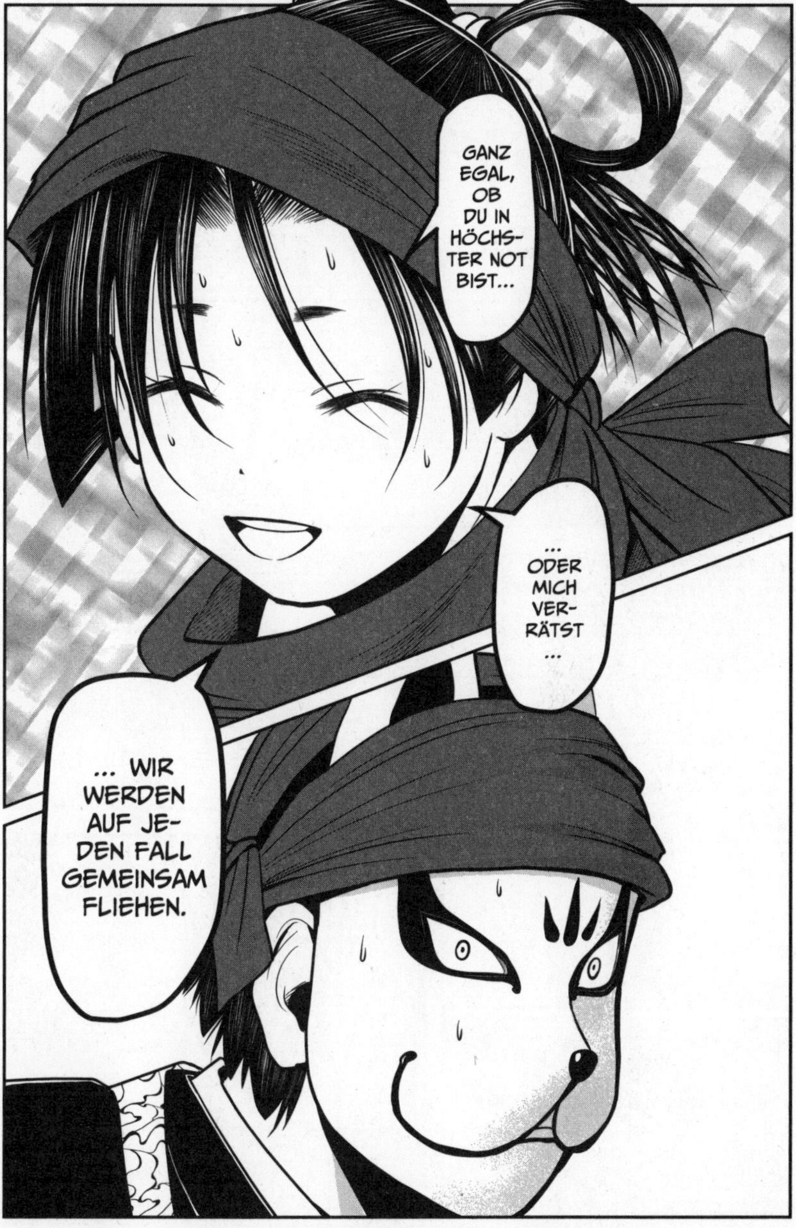
GANZ EGAL, OB DU IN HÖCHSTER NOT BIST...
... ODER MICH VERRÄTST ...
... WIR WERDEN AUF JEDEN FALL GEMEINSAM FLIEHEN.

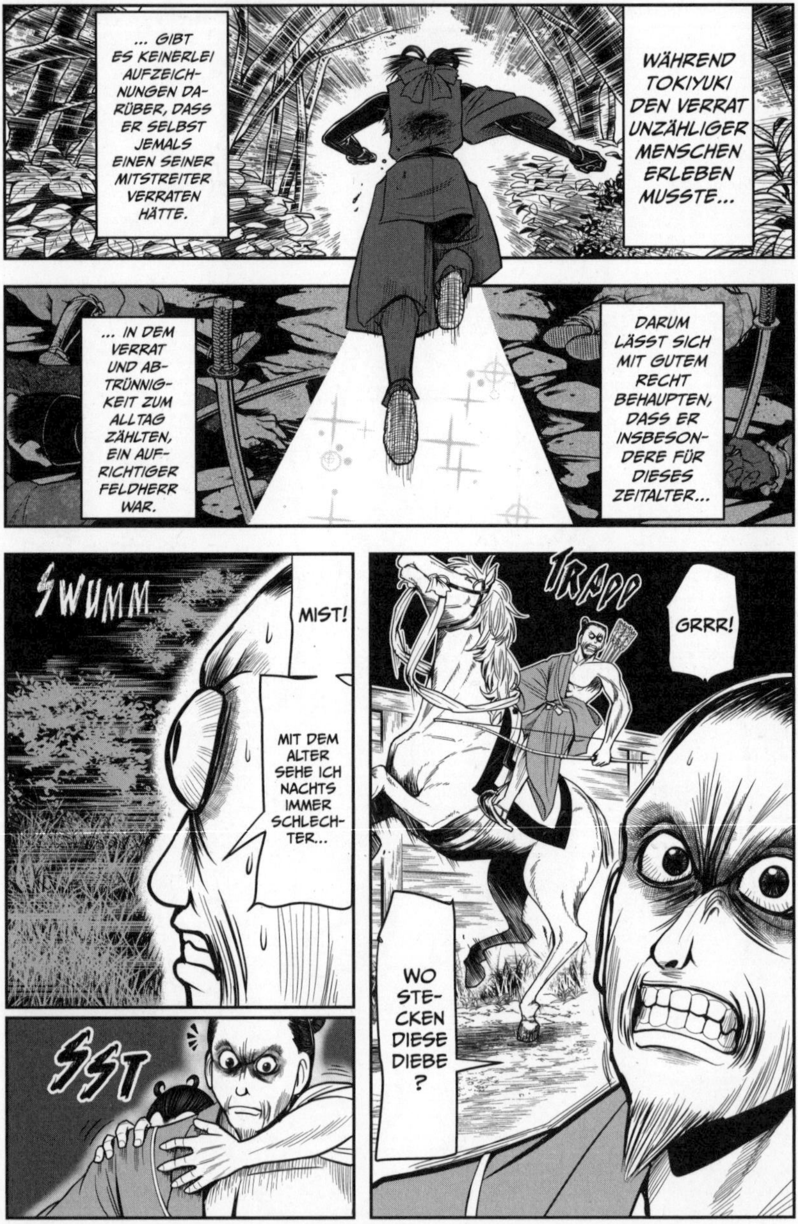
WÄHREND TOKIYUKI DEN VERRAT UNZÄHLIGER MENSCHEN ERLEBEN MUSSTE...
... GIBT ES KEINERLEI AUFZEICHNUNGEN DARÜBER, DASS ER SELBST JEMALS EINEN SEINER MITSTREITER VERRATEN HÄTTE.
DARUM LÄSST SICH MIT GUTEM RECHT BEHAUPTEN, DASS ER INSBESONDERE FÜR DIESES ZEITALTER...
... IN DEM VERRAT UND ABTRÜNNIGKEIT ZUM ALLTAG ZÄHLTEN, EIN AUFRICHTIGER FELDHERR WAR.
TRAPP
GRRR!
WO STECKEN DIESE DIEBE?
SWUMM
MIST!
MIT DEM ALTER SEHE ICH NACHTS IMMER SCHLECHTER...
SST

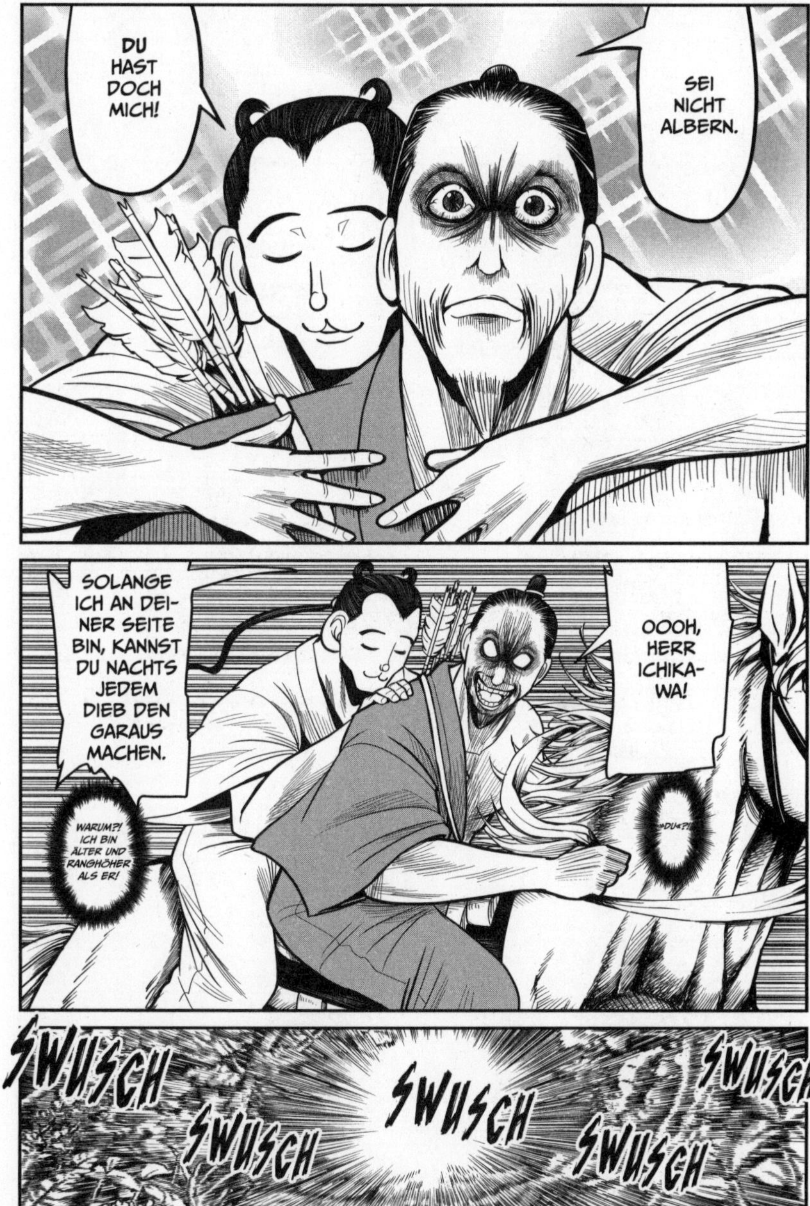
SEI NICHT ALBERN.
DU HAST DOCH MICH!
OOOH, HERR ICHIKA-WA!
SOLANGE ICH AN DEINER SEITE BIN, KANNST DU NACHTS JEDEM DIEB DEN GARAUS MACHEN.
»DU«?!
WARUM?! ICH BIN ÄLTER UND RANGHÖHER ALS ER!
SWUSCH
SWUSCH
SWUSCH
SWUSCH
SWUSCH

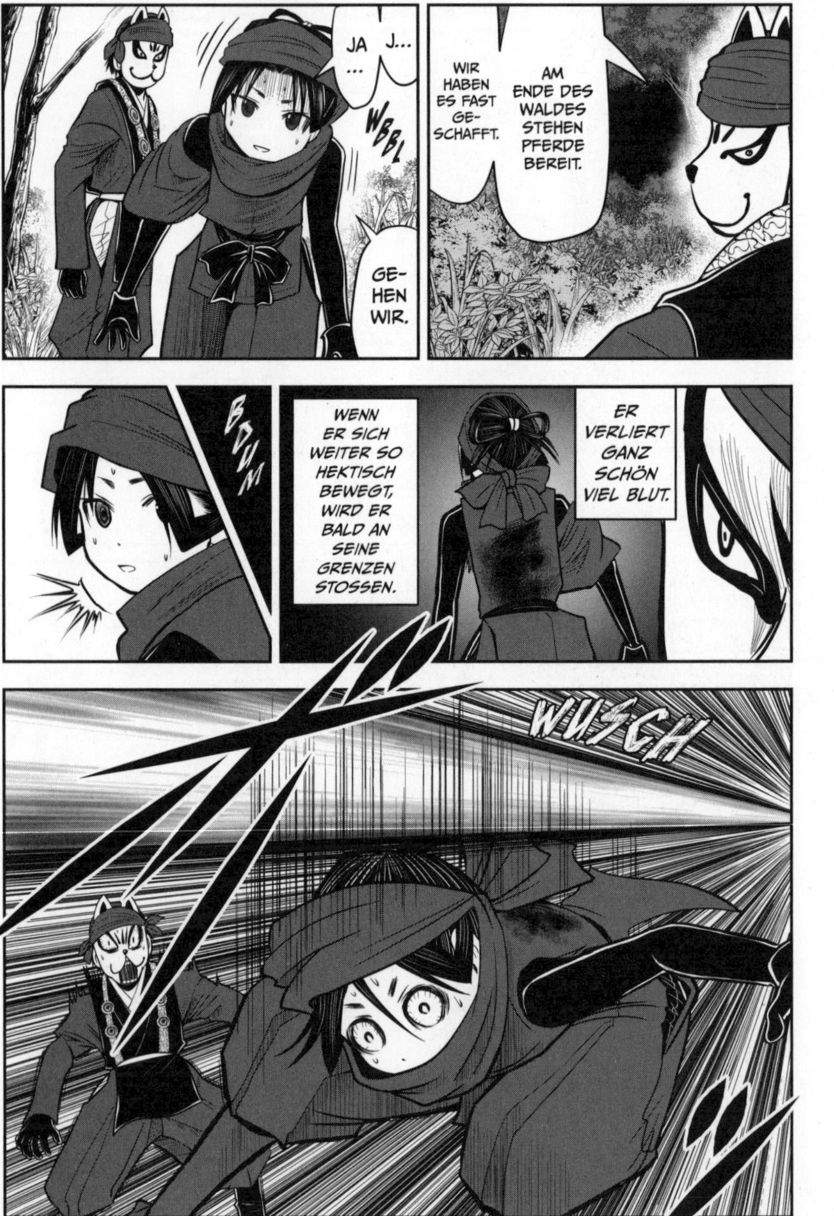
AM ENDE DES WALDES STEHEN PFERDE BEREIT.
WIR HABEN ES FAST GE-SCHAFFT.
JA ... J...
WBBL
GE-HEN WIR.
ER VERLIERT GANZ SCHÖN VIEL BLUT.
WENN ER SICH WEITER SO HEKTISCH BEWEGT, WIRD ER BALD AN SEINE GRENZEN STOSSEN.
BDUM
WUSCH

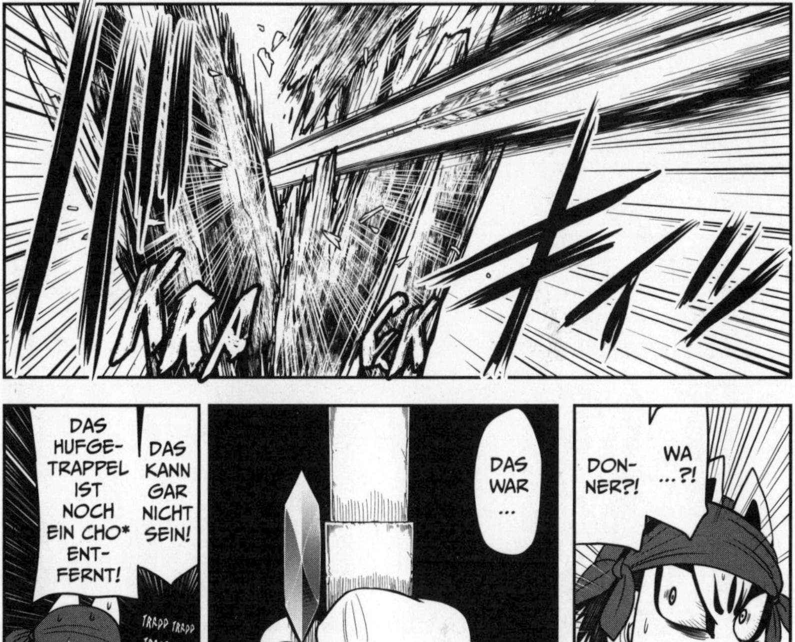
KRACK
WA ...?!
DONNER?!
DA IST ER.
DAS WAR ...
... SADAMUNES PFEIL.
DAS KANN GAR NICHT SEIN!
DAS HUFGETRAPPEL IST NOCH EIN CHO* ENTFERNT!
TRPP TRPP TRPP TRPP
NIEMAND KANN BEI DER DUNKELHEIT SO PRÄZISE ZIELEN!

* 100 METER

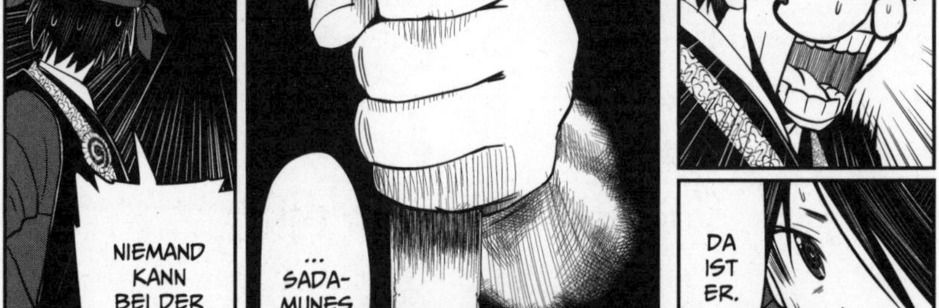
GWO GWO GWO GWO GWO GWO

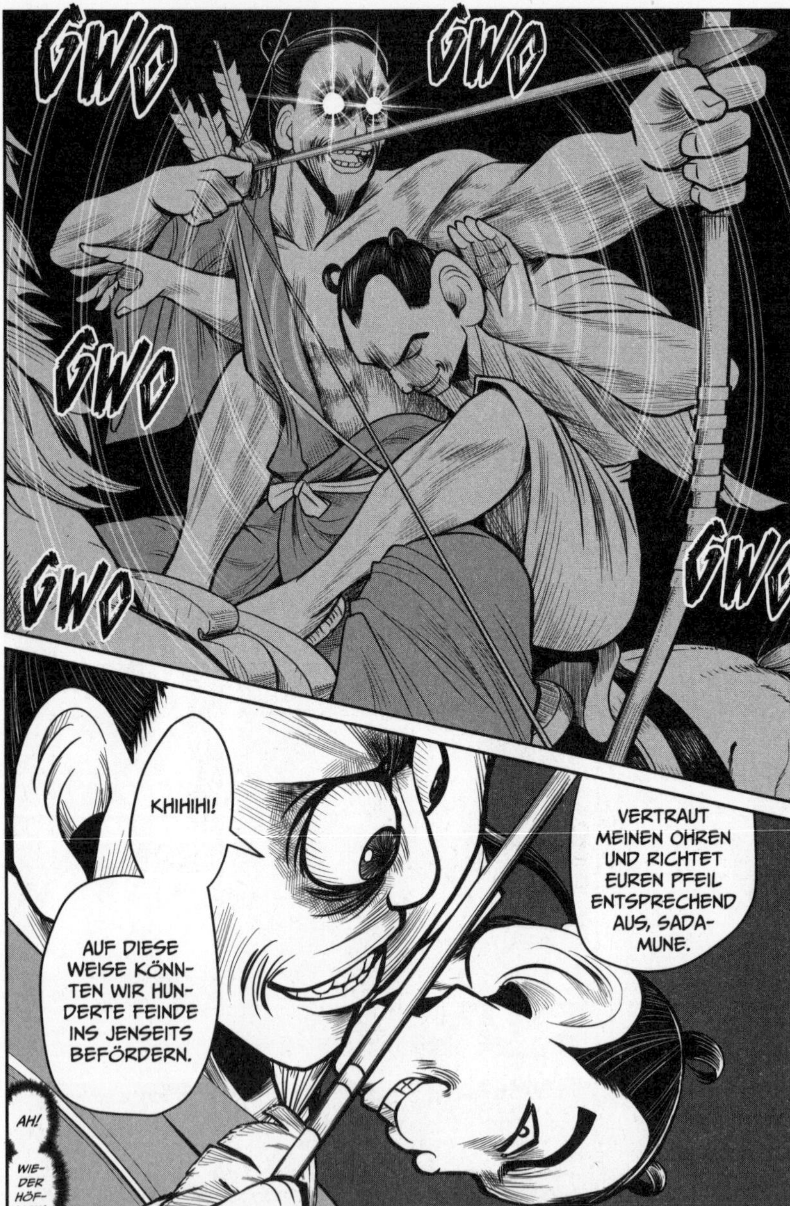
GWO
GWO
GWO
GWO
GWO
VERTRAUT MEINEN OHREN UND RICHTET EUREN PFEIL ENTSPRECHEND AUS, SADAMUNE.
KHIHIHI!
AUF DIESE WEISE KÖNNTEN WIR HUNDERTE FEINDE INS JENSEITS BEFÖRDERN.
AH!
WIEDER HÖFLICH!.

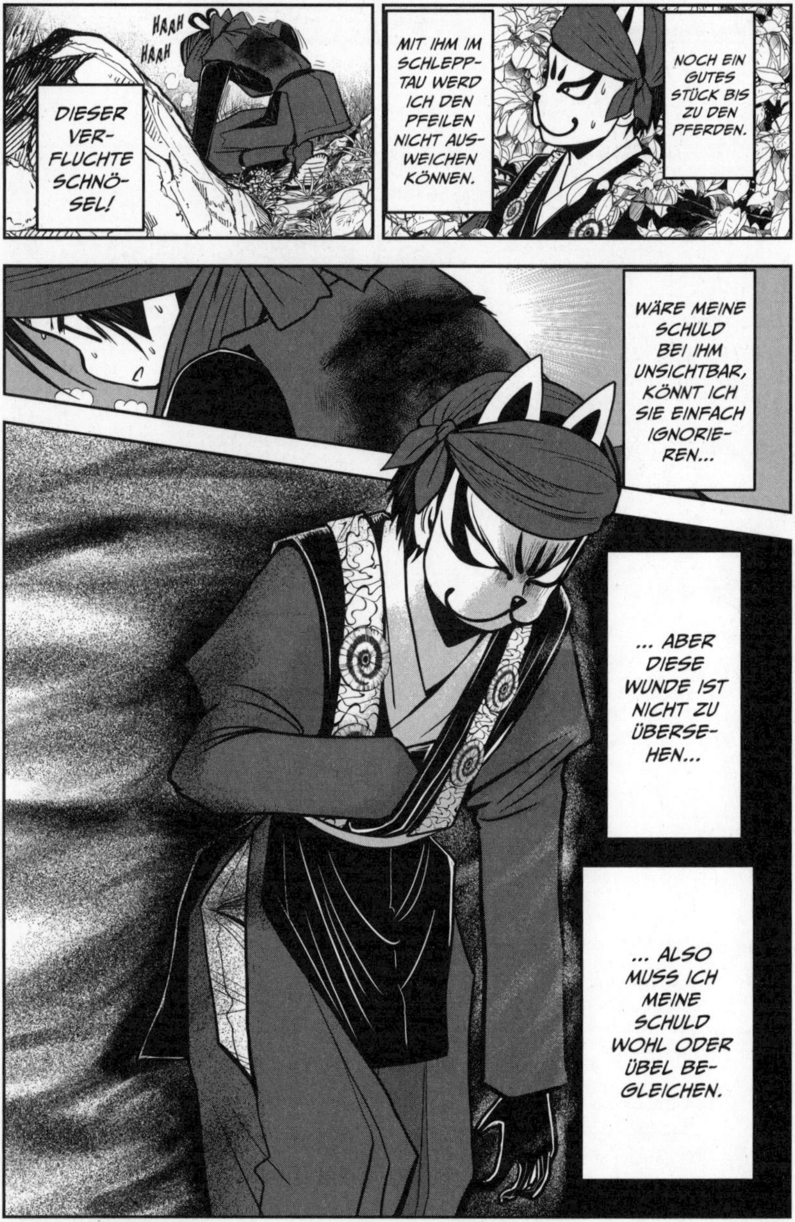
NOCH EIN GUTES STÜCK BIS ZU DEN PFERDEN.
MIT IHM IM SCHLEPP-TAU WERD ICH DEN PFEILEN NICHT AUS-WEICHEN KÖNNEN.
HRRH HRRH
DIESER VER-FLUCHTE SCHNÖ-SEL!
WÄRE MEINE SCHULD BEI IHM UNSICHTBAR, KÖNNT ICH SIE EINFACH IGNORIE-REN...
... ABER DIESE WUNDE IST NICHT ZU ÜBERSE-HEN...
... ALSO MUSS ICH MEINE SCHULD WOHL ODER ÜBEL BE-GLEICHEN.

1333

Ogasawara Sadamune

★★★★ SSR

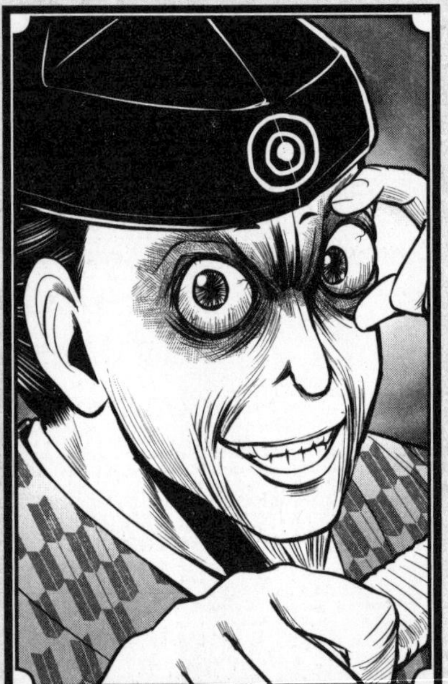

Kompetenzen		Eignung für die Namboku-cho-Zeit	
Waffen	90	Grausamkeit	87
Wissen	73	Loyalität	72
Politik	67	Chaos	64
Kommando	69	Reform	53
Charme	80	Fliehen & Verstecken	41

Wappen

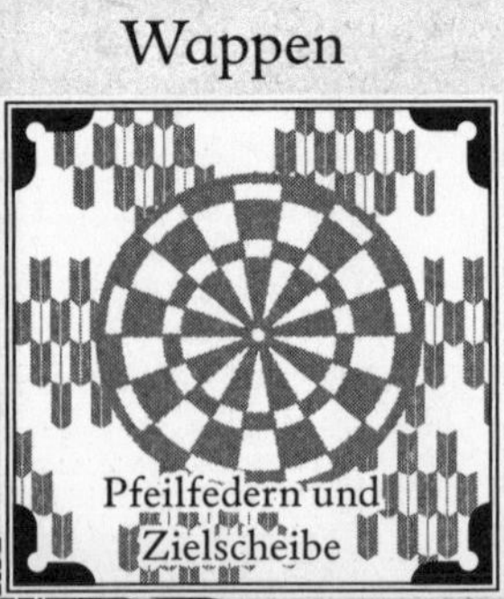

Pfeilfedern und Zielscheibe

Fähigkeit	Ogasawaras Pfeil (erhöht Waffen und Treffer um 35 %)
Fähigkeit	Dämonische Sehkraft (erhöht Treffer um 20 %, erhöht Beobachtung um 10 %)
Persönliche Waffe	Sengen* (ein Bogen aus Chimonobambusa, für den es vier Mann bräuchte, um ihn zu spannen; erhöht Reichweite um 15 %)

Was ihm sonst noch so ins Auge sticht

Ultraviolette Strahlen, Erdbeben, u. ä. Minimal auch Atmung oder extrakorporale Verdauung

* »TAUSEND AUGEN«

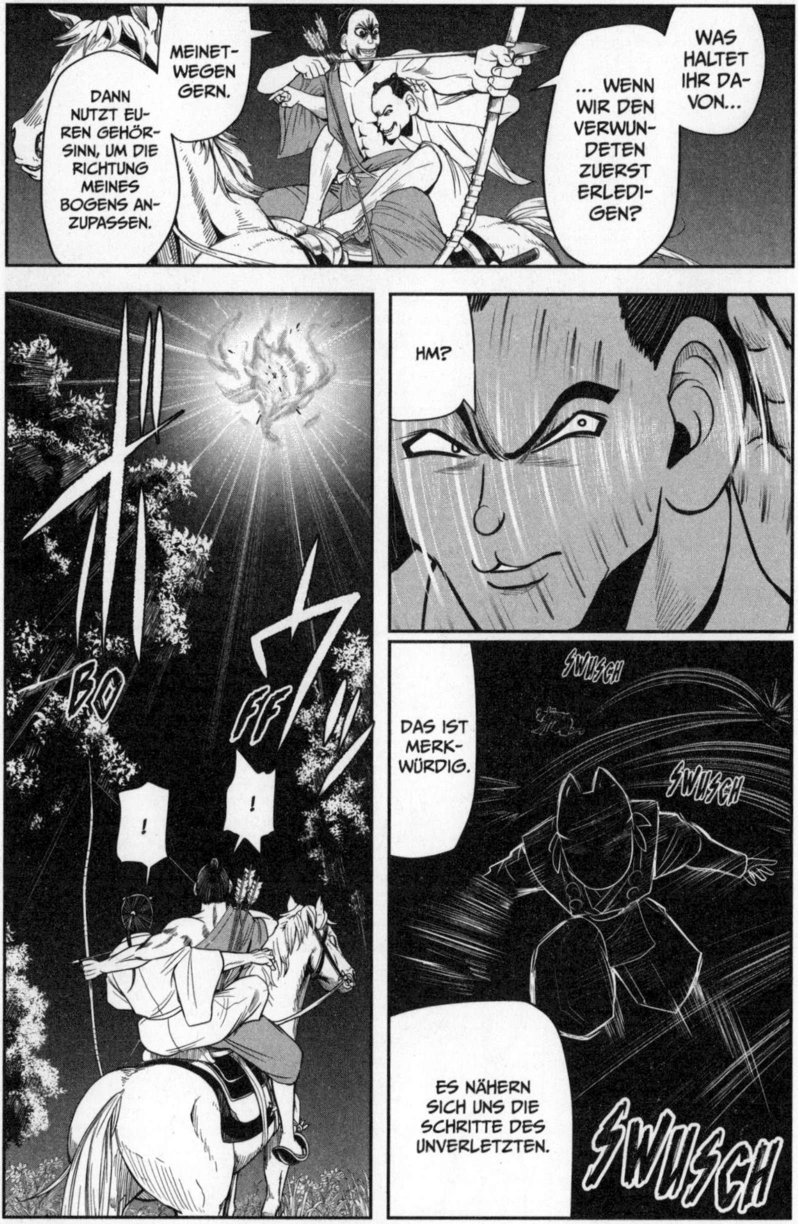
WAS HALTET IHR DAVON...
... WENN WIR DEN VERWUNDETEN ZUERST ERLEDIGEN?
MEINETWEGEN GERN.
DANN NUTZT EUREN GEHÖRSINN, UM DIE RICHTUNG MEINES BOGENS ANZUPASSEN.
HM?
SWUSCH
SWUSCH
DAS IST MERKWÜRDIG.
ES NÄHERN SICH UNS DIE SCHRITTE DES UNVERLETZTEN.
SWUSCH
BOFF
!
!

KAPITEL 14 ▲ KOMMANDO 1333

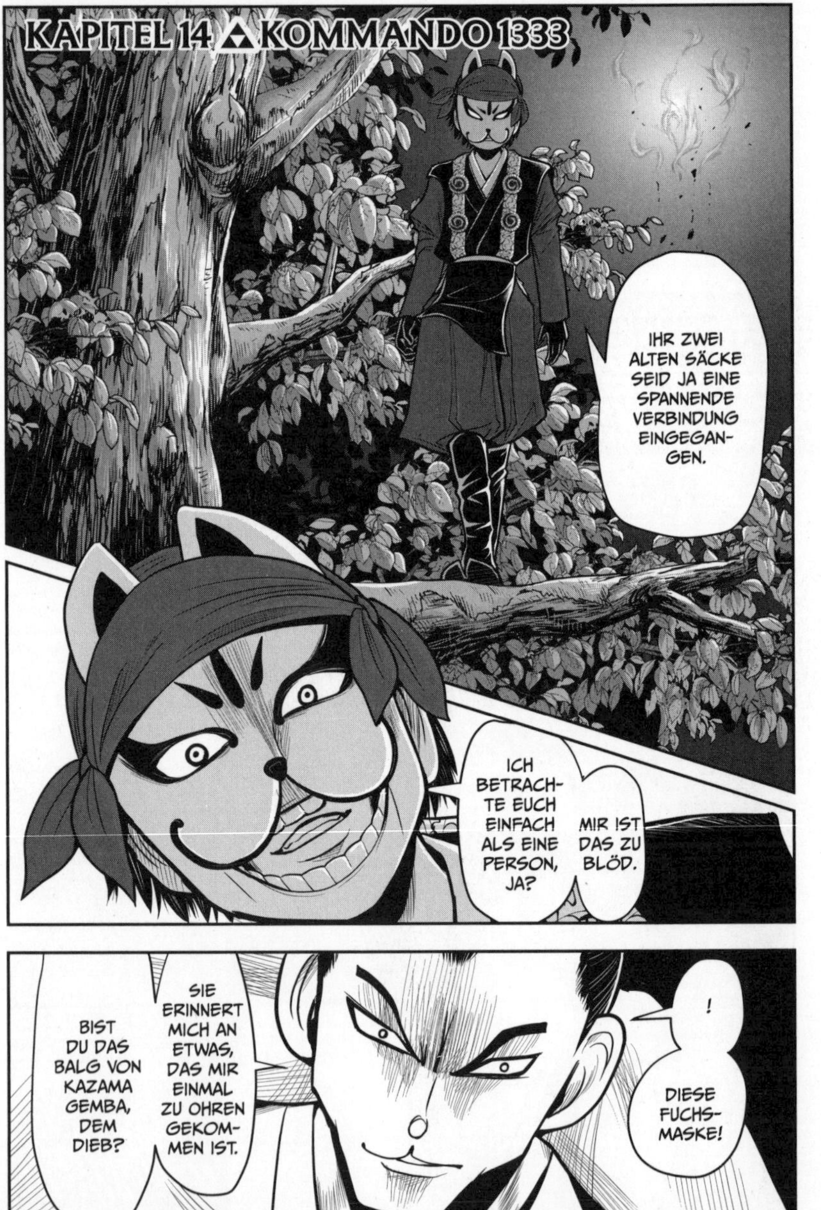

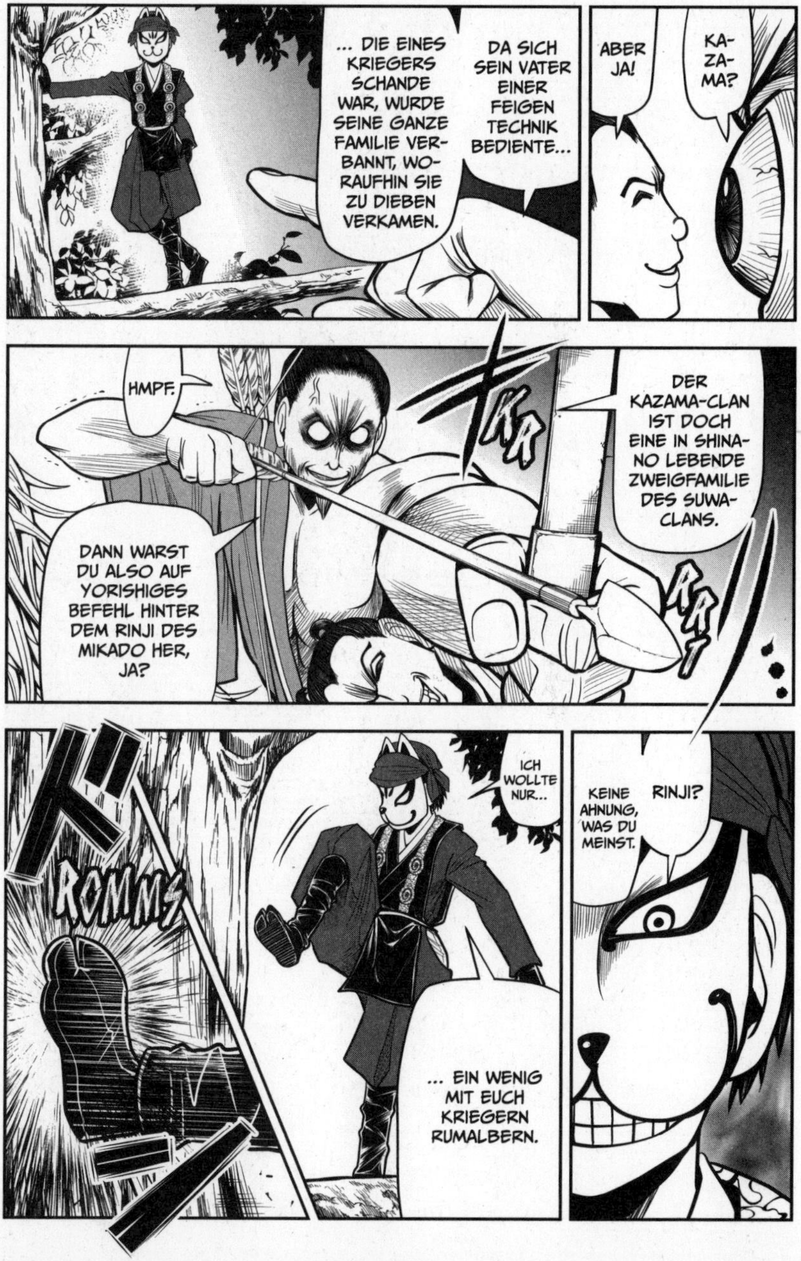
KA-ZA-MA?
ABER JA!
DA SICH SEIN VATER EINER FEIGEN TECHNIK BEDIENTE…
… DIE EINES KRIEGERS SCHANDE WAR, WURDE SEINE GANZE FAMILIE VERBANNT, WORAUFHIN SIE ZU DIEBEN VERKAMEN.
DER KAZAMA-CLAN IST DOCH EINE IN SHINANO LEBENDE ZWEIGFAMILIE DES SUWACLANS.
KR
RRT
HMPF.
DANN WARST DU ALSO AUF YORISHIGES BEFEHL HINTER DEM RINJI DES MIKADO HER, JA?
RINJI?
KEINE AHNUNG, WAS DU MEINST.
ICH WOLLTE NUR…
… EIN WENIG MIT EUCH KRIEGERN RUMALBERN.
ROMMS

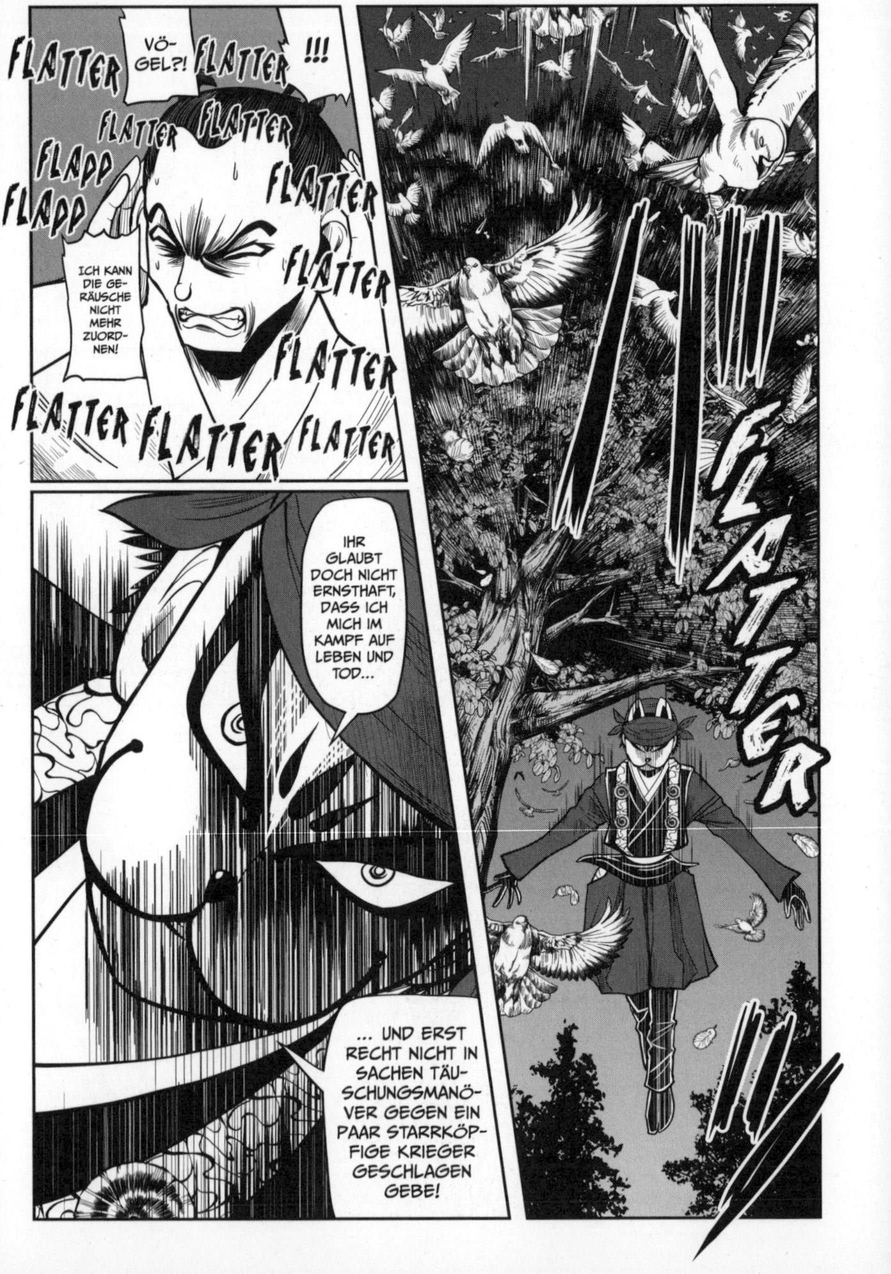
FLATTER
VÖGEL?!
FLATTER
!!!
FLATTER FLATTER
FLAPP FLAPP
FLATTER
ICH KANN DIE GERÄUSCHE NICHT MEHR ZUORDNEN!
FLATTER
FLATTER
FLATTER FLATTER FLATTER
FLATTER
IHR GLAUBT DOCH NICHT ERNSTHAFT, DASS ICH MICH IM KAMPF AUF LEBEN UND TOD...
... UND ERST RECHT NICHT IN SACHEN TÄUSCHUNGSMANÖVER GEGEN EIN PAAR STARRKÖPFIGE KRIEGER GESCHLAGEN GEBE!

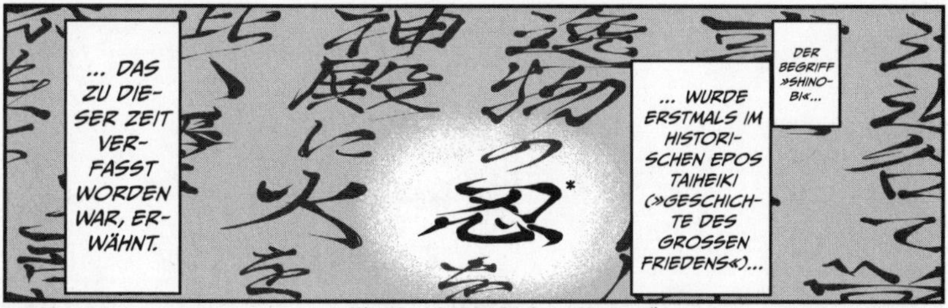

* SHINOBI (VERBERGEN), SYNONYM FÜR NINJA

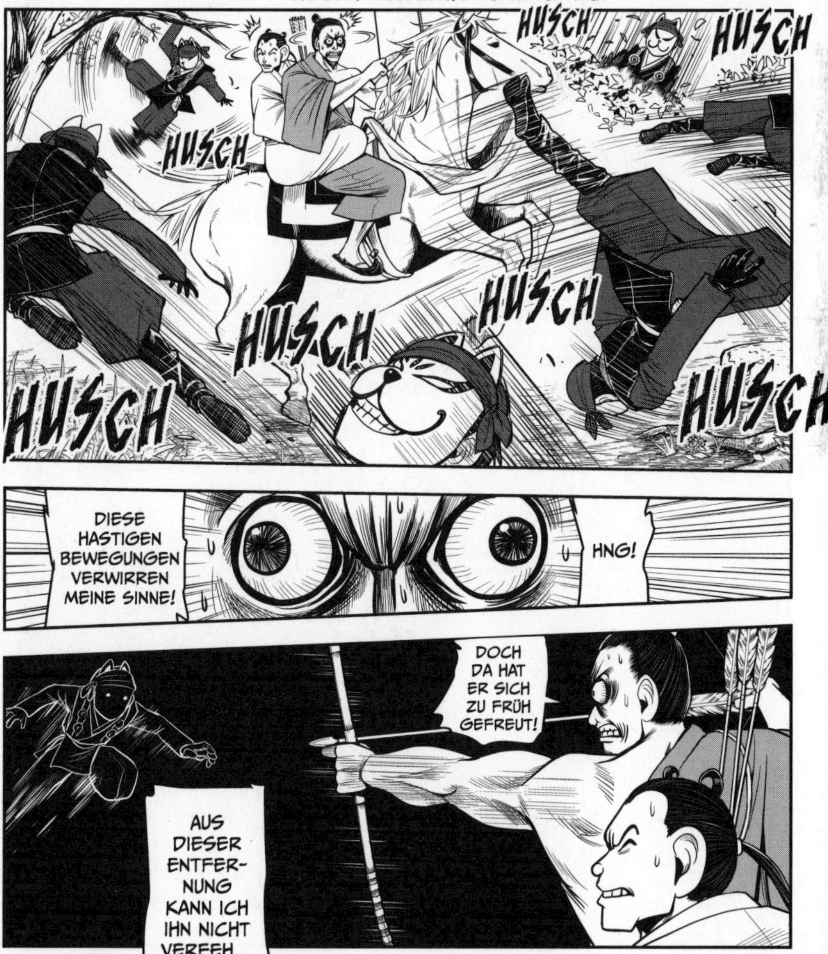

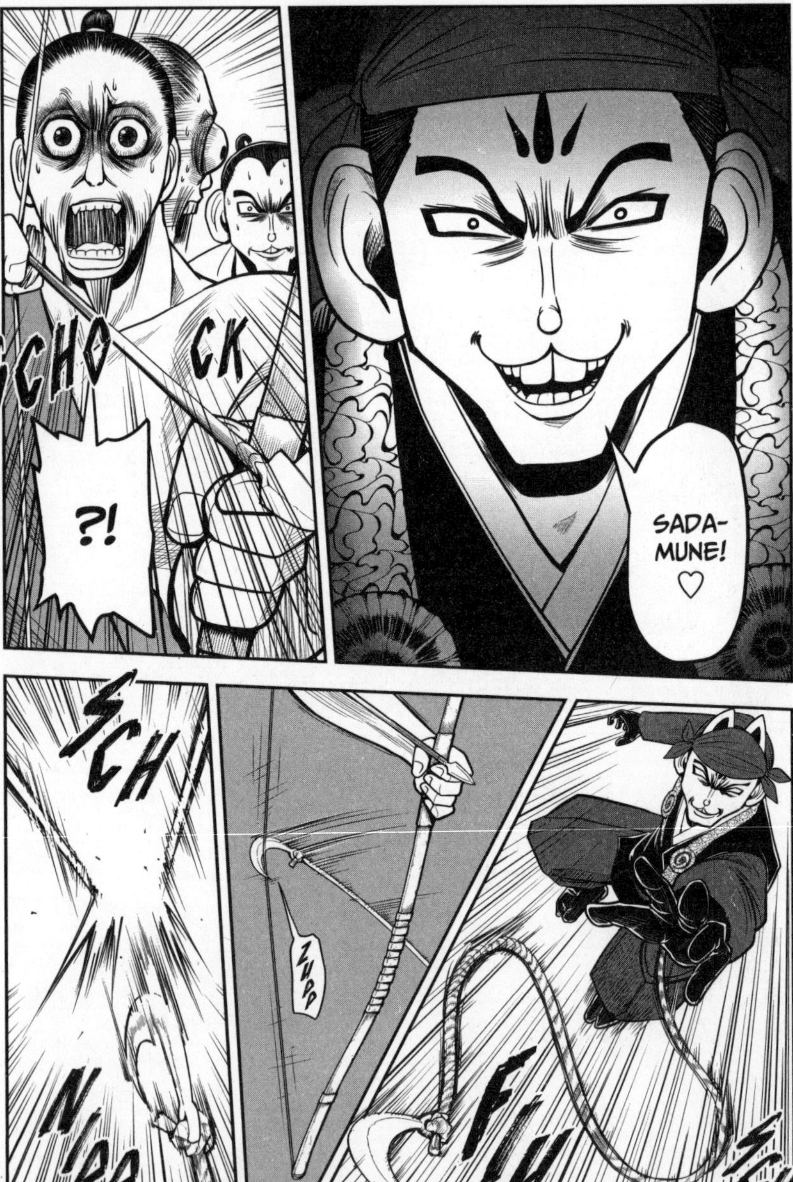
SADA-MUNE! ♡
SCHO CK
?!
FU SCH
ZUPP
SCH
NIPP

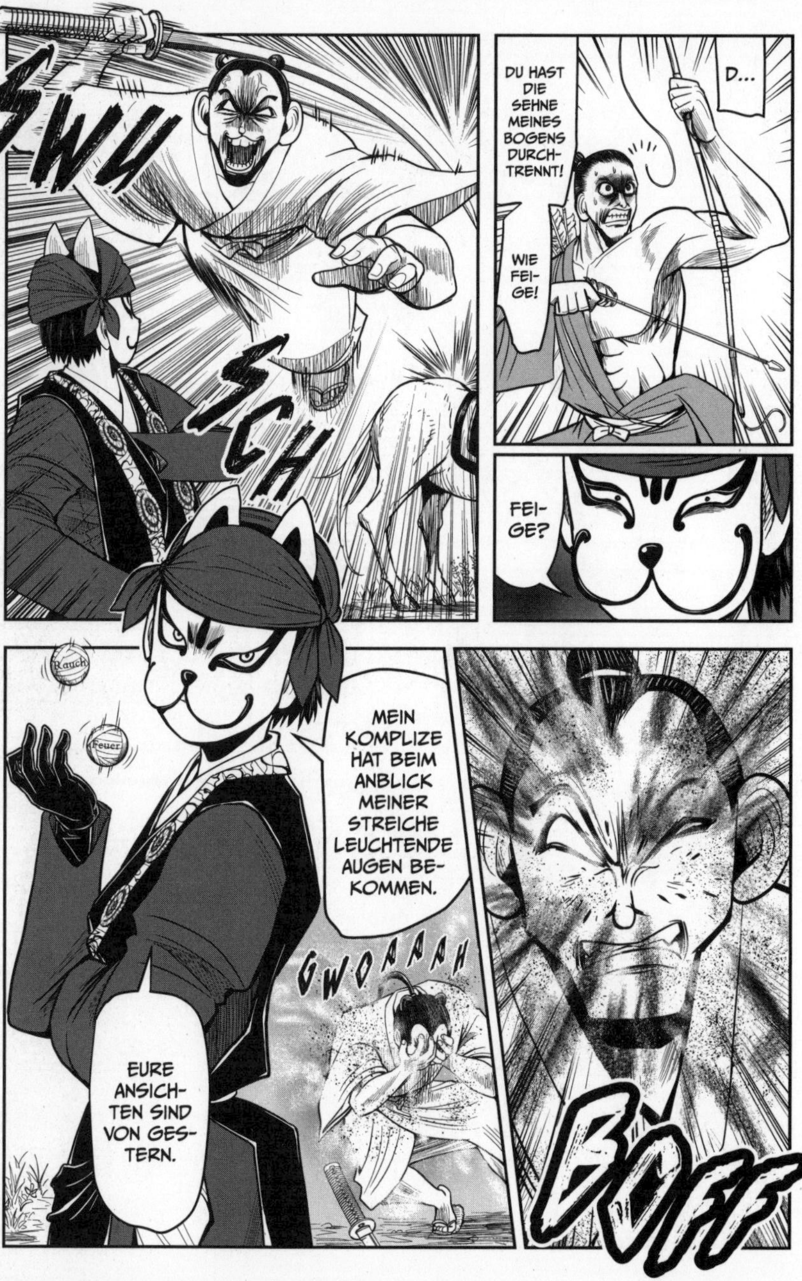

D...
DU HAST DIE SEHNE MEINES BOGENS DURCHTRENNT!
WIE FEIGE!
FEIGE?
SWUSCH
BOFF
Rauch
Feuer
MEIN KOMPLIZE HAT BEIM ANBLICK MEINER STREICHE LEUCHTENDE AUGEN BEKOMMEN.
GWOAAAH
EURE ANSICHTEN SIND VON GESTERN.

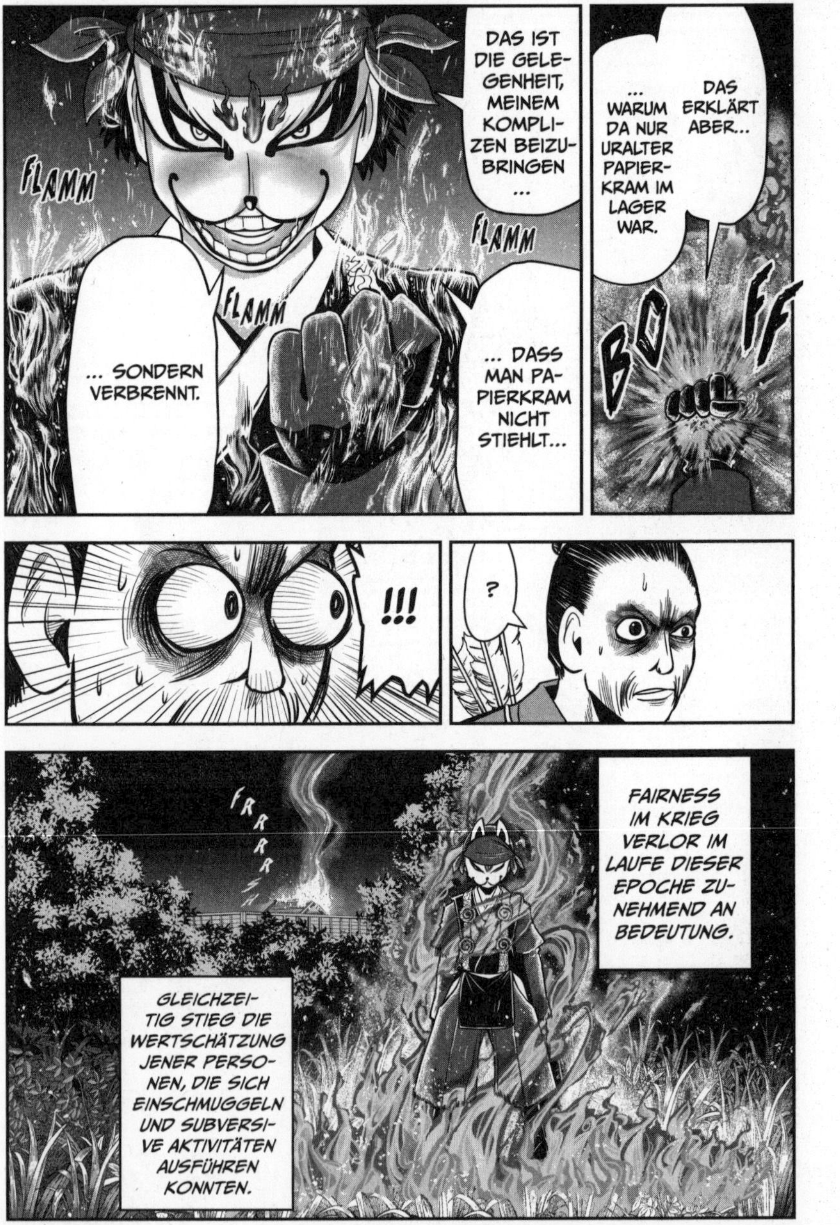
DAS ERKLÄRT ABER...
... WARUM DA NUR URALTER PAPIERKRAM IM LAGER WAR.
BOFF
DAS IST DIE GELEGENHEIT, MEINEM KOMPLIZEN BEIZUBRINGEN ...
FLAMM
FLAMM
FLAMM
... DASS MAN PAPIERKRAM NICHT STIEHLT...
... SONDERN VERBRENNT.
?
!!!
FAIRNESS IM KRIEG VERLOR IM LAUFE DIESER EPOCHE ZUNEHMEND AN BEDEUTUNG.
FRRRRSH
GLEICHZEITIG STIEG DIE WERTSCHÄTZUNG JENER PERSONEN, DIE SICH EINSCHMUGGELN UND SUBVERSIVE AKTIVITÄTEN AUSFÜHREN KONNTEN.

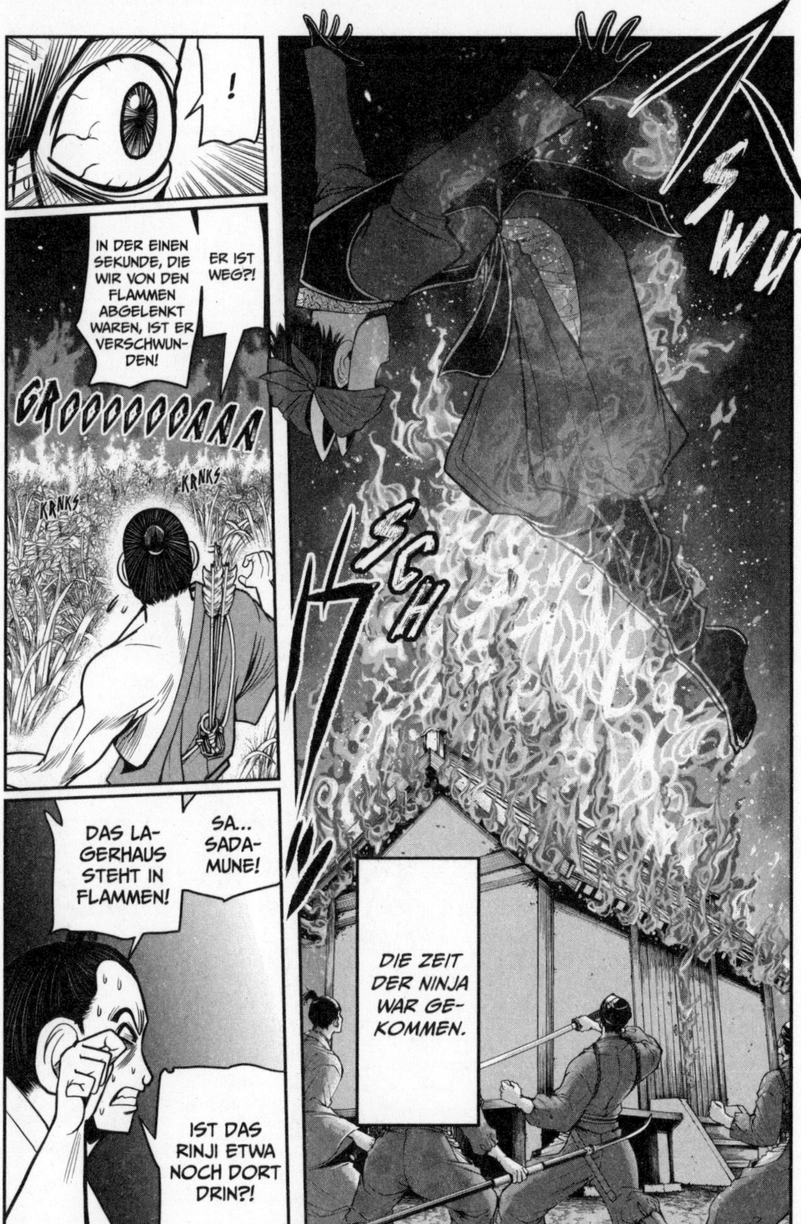
SWU
SCH
!
ER IST WEG?!
IN DER EINEN SEKUNDE, DIE WIR VON DEN FLAMMEN ABGELENKT WAREN, IST ER VERSCHWUNDEN!
GROOOOOOARRR
KRNKS
KRNKS
SA... SADAMUNE!
DAS LAGERHAUS STEHT IN FLAMMEN!
IST DAS RINJI ETWA NOCH DORT DRIN?!
DIE ZEIT DER NINJA WAR GEKOMMEN.

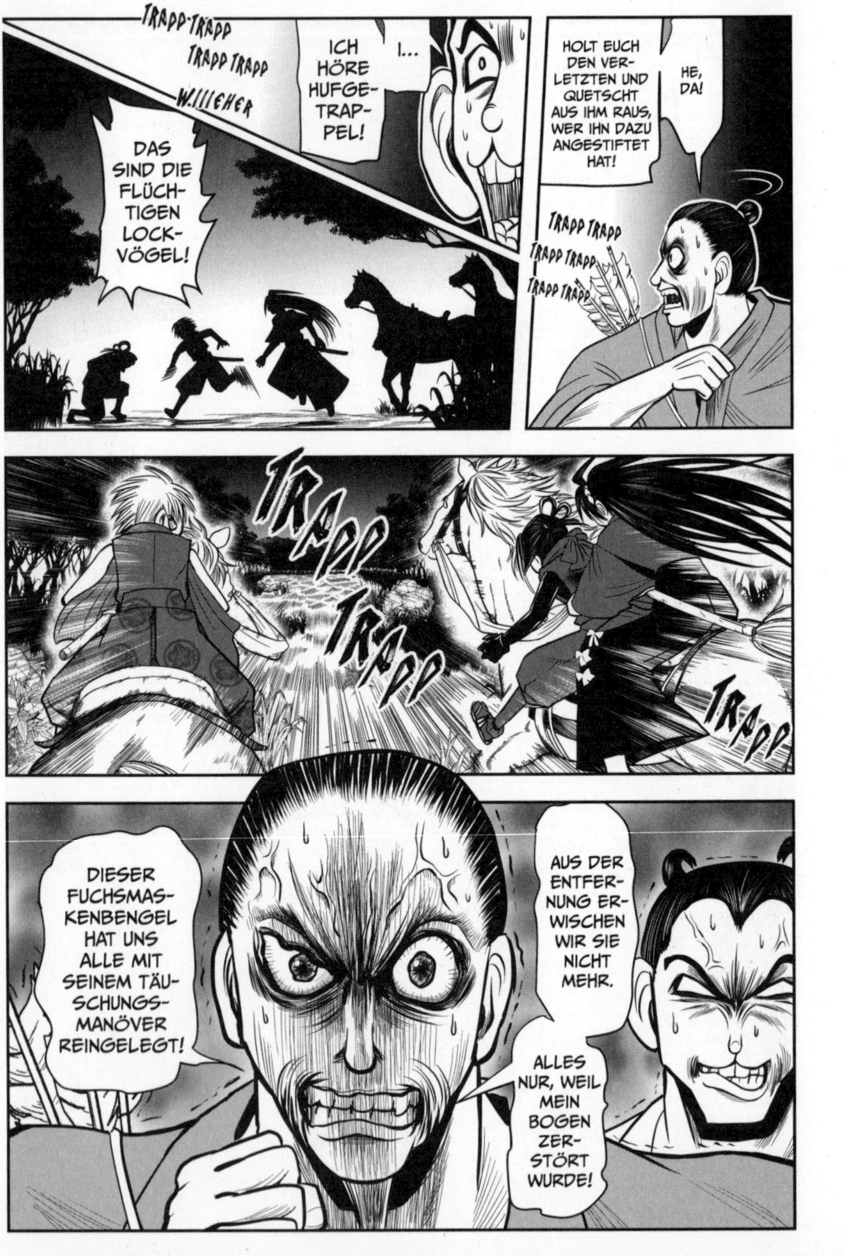
HE, DA!
HOLT EUCH DEN VERLETZTEN UND QUETSCHT AUS IHM RAUS, WER IHN DAZU ANGESTIFTET HAT!
TRAPP TRAPP
TRAPP TRAPP
TRAPP TRAPP
I...
ICH HÖRE HUFGETRAPPEL!
TRAPP-TRAPP
TRAPP TRAPP
WIIIEHER
DAS SIND DIE FLÜCHTIGEN LOCKVÖGEL!
TRAPP
TRAPP
TRAPP
TRAPP
AUS DER ENTFERNUNG ERWISCHEN WIR SIE NICHT MEHR.
ALLES NUR, WEIL MEIN BOGEN ZERSTÖRT WURDE!
DIESER FUCHSMASKENBENGEL HAT UNS ALLE MIT SEINEM TÄUSCHUNGSMANÖVER REINGELEGT!

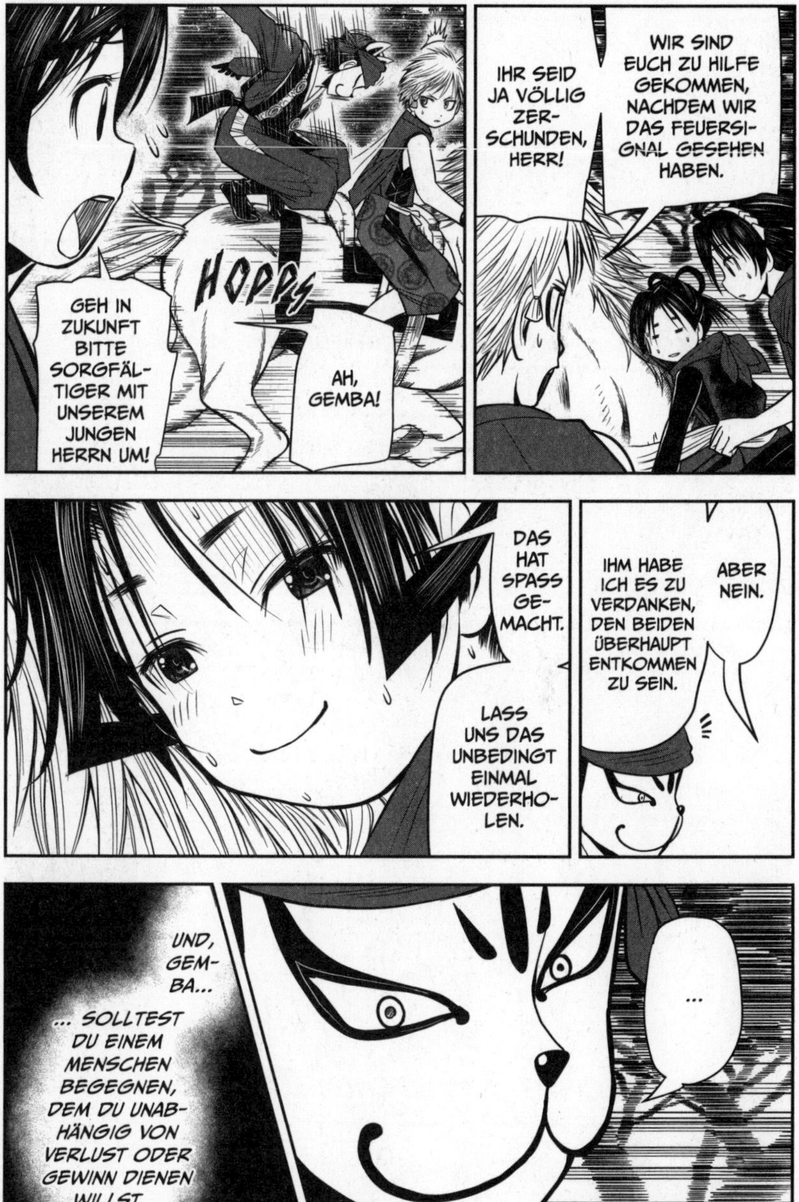
WIR SIND EUCH ZU HILFE GEKOMMEN, NACHDEM WIR DAS FEUERSIGNAL GESEHEN HABEN.
IHR SEID JA VÖLLIG ZERSCHUNDEN, HERR!
HOPPS
AH, GEMBA!
GEH IN ZUKUNFT BITTE SORGFÄLTIGER MIT UNSEREM JUNGEN HERRN UM!
ABER NEIN.
IHM HABE ICH ES ZU VERDANKEN, DEN BEIDEN ÜBERHAUPT ENTKOMMEN ZU SEIN.
DAS HAT SPASS GEMACHT.
LASS UNS DAS UNBEDINGT EINMAL WIEDERHOLEN.
...
UND, GEMBA...
... SOLLTEST DU EINEM MENSCHEN BEGEGNEN, DEM DU UNABHÄNGIG VON VERLUST ODER GEWINN DIENEN WILLST...

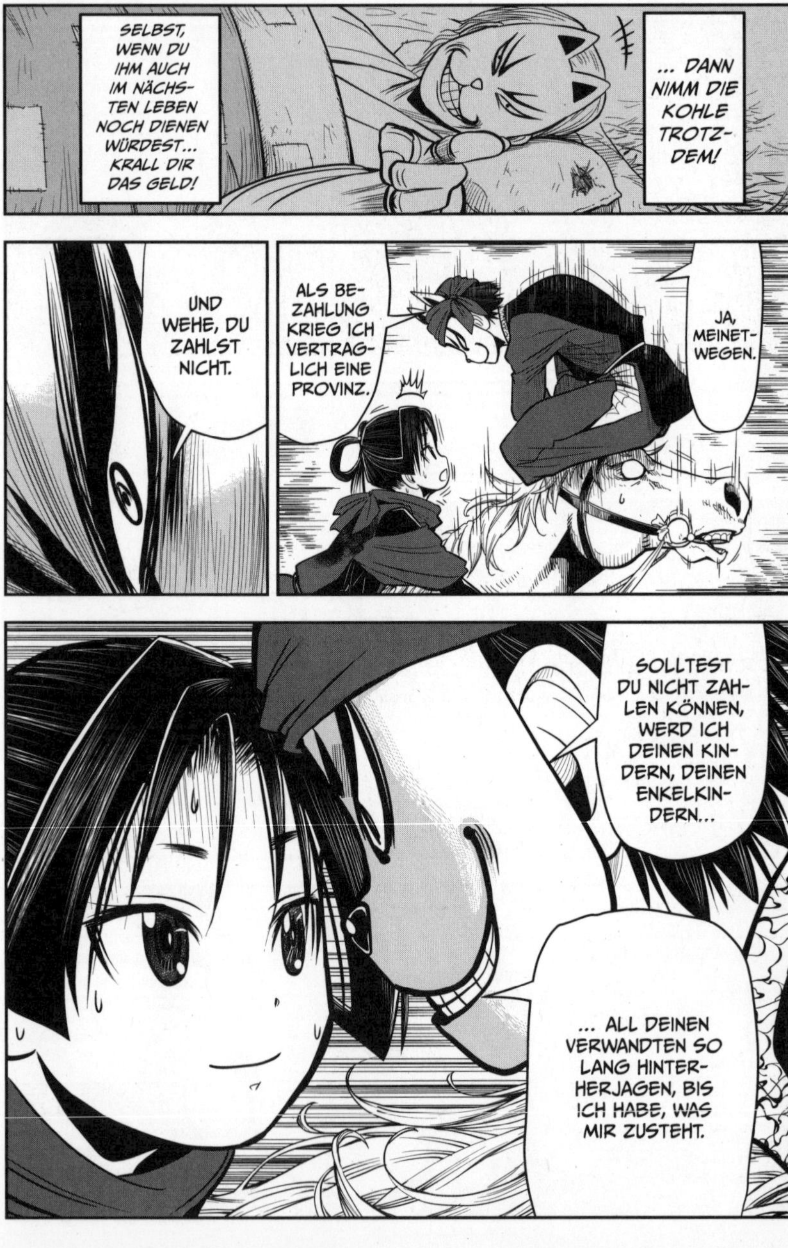
SELBST, WENN DU IHM AUCH IM NÄCHSTEN LEBEN NOCH DIENEN WÜRDEST... KRALL DIR DAS GELD!
... DANN NIMM DIE KOHLE TROTZDEM!
JA, MEINETWEGEN.
ALS BEZAHLUNG KRIEG ICH VERTRAGLICH EINE PROVINZ.
UND WEHE, DU ZAHLST NICHT.
SOLLTEST DU NICHT ZAHLEN KÖNNEN, WERD ICH DEINEN KINDERN, DEINEN ENKELKINDERN...
... ALL DEINEN VERWANDTEN SO LANG HINTERHERJAGEN, BIS ICH HABE, WAS MIR ZUSTEHT.

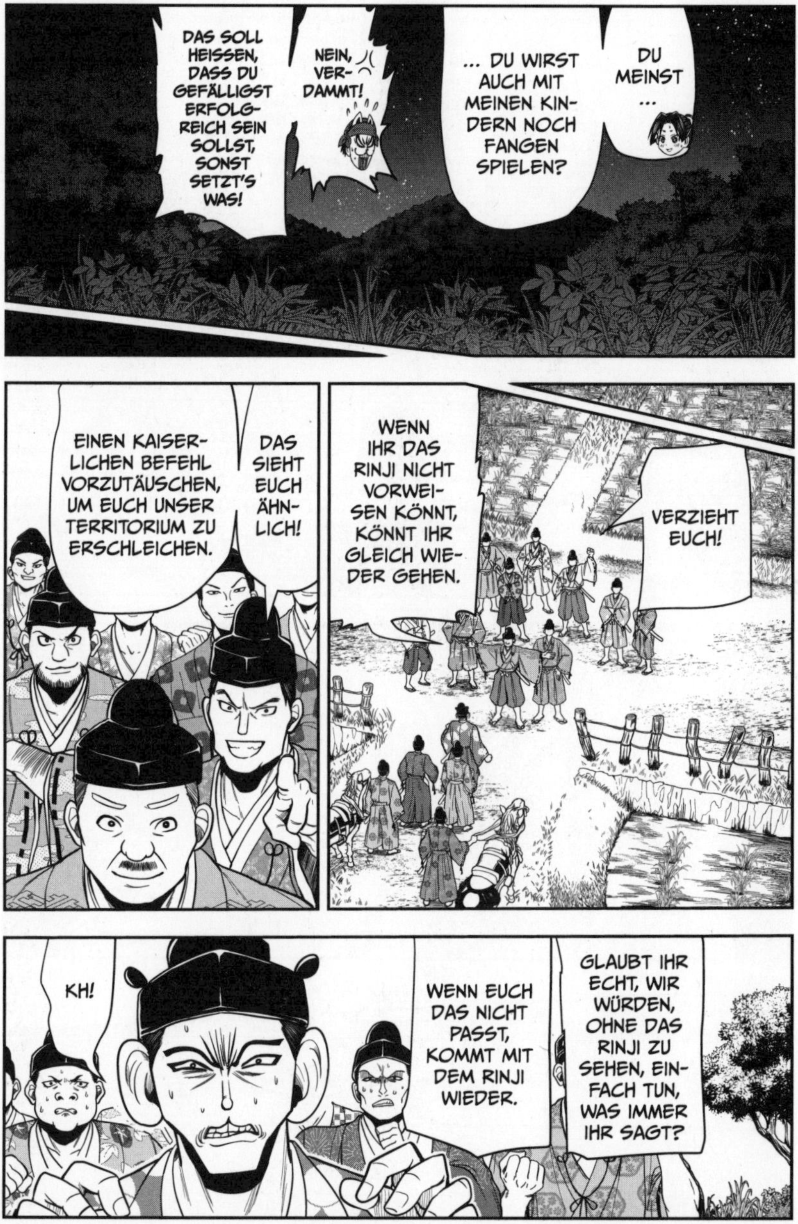
DU MEINST …
… DU WIRST AUCH MIT MEINEN KINDERN NOCH FANGEN SPIELEN?
NEIN, VERDAMMT!
DAS SOLL HEISSEN, DASS DU GEFÄLLIGST ERFOLGREICH SEIN SOLLST, SONST SETZT'S WAS!
VERZIEHT EUCH!
WENN IHR DAS RINJI NICHT VORWEISEN KÖNNT, KÖNNT IHR GLEICH WIEDER GEHEN.
DAS SIEHT EUCH ÄHNLICH!
EINEN KAISERLICHEN BEFEHL VORZUTÄUSCHEN, UM EUCH UNSER TERRITORIUM ZU ERSCHLEICHEN.
GLAUBT IHR ECHT, WIR WÜRDEN, OHNE DAS RINJI ZU SEHEN, EINFACH TUN, WAS IMMER IHR SAGT?
WENN EUCH DAS NICHT PASST, KOMMT MIT DEM RINJI WIEDER.
KH!

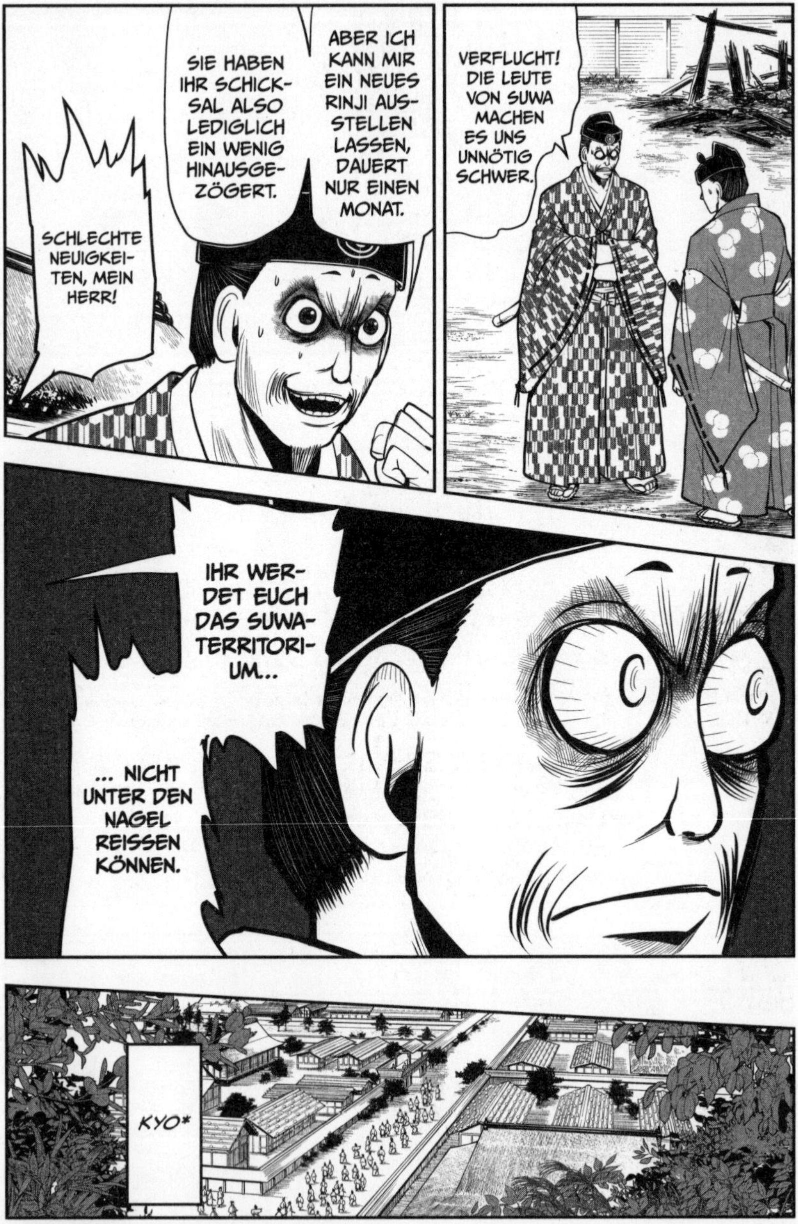

* ALTER NAME VON KYOTO, HAUPTSTADT DIESER ZEIT

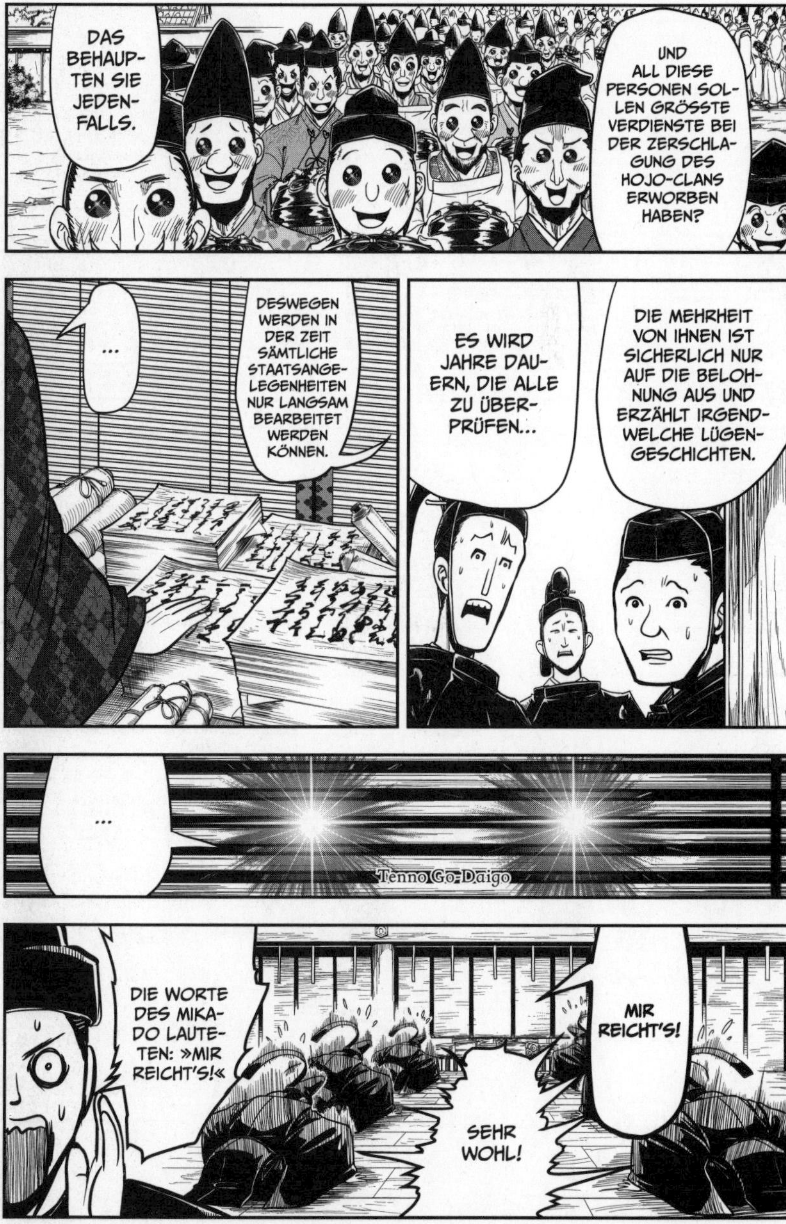
UND ALL DIESE PERSONEN SOLLEN GRÖSSTE VERDIENSTE BEI DER ZERSCHLAGUNG DES HOJO-CLANS ERWORBEN HABEN?
DAS BEHAUPTEN SIE JEDENFALLS.
DIE MEHRHEIT VON IHNEN IST SICHERLICH NUR AUF DIE BELOHNUNG AUS UND ERZÄHLT IRGENDWELCHE LÜGENGESCHICHTEN.
ES WIRD JAHRE DAUERN, DIE ALLE ZU ÜBERPRÜFEN...
DESWEGEN WERDEN IN DER ZEIT SÄMTLICHE STAATSANGELEGENHEITEN NUR LANGSAM BEARBEITET WERDEN KÖNNEN.
...
...
Tenno Go-Daigo
MIR REICHT'S!
SEHR WOHL!
DIE WORTE DES MIKADO LAUTETEN: »MIR REICHT'S!«

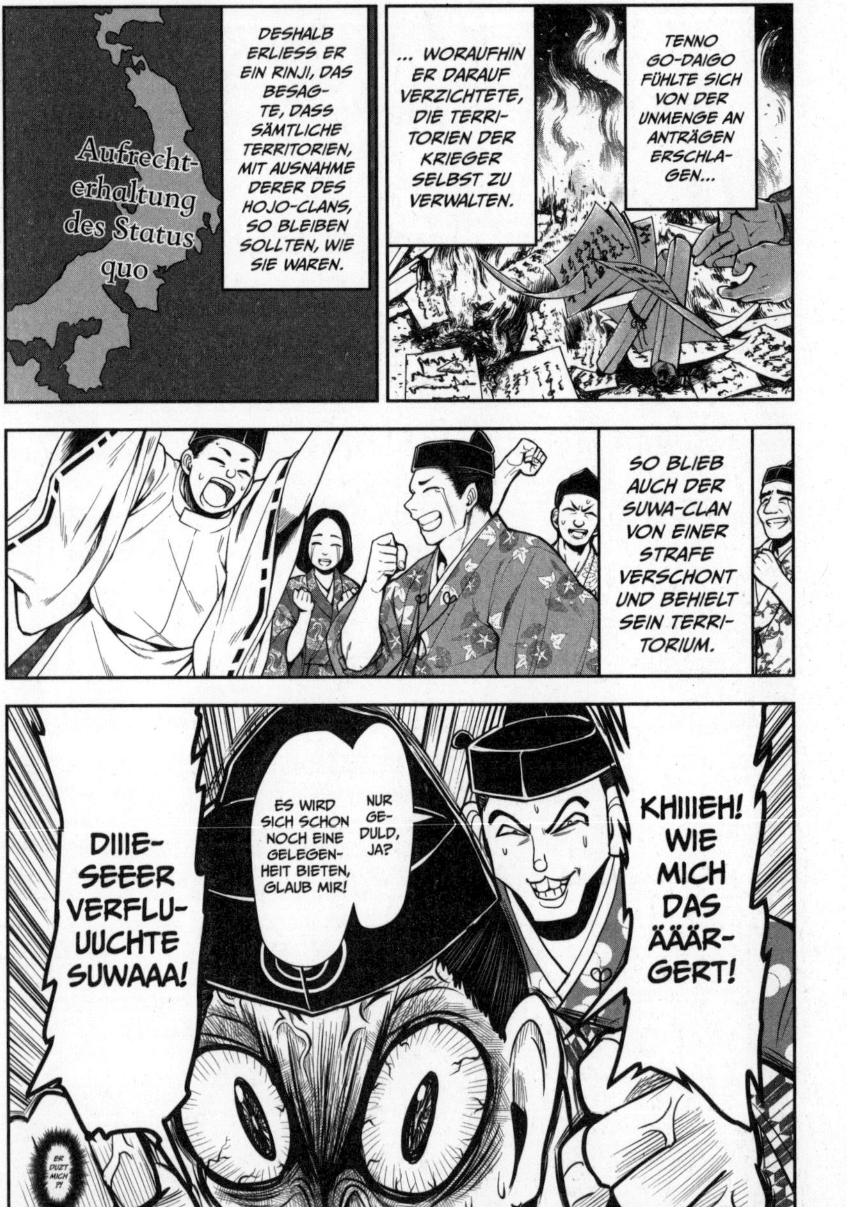
TENNO GO-DAIGO FÜHLTE SICH VON DER UNMENGE AN ANTRÄGEN ERSCHLAGEN...
... WORAUFHIN ER DARAUF VERZICHTETE, DIE TERRITORIEN DER KRIEGER SELBST ZU VERWALTEN.
DESHALB ERLIESS ER EIN RINJI, DAS BESAGTE, DASS SÄMTLICHE TERRITORIEN, MIT AUSNAHME DERER DES HOJO-CLANS, SO BLEIBEN SOLLTEN, WIE SIE WAREN.
Aufrechterhaltung des Status quo
SO BLIEB AUCH DER SUWA-CLAN VON EINER STRAFE VERSCHONT UND BEHIELT SEIN TERRITORIUM.
KHIIIEH! WIE MICH DAS ÄÄÄRGERT!
NUR GEDULD, JA?
ES WIRD SICH SCHON NOCH EINE GELEGENHEIT BIETEN, GLAUB MIR!
DIIIE-SEEER VERFLUUCHTE SUWAAA!
ER DUZT MICH ?!

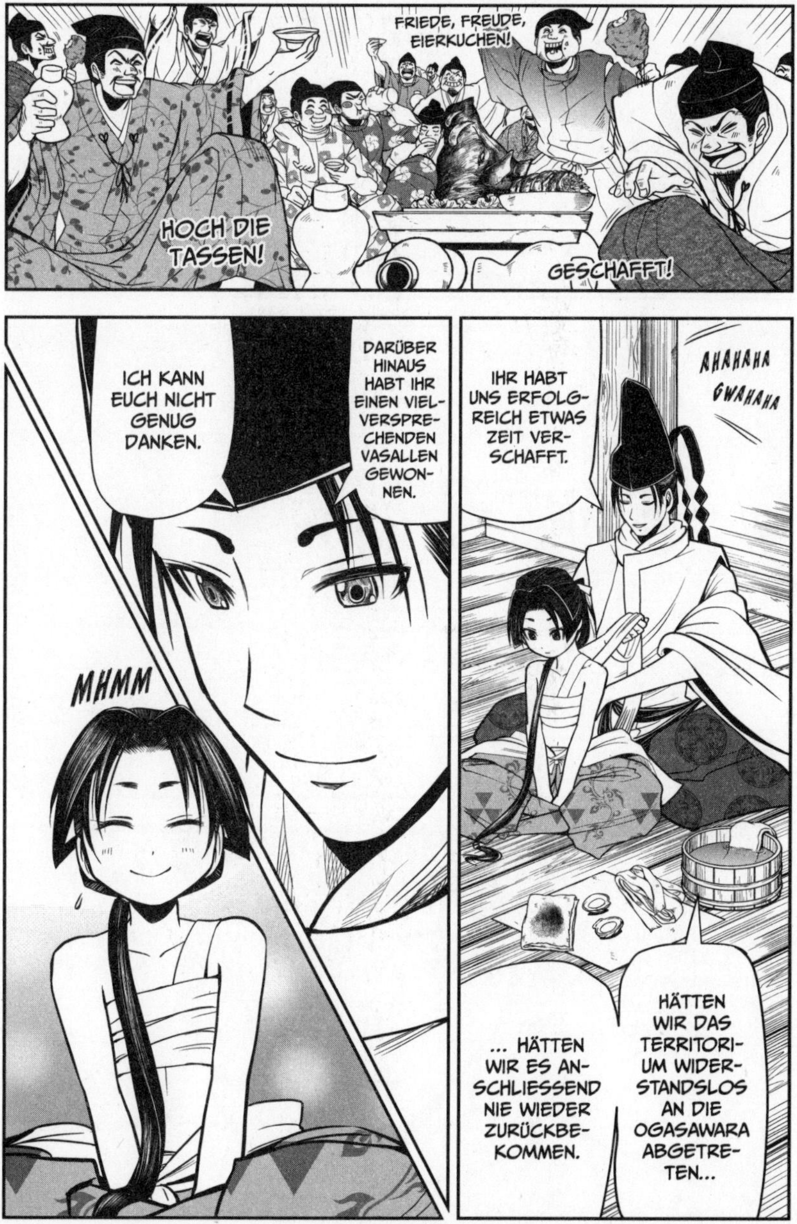
FRIEDE, FREUDE, EIERKUCHEN!
GESCHAFFT!
HOCH DIE TASSEN!
AHAHAHA
GWAHAHA
IHR HABT UNS ERFOLG-REICH ETWAS ZEIT VER-SCHAFFT.
HÄTTEN WIR DAS TERRITORI-UM WIDER-STANDSLOS AN DIE OGASAWARA ABGETRE-TEN...
... HÄTTEN WIR ES AN-SCHLIESSEND NIE WIEDER ZURÜCKBE-KOMMEN.
DARÜBER HINAUS HABT IHR EINEN VIEL-VERSPRE-CHENDEN VASALLEN GEWON-NEN.
ICH KANN EUCH NICHT GENUG DANKEN.
MHMM

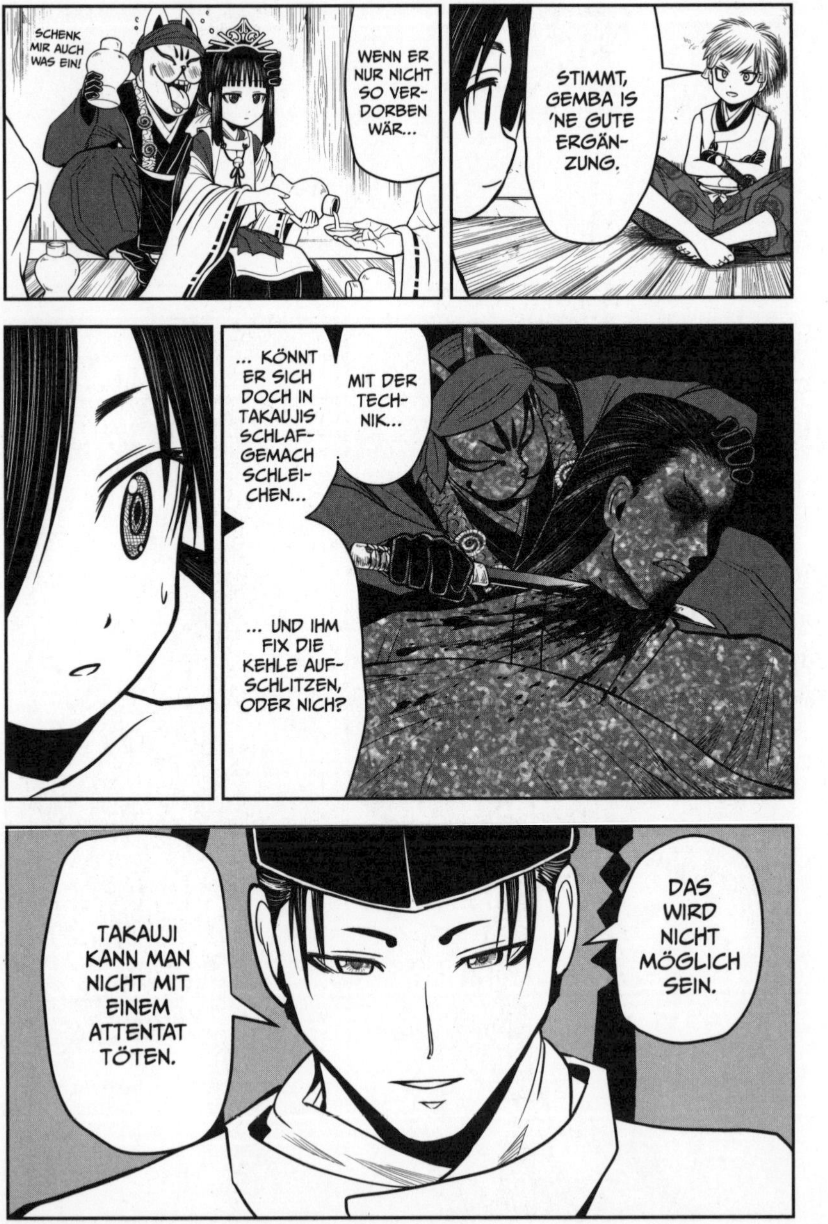
STIMMT, GEMBA IS 'NE GUTE ERGÄNZUNG.
WENN ER NUR NICHT SO VERDORBEN WÄR...
SCHENK MIR AUCH WAS EIN!
MIT DER TECHNIK...
... KÖNNT ER SICH DOCH IN TAKAUJIS SCHLAFGEMACH SCHLEICHEN...
... UND IHM FIX DIE KEHLE AUFSCHLITZEN, ODER NICH?
DAS WIRD NICHT MÖGLICH SEIN.
TAKAUJI KANN MAN NICHT MIT EINEM ATTENTAT TÖTEN.

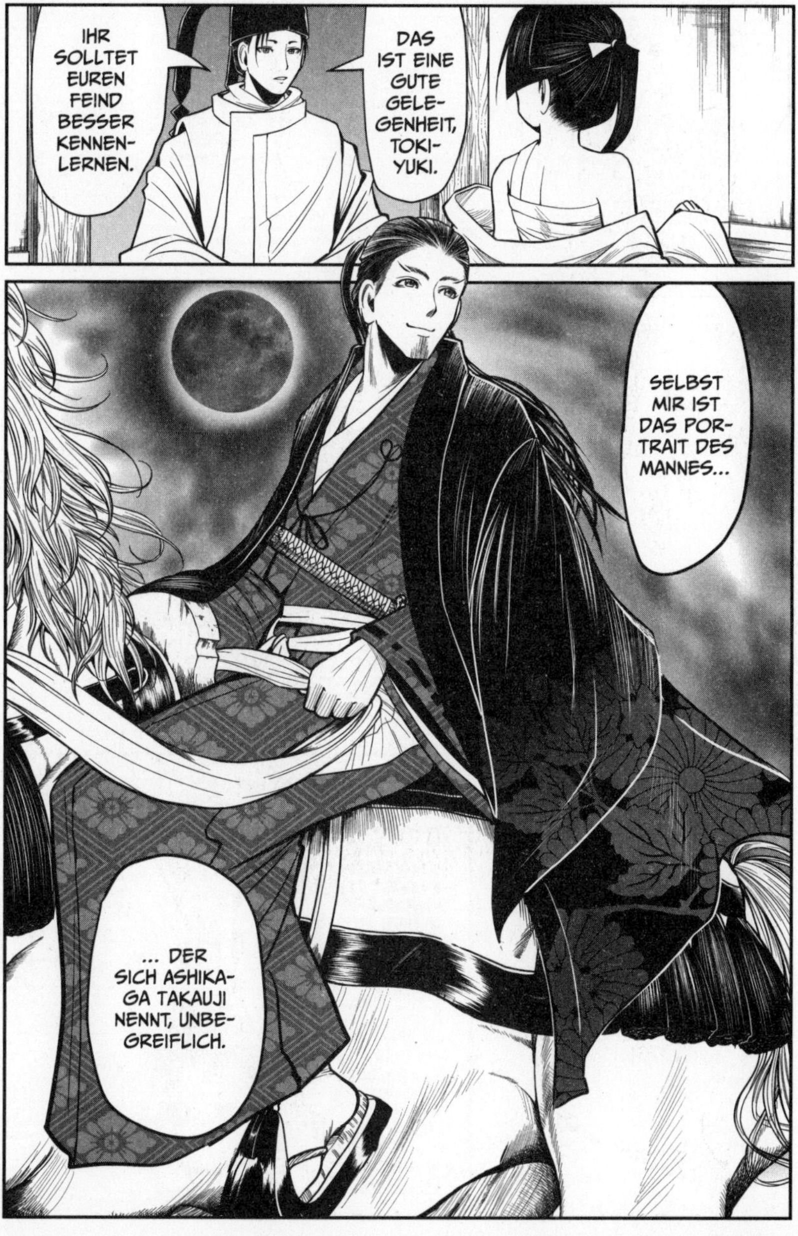
DAS IST EINE GUTE GELE-GENHEIT, TOKI-YUKI.
IHR SOLLTET EUREN FEIND BESSER KENNEN-LERNEN.
SELBST MIR IST DAS POR-TRAIT DES MANNES...
... DER SICH ASHIKA-GA TAKAUJI NENNT, UNBE-GREIFLICH.

MEHR UND MEHR UND NOCH MAL MEHR

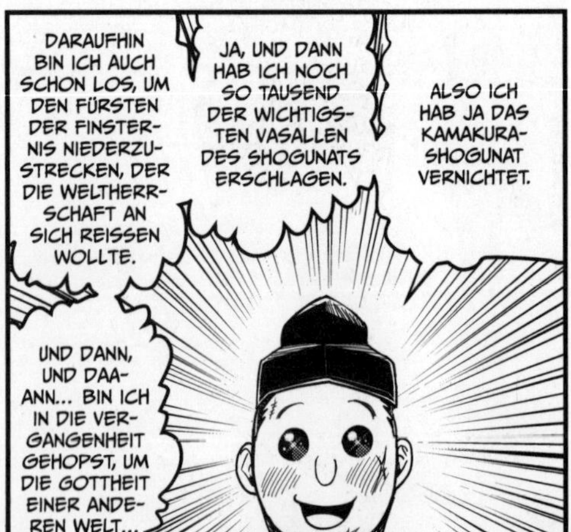

KAPITEL 15 ▲ TAKAUJI 1333

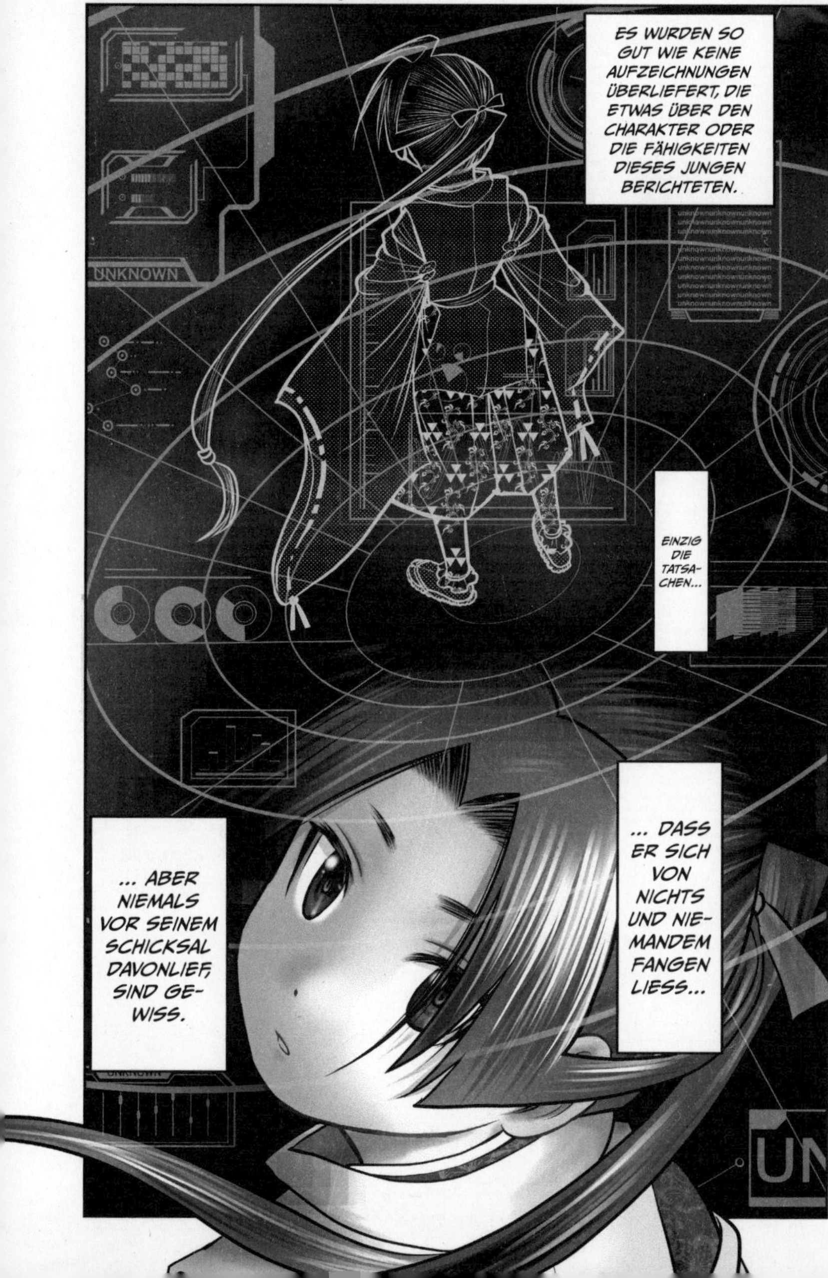

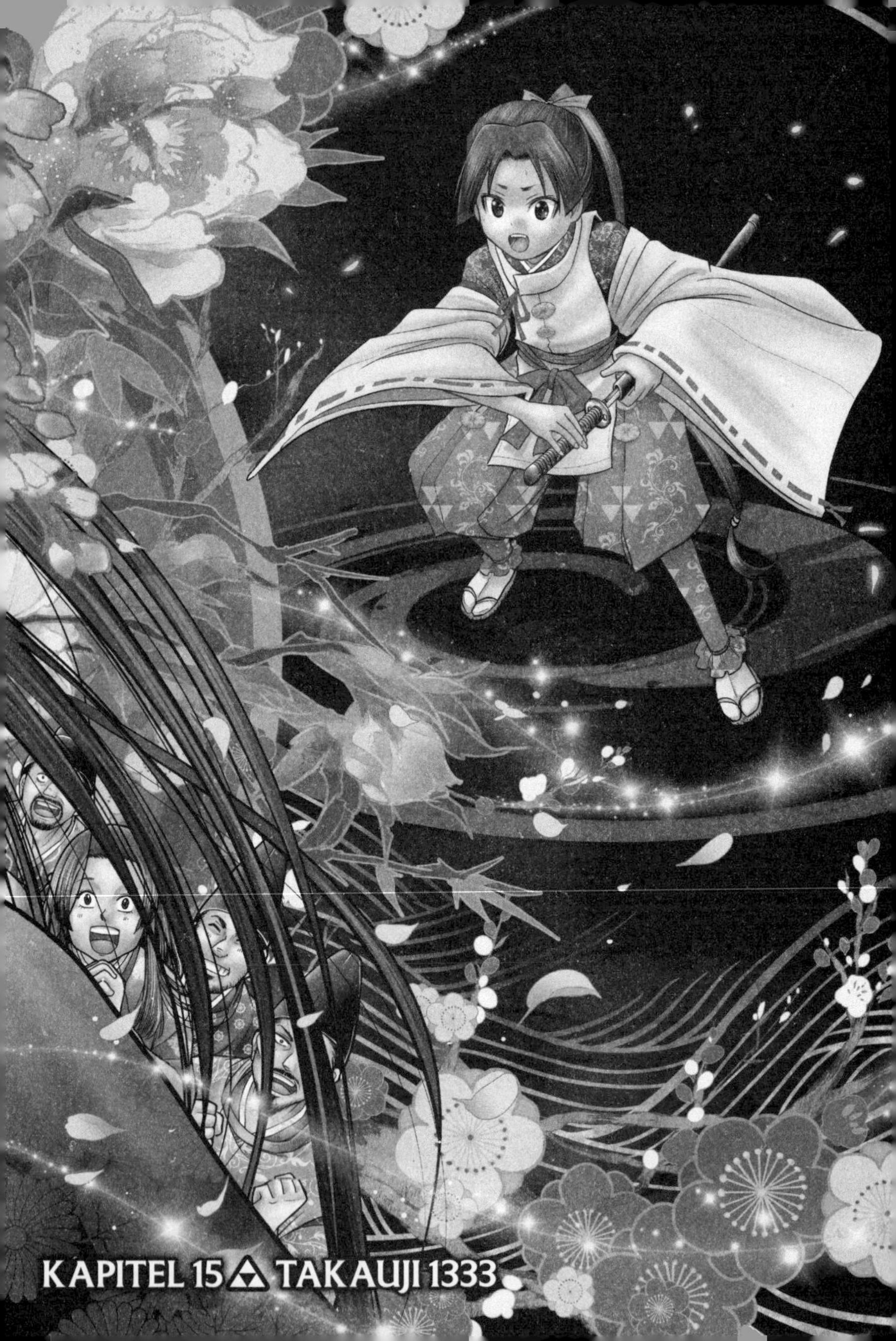

KAPITEL 15 △ TAKAUJI 1333

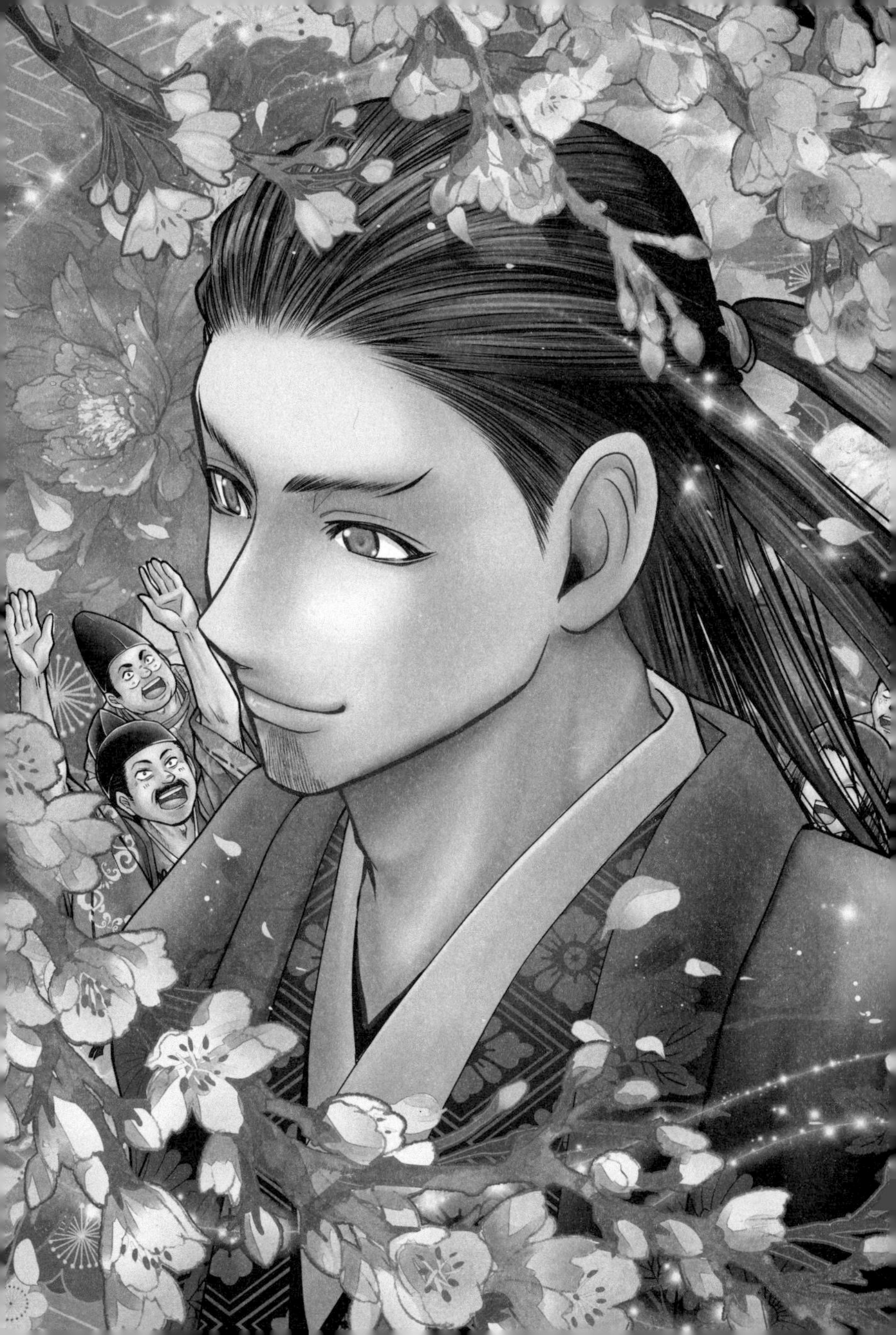

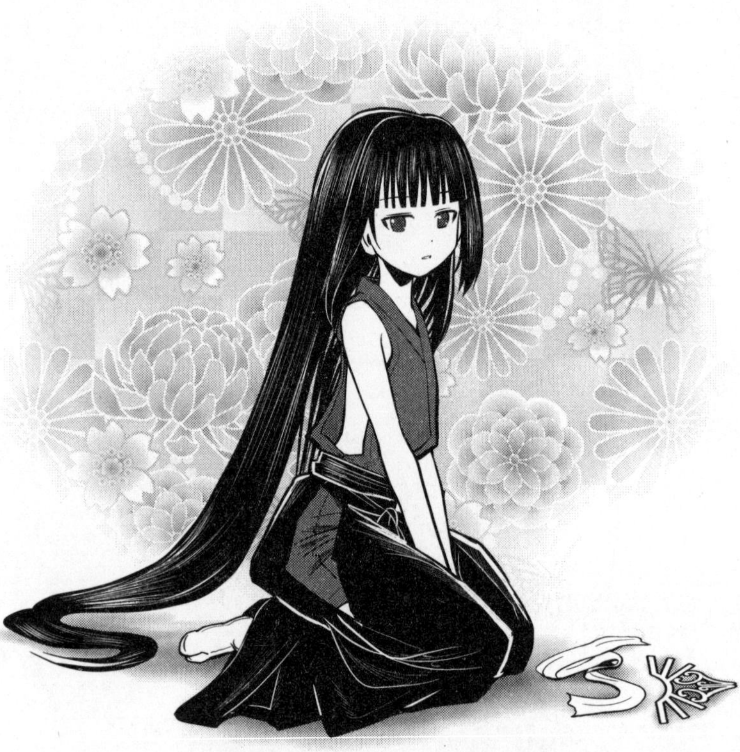

The Elusive SAMURAI

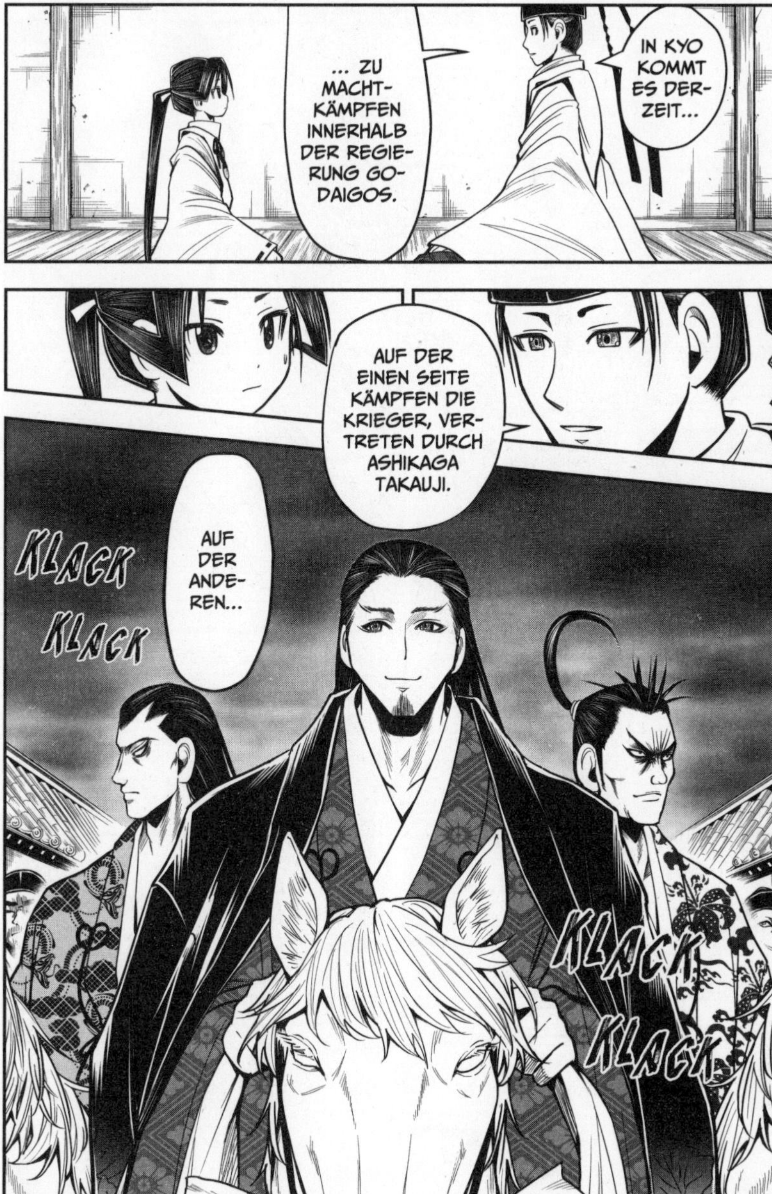
IN KYO KOMMT ES DER-ZEIT...
... ZU MACHT-KÄMPFEN INNERHALB DER REGIE-RUNG GO-DAIGOS.
AUF DER EINEN SEITE KÄMPFEN DIE KRIEGER, VER-TRETEN DURCH ASHIKAGA TAKAUJI.
AUF DER ANDE-REN...
KLACK KLACK
KLACK KLACK

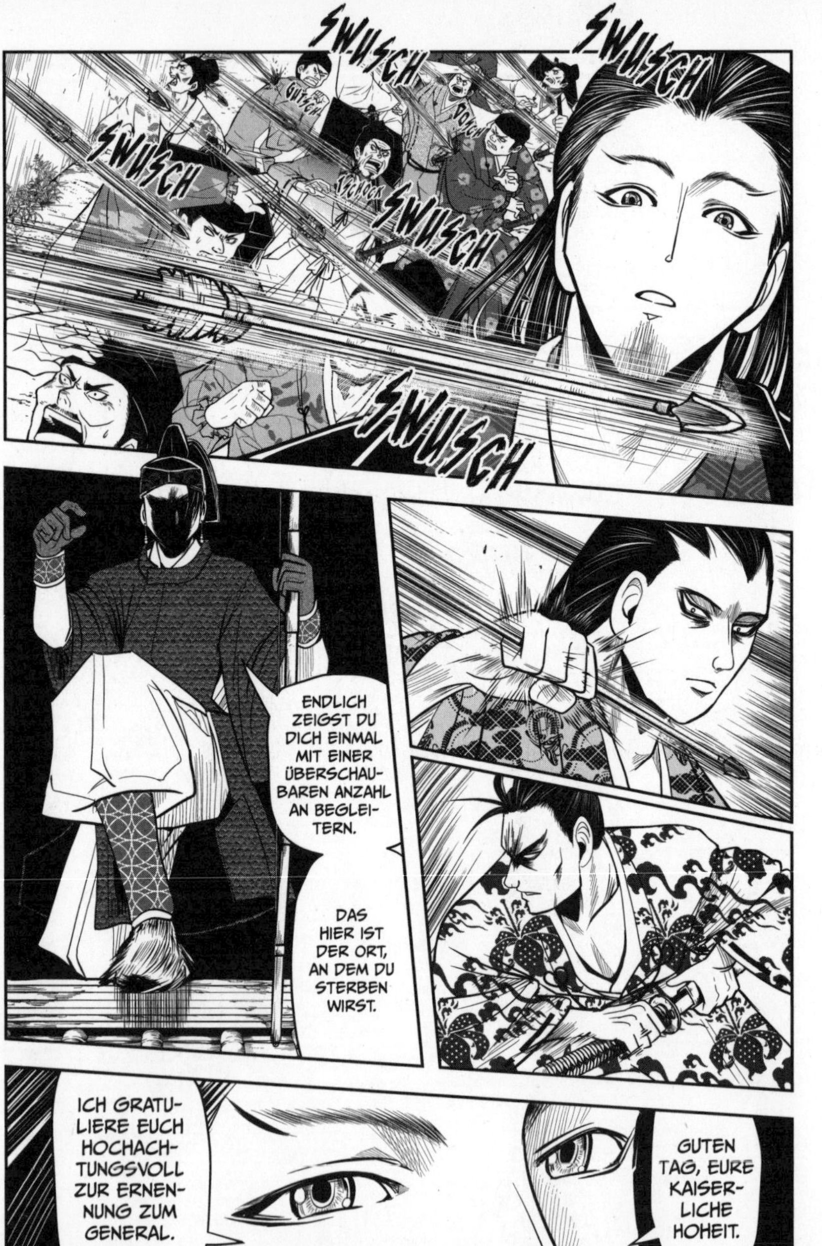
SWUSCH
SWUSCH
DONCH
GUTSCH
SWUSCH
ZSCHOCK
SWUSCH
SWUSCH
ENDLICH ZEIGST DU DICH EINMAL MIT EINER ÜBERSCHAUBAREN ANZAHL AN BEGLEITERN.
DAS HIER IST DER ORT, AN DEM DU STERBEN WIRST.
GUTEN TAG, EURE KAISERLICHE HOHEIT.
ICH GRATULIERE EUCH HOCHACHTUNGSVOLL ZUR ERNENNUNG ZUM GENERAL.

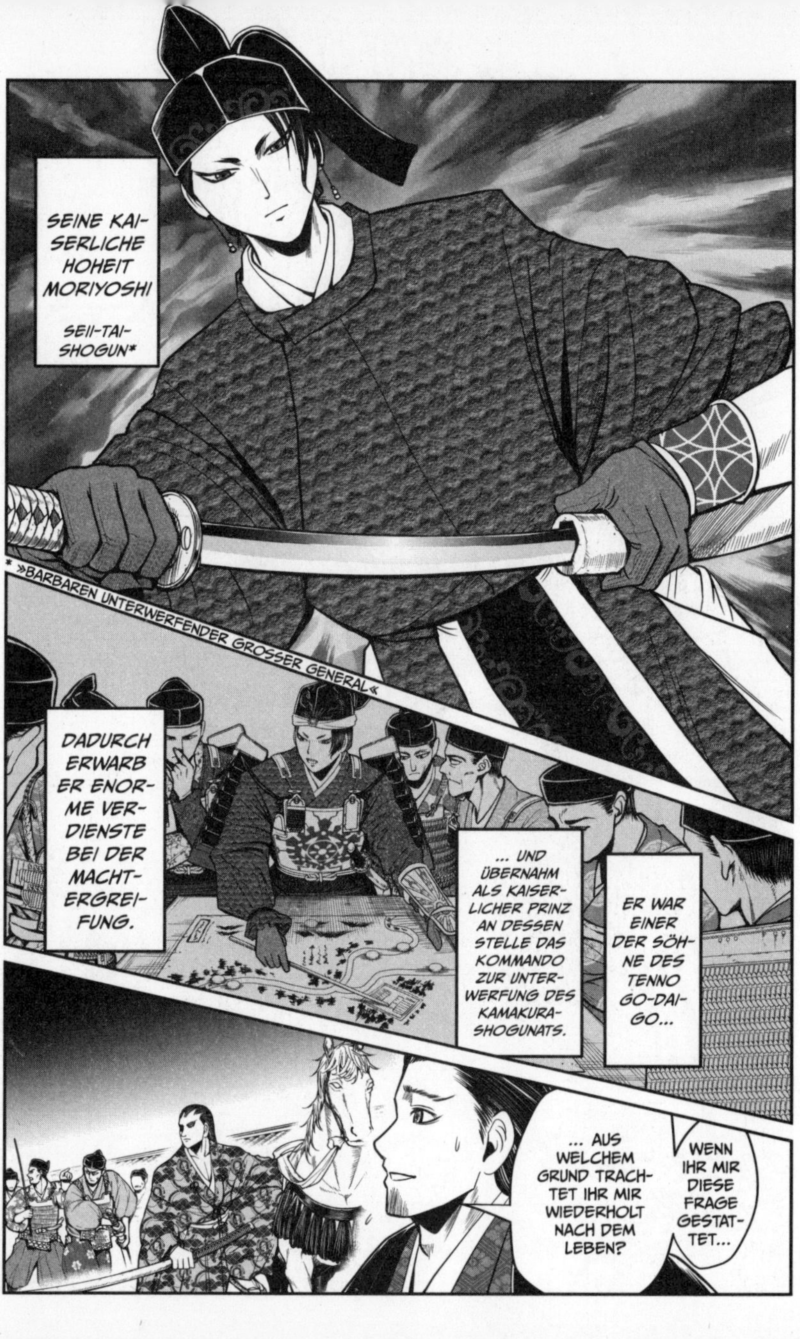
SEINE KAISERLICHE HOHEIT MORIYOSHI
SEII-TAI-SHOGUN*
* »BARBAREN UNTERWERFENDER GROSSER GENERAL«
ER WAR EINER DER SÖHNE DES TENNO GO-DAIGO ...
... UND ÜBERNAHM ALS KAISERLICHER PRINZ AN DESSEN STELLE DAS KOMMANDO ZUR UNTERWERFUNG DES KAMAKURA-SHOGUNATS.
DADURCH ERWARB ER ENORME VERDIENSTE BEI DER MACHTERGREIFUNG.
WENN IHR MIR DIESE FRAGE GESTATTET ...
... AUS WELCHEM GRUND TRACHTET IHR MIR WIEDERHOLT NACH DEM LEBEN?

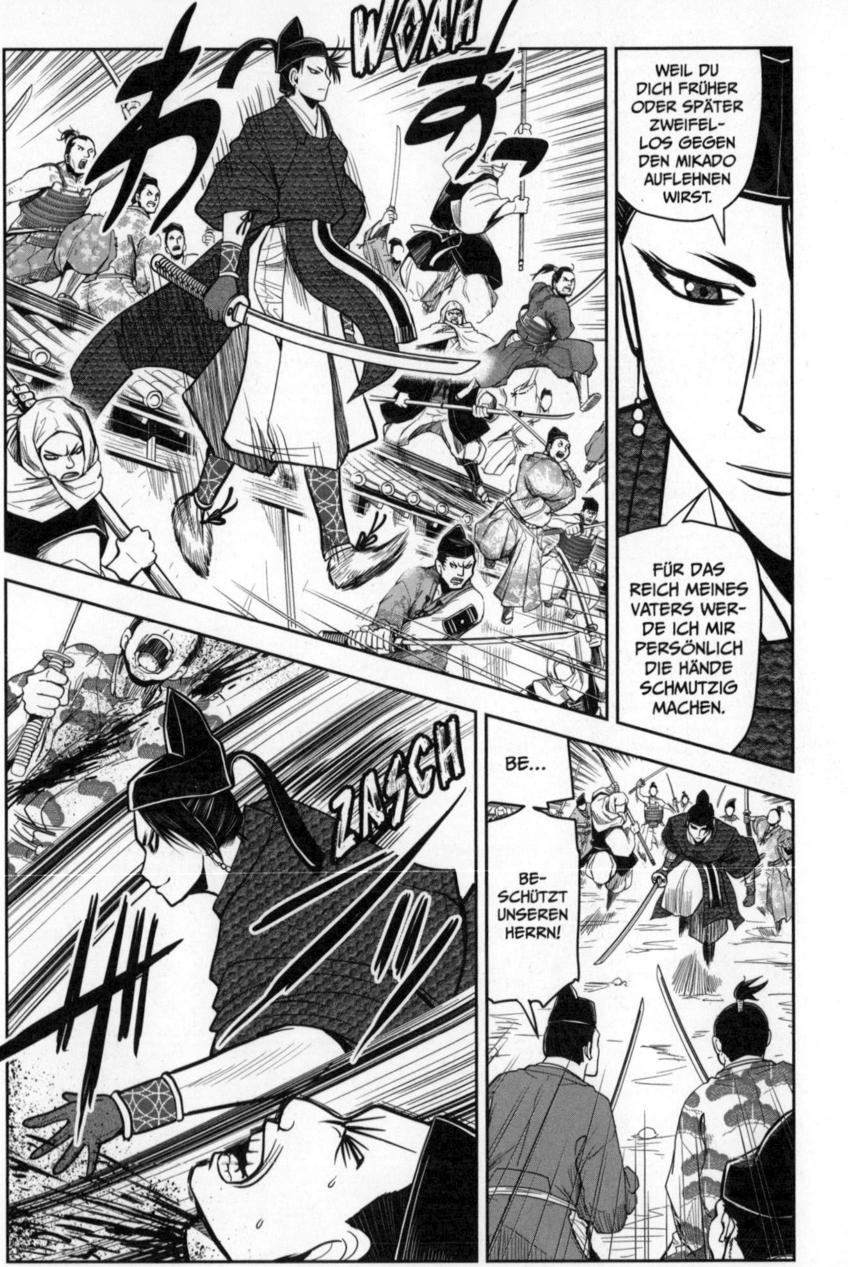
WEIL DU DICH FRÜHER ODER SPÄTER ZWEIFEL-LOS GEGEN DEN MIKADO AUFLEHNEN WIRST.
FÜR DAS REICH MEINES VATERS WER-DE ICH MIR PERSÖNLICH DIE HÄNDE SCHMUTZIG MACHEN.
WOAH
BE...
BE-SCHÜTZT UNSEREN HERRN!
ZASCH

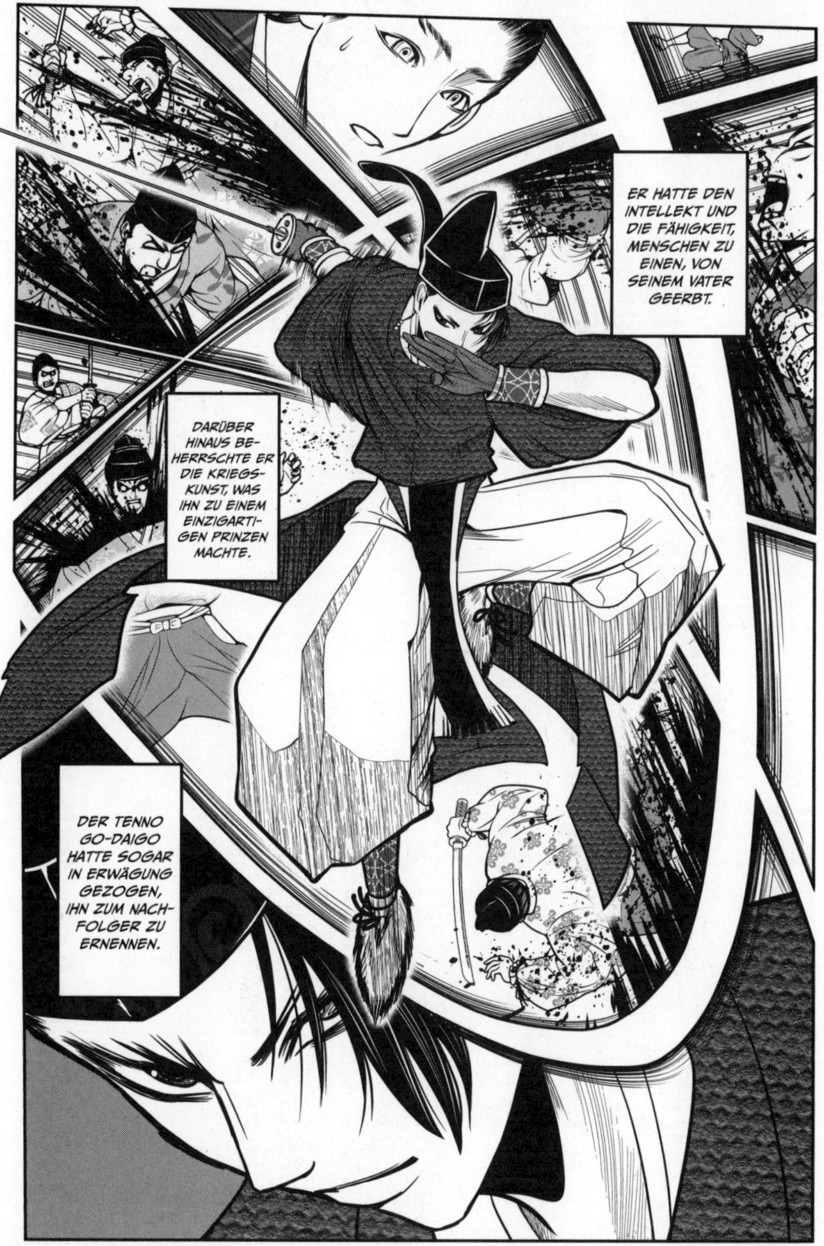
ER HATTE DEN INTELLEKT UND DIE FÄHIGKEIT, MENSCHEN ZU EINEN, VON SEINEM VATER GEERBT.
DARÜBER HINAUS BEHERRSCHTE ER DIE KRIEGSKUNST, WAS IHN ZU EINEM EINZIGARTIGEN PRINZEN MACHTE.
DER TENNO GO-DAIGO HATTE SOGAR IN ERWÄGUNG GEZOGEN, IHN ZUM NACHFOLGER ZU ERNENNEN.

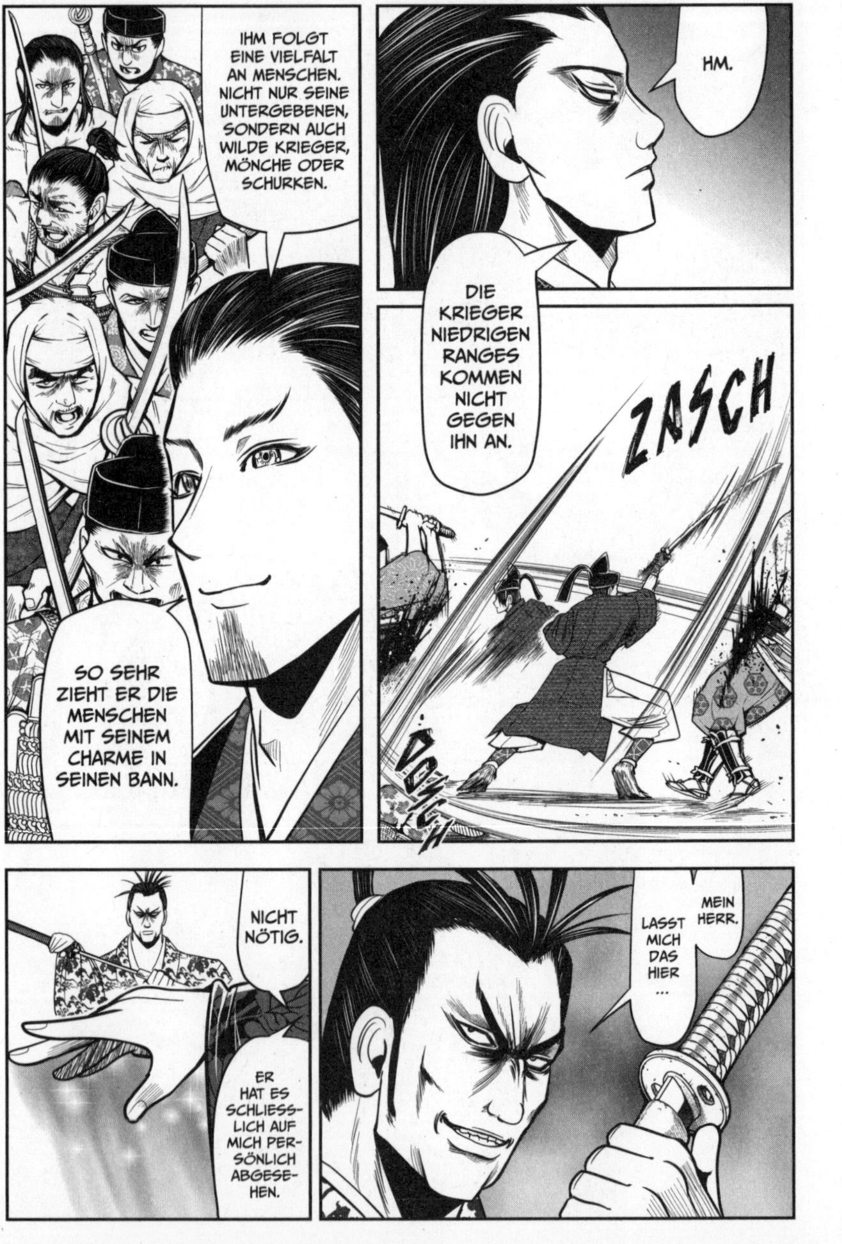
HM.
DIE KRIEGER NIEDRIGEN RANGES KOMMEN NICHT GEGEN IHN AN.
ZASCH
DOMSCH
IHM FOLGT EINE VIELFALT AN MENSCHEN. NICHT NUR SEINE UNTERGEBENEN, SONDERN AUCH WILDE KRIEGER, MÖNCHE ODER SCHURKEN.
SO SEHR ZIEHT ER DIE MENSCHEN MIT SEINEM CHARME IN SEINEN BANN.
MEIN HERR.
LASST MICH DAS HIER ...
NICHT NÖTIG.
ER HAT ES SCHLIESS-LICH AUF MICH PER-SÖNLICH ABGESE-HEN.

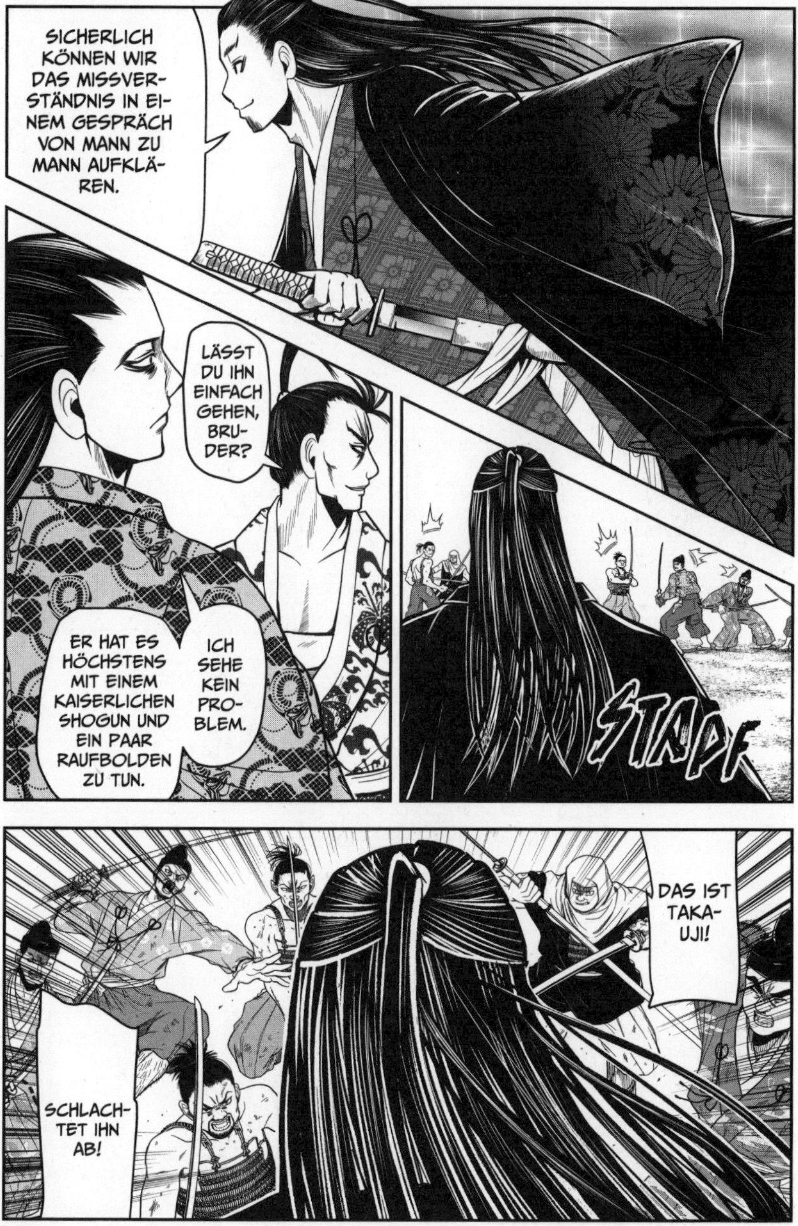
SICHERLICH KÖNNEN WIR DAS MISSVERSTÄNDNIS IN EINEM GESPRÄCH VON MANN ZU MANN AUFKLÄREN.
STAPF
LÄSST DU IHN EINFACH GEHEN, BRUDER?
ICH SEHE KEIN PROBLEM.
ER HAT ES HÖCHSTENS MIT EINEM KAISERLICHEN SHOGUN UND EIN PAAR RAUFBOLDEN ZU TUN.
DAS IST TAKAUJI!
SCHLACHTET IHN AB!

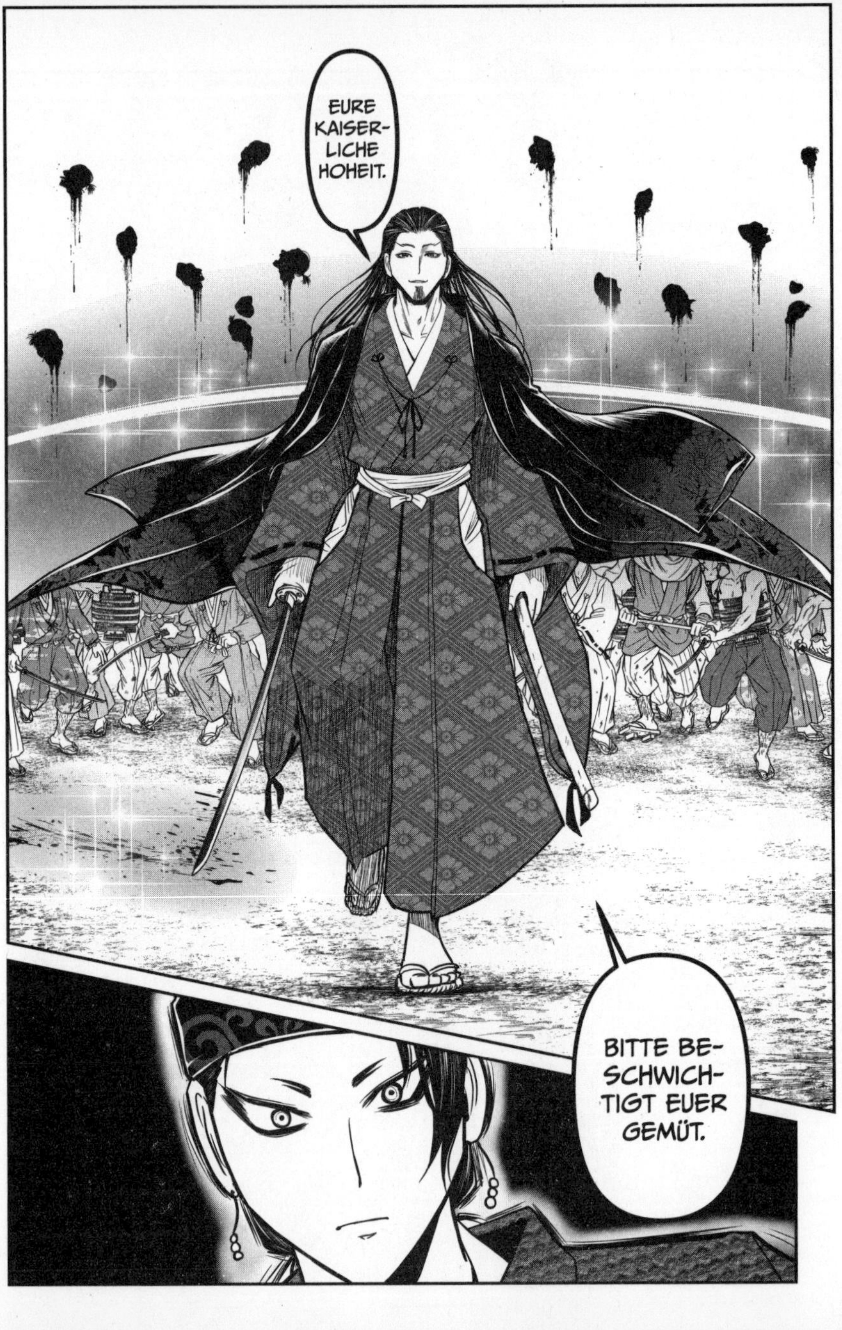
EURE KAISER-LICHE HOHEIT.
BITTE BE-SCHWICH-TIGT EUER GEMÜT.

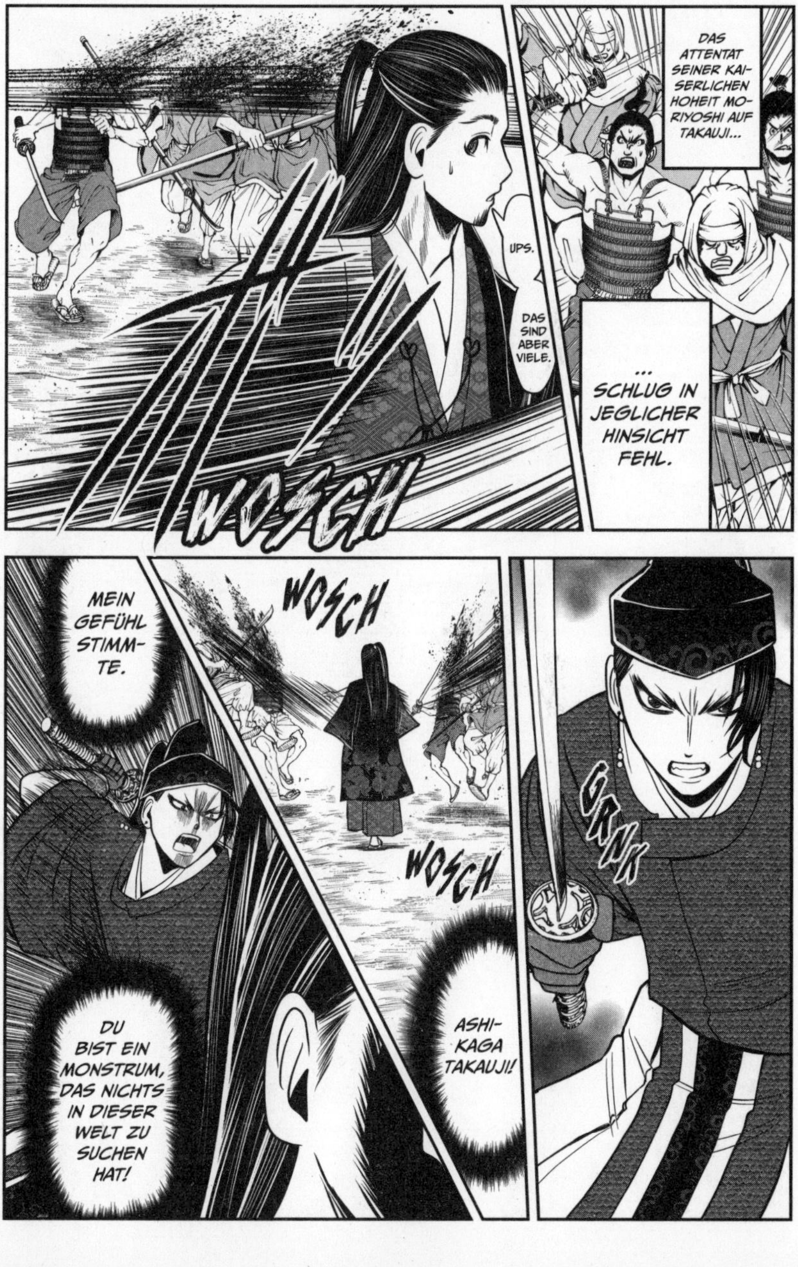
DAS ATTENTAT SEINER KAISERLICHEN HOHEIT MORIYOSHI AUF TAKAUJI...
... SCHLUG IN JEGLICHER HINSICHT FEHL.
WOSCH
UPS.
DAS SIND ABER VIELE.
GRNK
ASHIKAGA TAKAUJI!
WOSCH
WOSCH
MEIN GEFÜHL STIMMTE.
DU BIST EIN MONSTRUM, DAS NICHTS IN DIESER WELT ZU SUCHEN HAT!

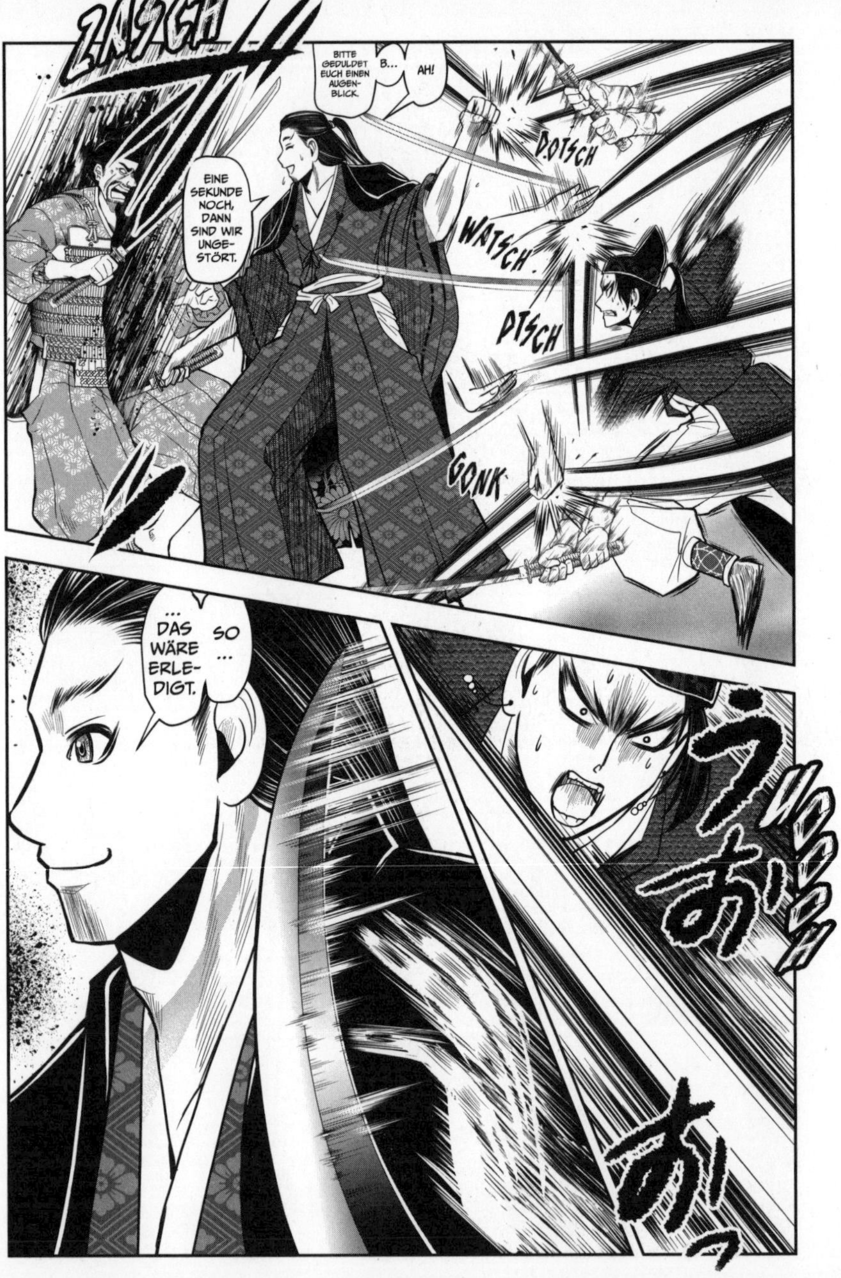
ZASCH
AH!
B…
BITTE GEDULDET EUCH EINEN AUGEN-BLICK.
DOTSCH
EINE SEKUNDE NOCH, DANN SIND WIR UNGE-STÖRT.
WATSCH
PTSCH
GONK
SO …
… DAS WÄRE ERLE-DIGT.

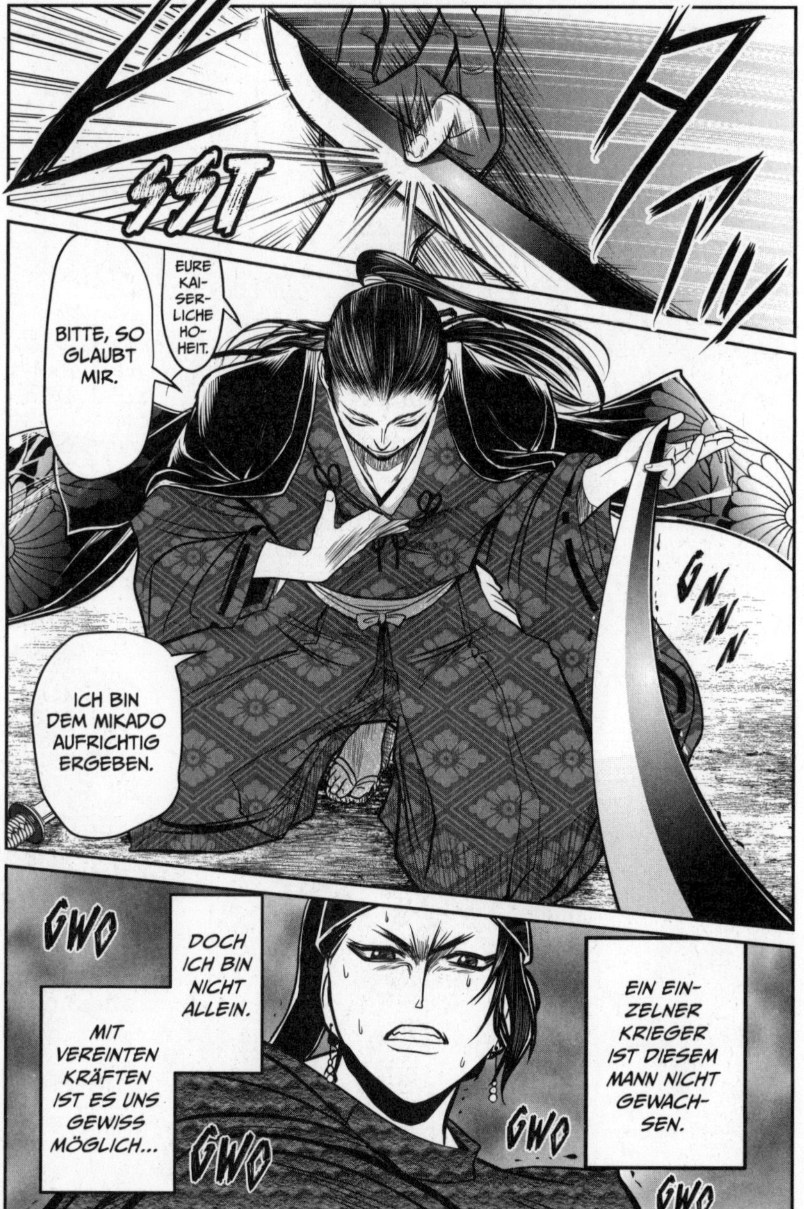
SSST
EURE KAISERLICHE HOHEIT.
BITTE, SO GLAUBT MIR.
ICH BIN DEM MIKADO AUFRICHTIG ERGEBEN.
GNNN
EIN EINZELNER KRIEGER IST DIESEM MANN NICHT GEWACHSEN.
DOCH ICH BIN NICHT ALLEIN.
MIT VEREINTEN KRÄFTEN IST ES UNS GEWISS MÖGLICH...
GWO
GWO
GWO
GWO

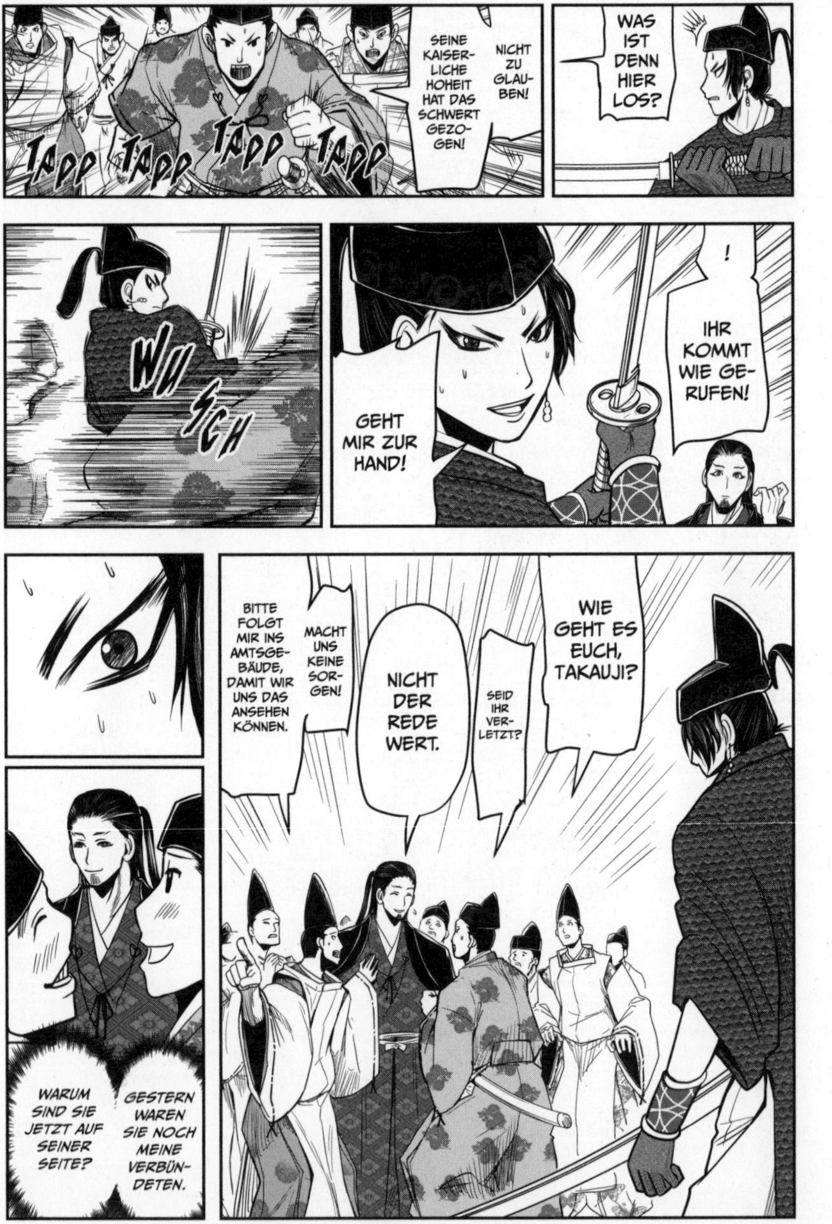

WAS IST DENN HIER LOS?
NICHT ZU GLAUBEN!
SEINE KAISERLICHE HOHEIT HAT DAS SCHWERT GEZOGEN!
TAPP TAPP TAPP TAPP
!
IHR KOMMT WIE GERUFEN!
GEHT MIR ZUR HAND!
WUSCH
WIE GEHT ES EUCH, TAKAUJI?
SEID IHR VERLETZT?
NICHT DER REDE WERT.
MACHT UNS KEINE SORGEN!
BITTE FOLGT MIR INS AMTSGEBÄUDE, DAMIT WIR UNS DAS ANSEHEN KÖNNEN.
GESTERN WAREN SIE NOCH MEINE VERBÜNDETEN.
WARUM SIND SIE JETZT AUF SEINER SEITE?

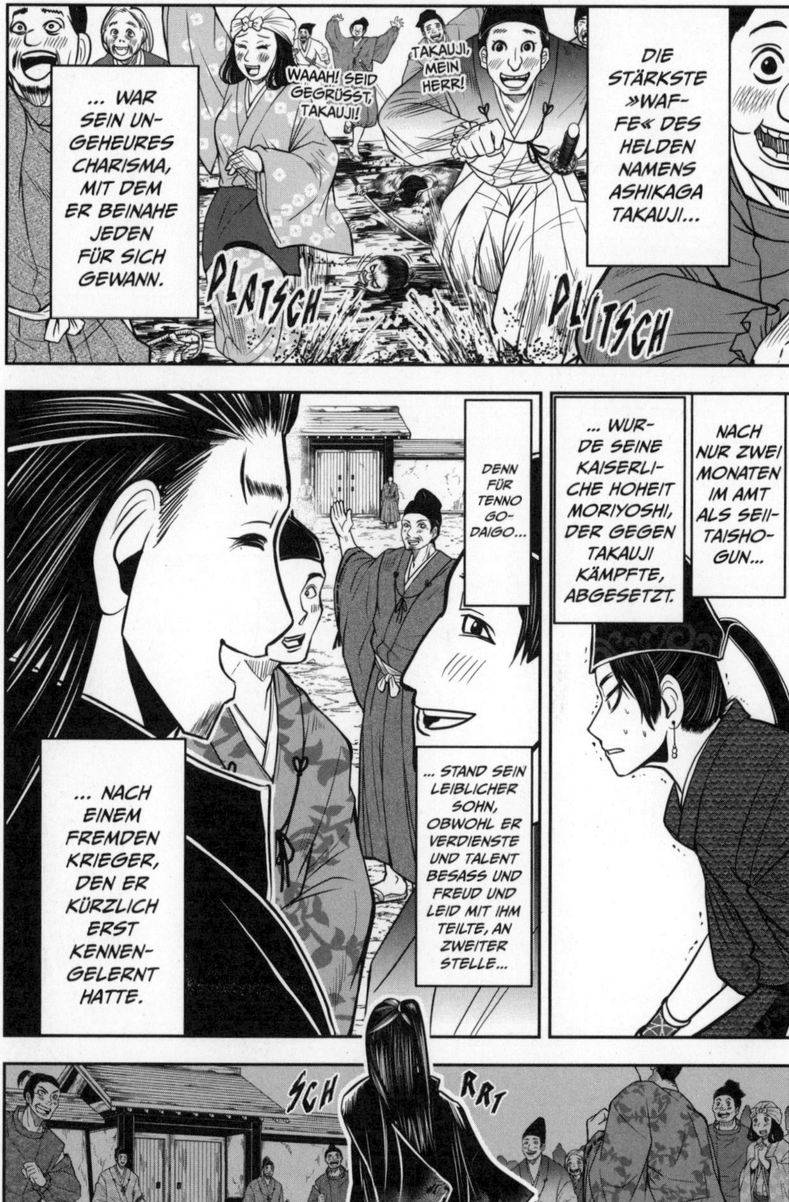
DIE STÄRKSTE »WAFFE« DES HELDEN NAMENS ASHIKAGA TAKAUJI...
TAKAUJI, MEIN HERR!
WAAAH! SEID GEGRÜSST, TAKAUJI!
... WAR SEIN UNGEHEURES CHARISMA, MIT DEM ER BEINAHE JEDEN FÜR SICH GEWANN.
PLITSCH
PLATSCH
NACH NUR ZWEI MONATEN IM AMT ALS SEII-TAISHOGUN...
... WURDE SEINE KAISERLICHE HOHEIT MORIYOSHI, DER GEGEN TAKAUJI KÄMPFTE, ABGESETZT.
DENN FÜR TENNO GODAIGO...
... STAND SEIN LEIBLICHER SOHN, OBWOHL ER VERDIENSTE UND TALENT BESASS UND FREUD UND LEID MIT IHM TEILTE, AN ZWEITER STELLE...
... NACH EINEM FREMDEN KRIEGER, DEN ER KÜRZLICH ERST KENNENGELERNT HATTE.
SCH RRT

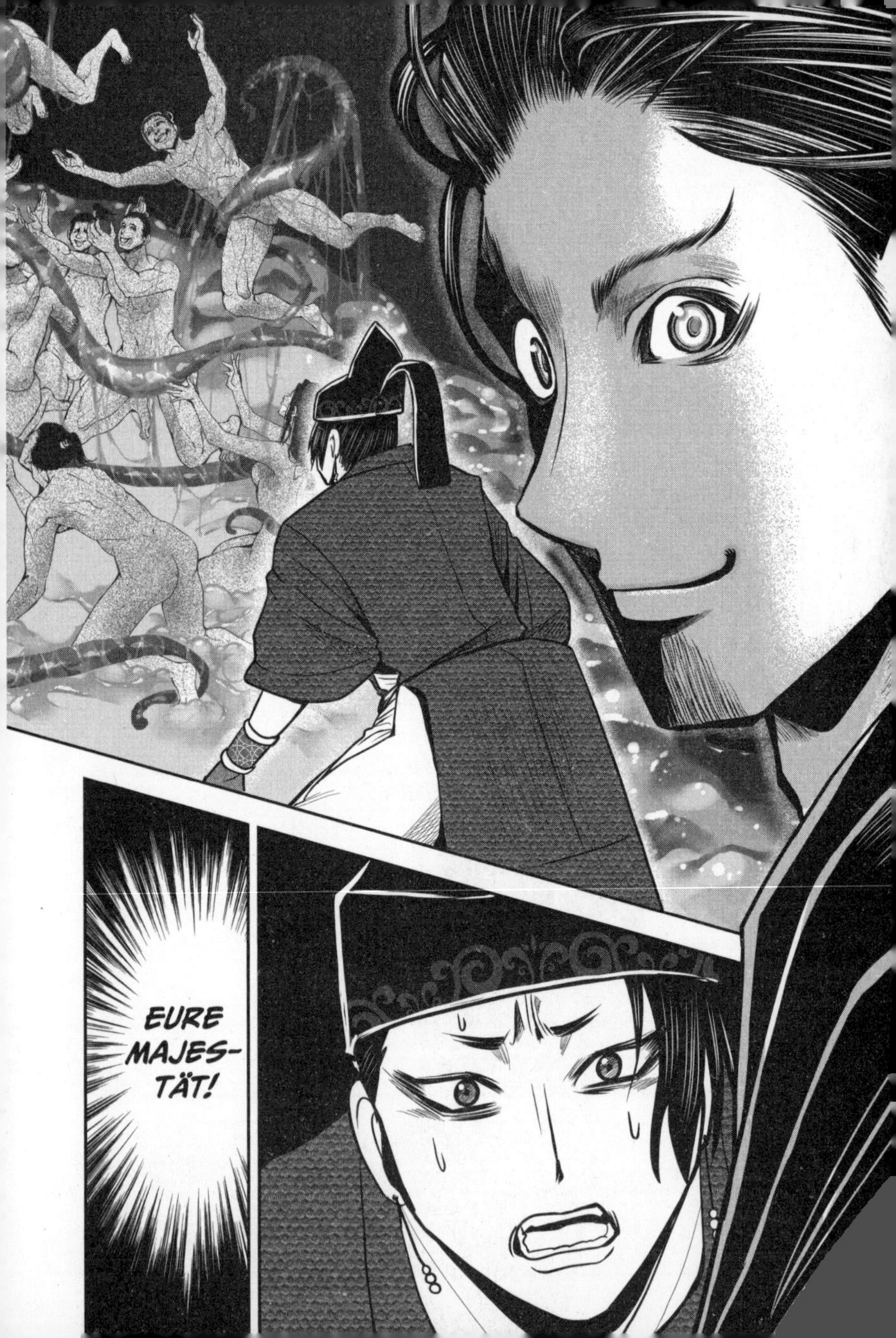
EURE MAJESTÄT!

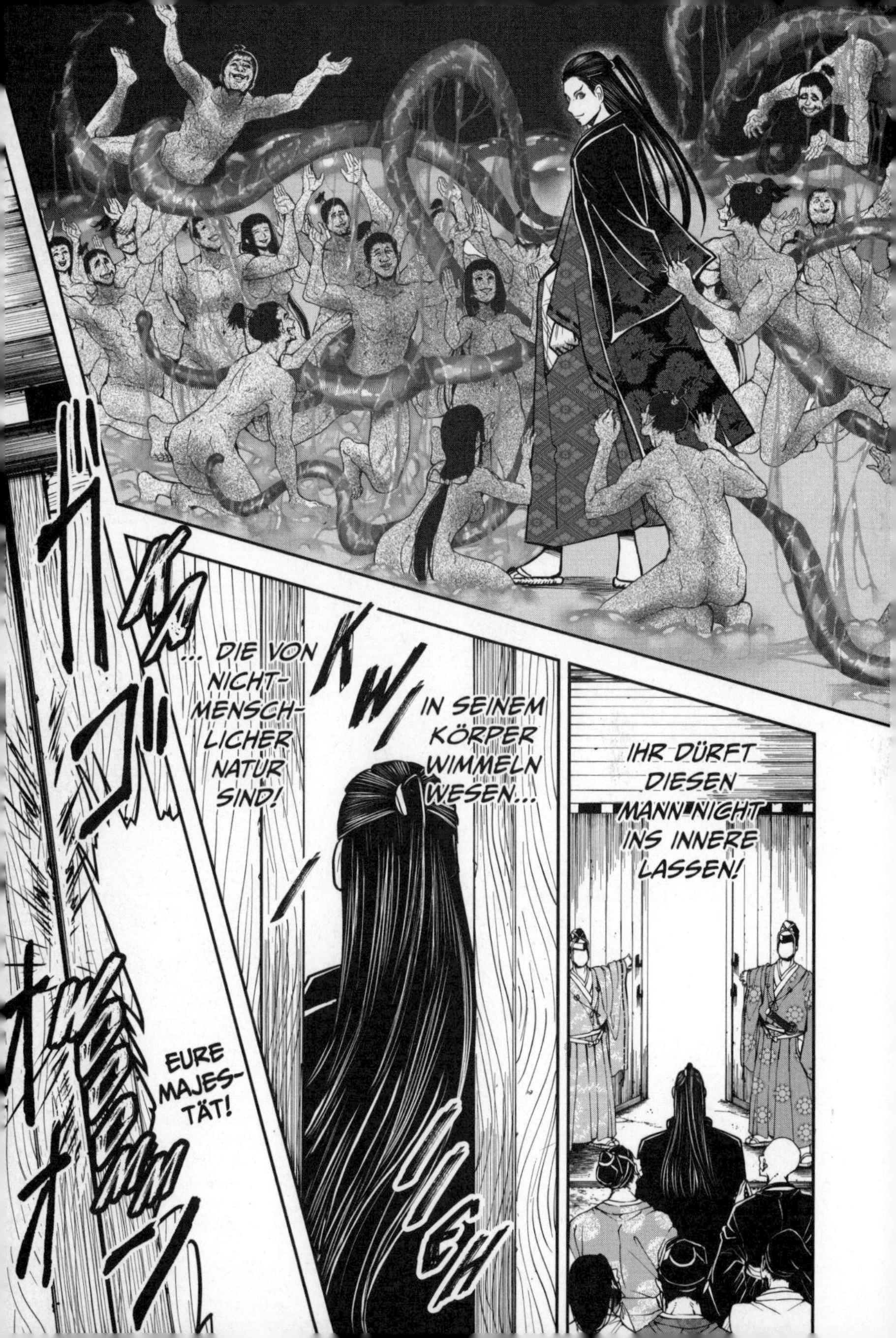
IHR DÜRFT DIESEN MANN NICHT INS INNERE LASSEN!
IN SEINEM KÖRPER WIMMELN WESEN…
… DIE VON NICHT-MENSCHLICHER NATUR SIND!
EURE MAJES-TÄT!

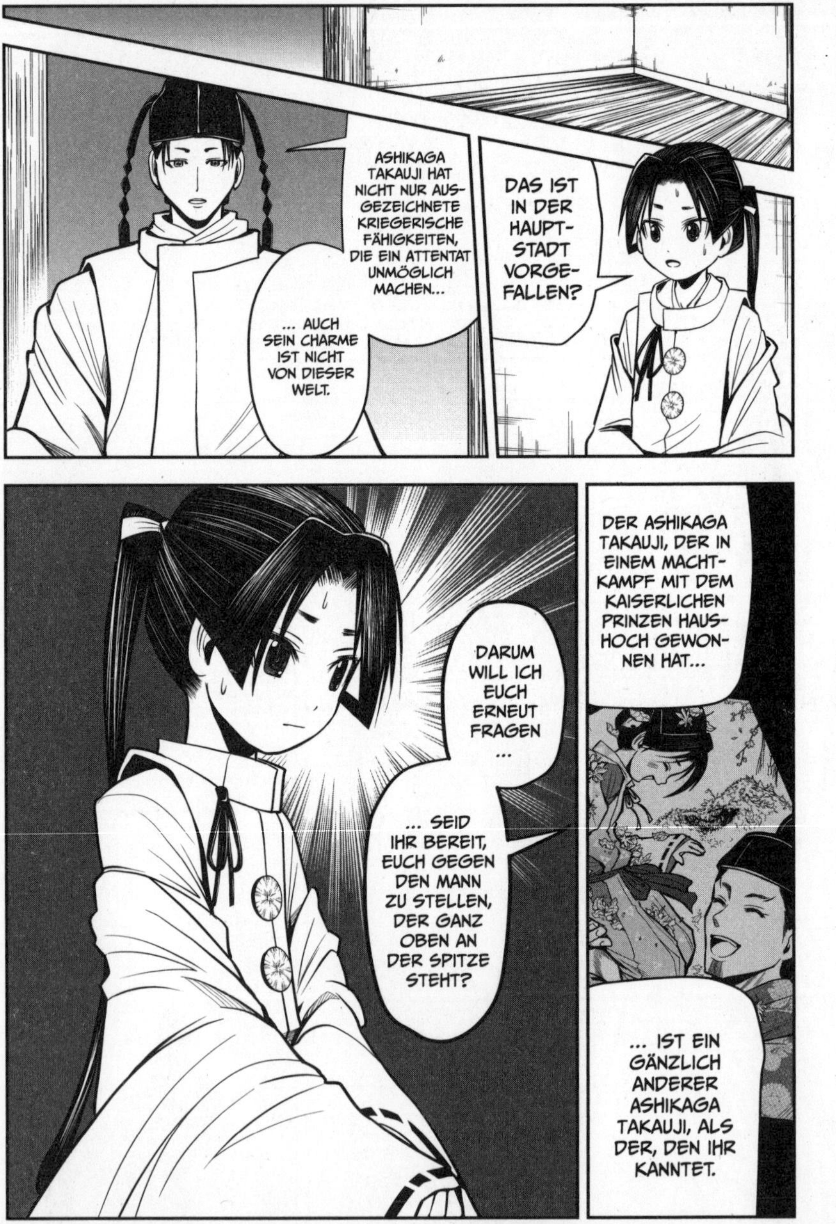
DAS IST IN DER HAUPTSTADT VORGEFALLEN?
ASHIKAGA TAKAUJI HAT NICHT NUR AUSGEZEICHNETE KRIEGERISCHE FÄHIGKEITEN, DIE EIN ATTENTAT UNMÖGLICH MACHEN...
... AUCH SEIN CHARME IST NICHT VON DIESER WELT.
DER ASHIKAGA TAKAUJI, DER IN EINEM MACHTKAMPF MIT DEM KAISERLICHEN PRINZEN HAUSHOCH GEWONNEN HAT...
... IST EIN GÄNZLICH ANDERER ASHIKAGA TAKAUJI, ALS DER, DEN IHR KANNTET.
DARUM WILL ICH EUCH ERNEUT FRAGEN ...
... SEID IHR BEREIT, EUCH GEGEN DEN MANN ZU STELLEN, DER GANZ OBEN AN DER SPITZE STEHT?

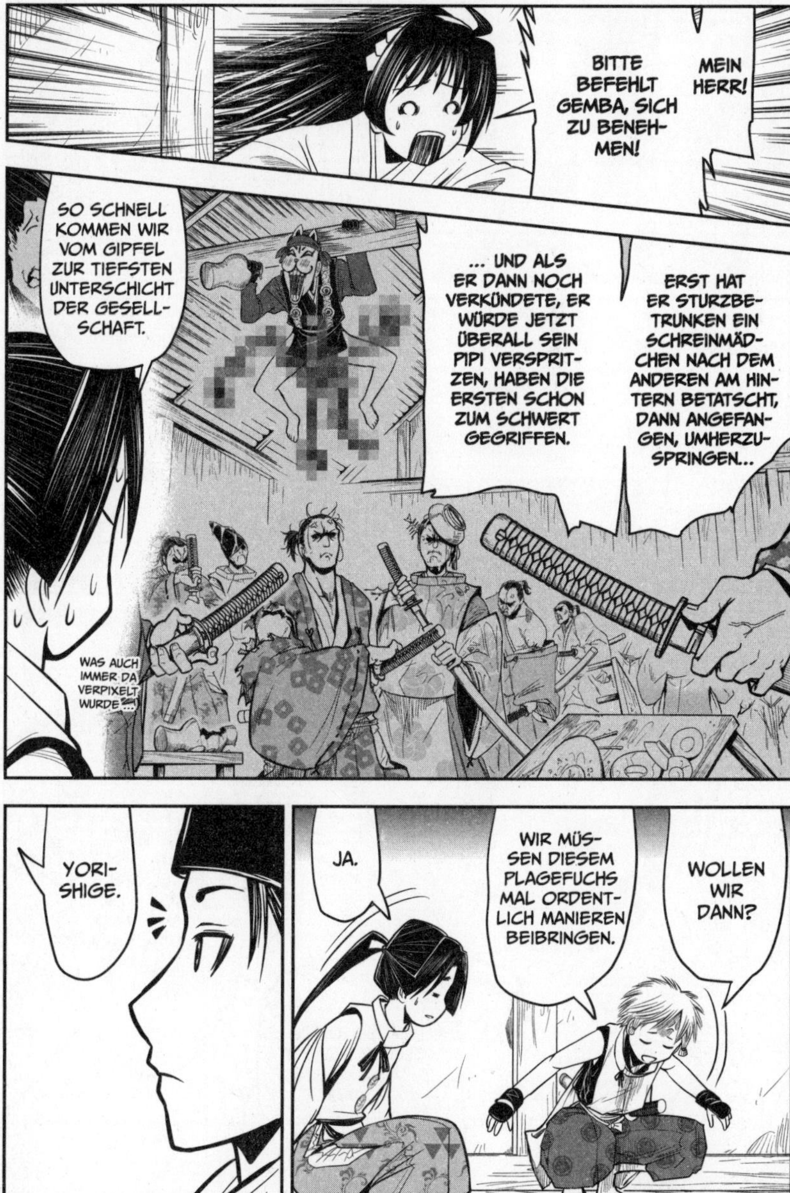
MEIN HERR!
BITTE BEFEHLT GEMBA, SICH ZU BENEHMEN!
ERST HAT ER STURZBETRUNKEN EIN SCHREINMÄDCHEN NACH DEM ANDEREN AM HINTERN BETATSCHT, DANN ANGEFANGEN, UMHERZUSPRINGEN...
... UND ALS ER DANN NOCH VERKÜNDETE, ER WÜRDE JETZT ÜBERALL SEIN PIPI VERSPRITZEN, HABEN DIE ERSTEN SCHON ZUM SCHWERT GEGRIFFEN.
SO SCHNELL KOMMEN WIR VOM GIPFEL ZUR TIEFSTEN UNTERSCHICHT DER GESELLSCHAFT.
WAS AUCH IMMER DA VERPIXELT WURDE ...
WOLLEN WIR DANN?
WIR MÜSSEN DIESEM PLAGEFUCHS MAL ORDENTLICH MANIEREN BEIBRINGEN.
JA.
YORISHIGE.

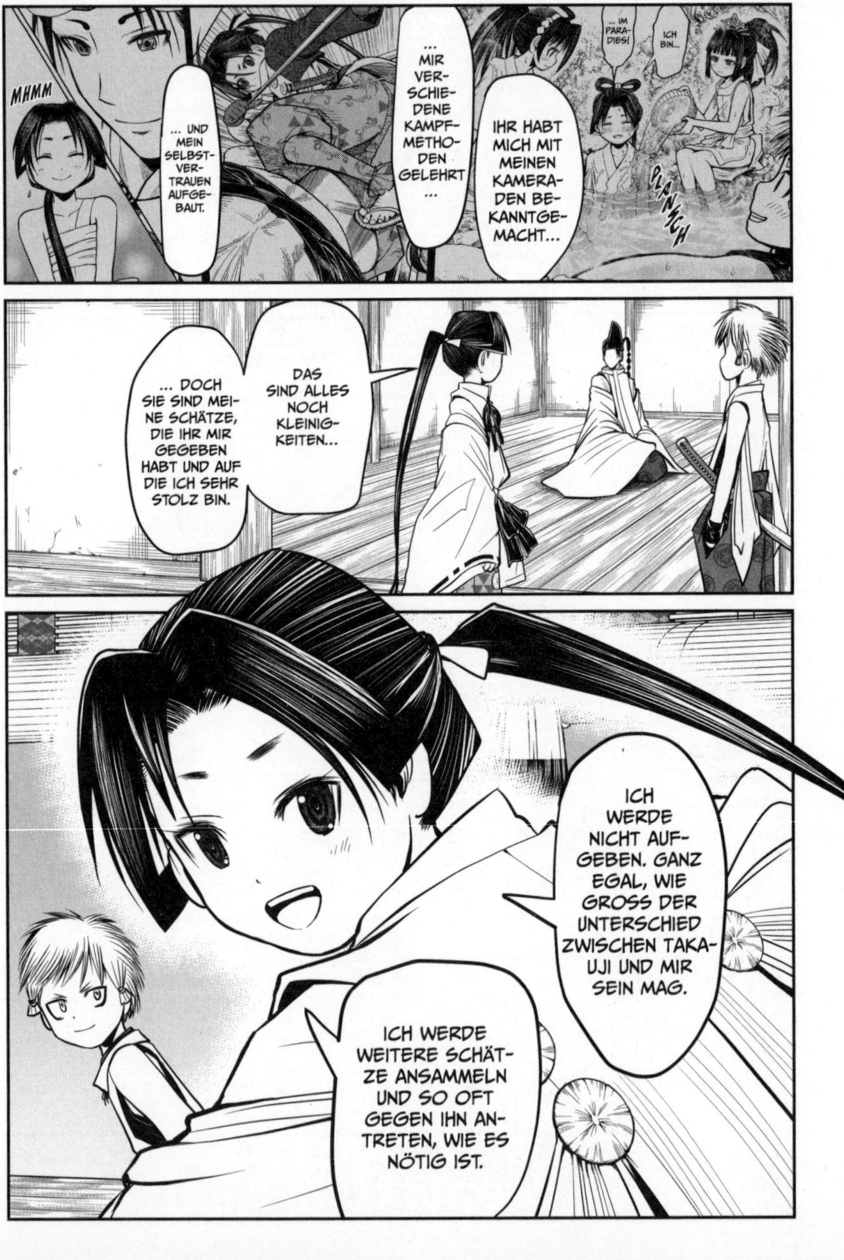
ICH BIN...
... IM PARADIES!
PLANSCH
IHR HABT MICH MIT MEINEN KAMERADEN BEKANNTGEMACHT...
... MIR VERSCHIEDENE KAMPFMETHODEN GELEHRT ...
... UND MEIN SELBSTVERTRAUEN AUFGEBAUT.
MHMM
DAS SIND ALLES NOCH KLEINIGKEITEN...
... DOCH SIE SIND MEINE SCHÄTZE, DIE IHR MIR GEGEBEN HABT UND AUF DIE ICH SEHR STOLZ BIN.
ICH WERDE NICHT AUFGEBEN. GANZ EGAL, WIE GROSS DER UNTERSCHIED ZWISCHEN TAKAUJI UND MIR SEIN MAG.
ICH WERDE WEITERE SCHÄTZE ANSAMMELN UND SO OFT GEGEN IHN ANTRETEN, WIE ES NÖTIG IST.

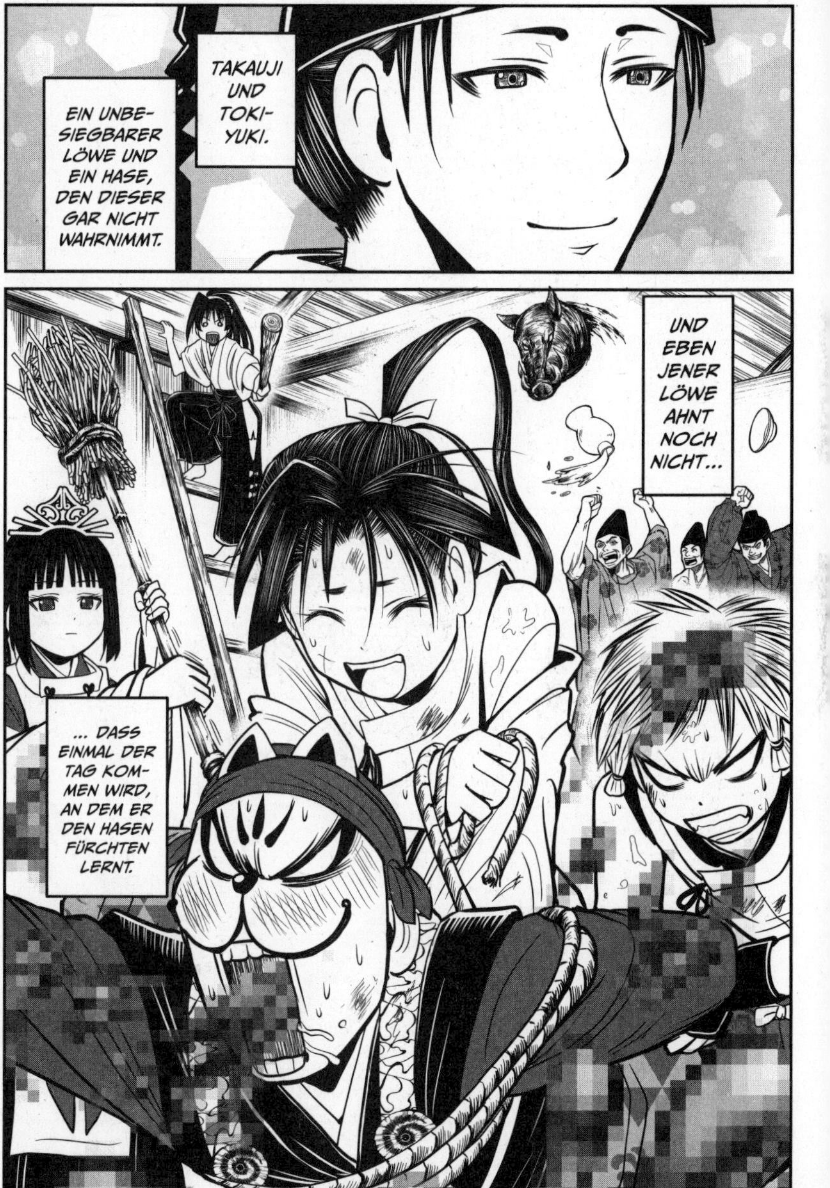
TAKAUJI UND TOKI-YUKI.
EIN UNBE-SIEGBARER LÖWE UND EIN HASE, DEN DIESER GAR NICHT WAHRNIMMT.
UND EBEN JENER LÖWE AHNT NOCH NICHT...
... DASS EINMAL DER TAG KOM-MEN WIRD, AN DEM ER DEN HASEN FÜRCHTEN LERNT.

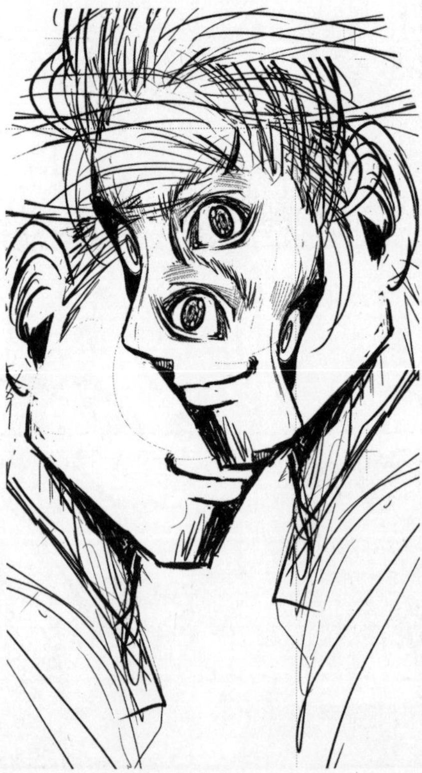

KAPITEL 16 ▲ SORGEN 1334

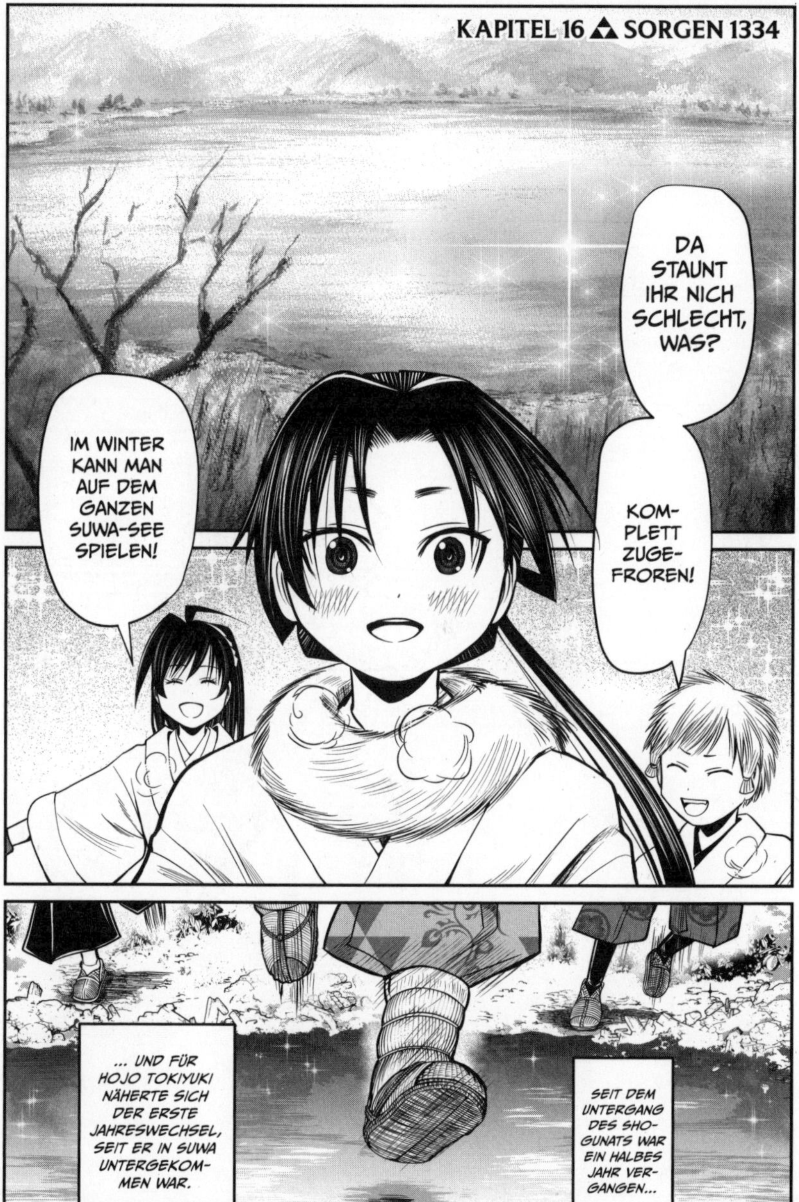

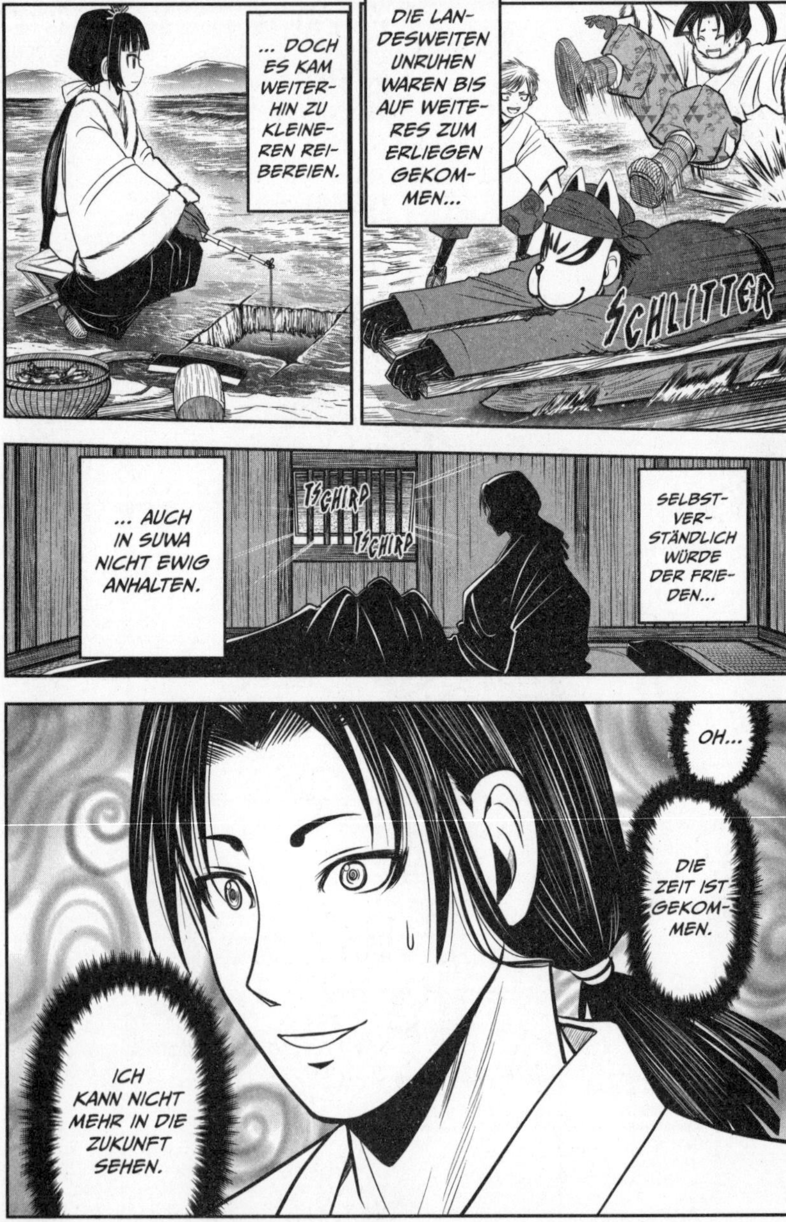
DIE LANDESWEITEN UNRUHEN WAREN BIS AUF WEITERES ZUM ERLIEGEN GEKOMMEN...
SCHLITTER
... DOCH ES KAM WEITERHIN ZU KLEINEREN REIBEREIEN.
SELBSTVERSTÄNDLICH WÜRDE DER FRIEDEN...
TSCHIRP
TSCHIRP
... AUCH IN SUWA NICHT EWIG ANHALTEN.
OH...
DIE ZEIT IST GEKOMMEN.
ICH KANN NICHT MEHR IN DIE ZUKUNFT SEHEN.

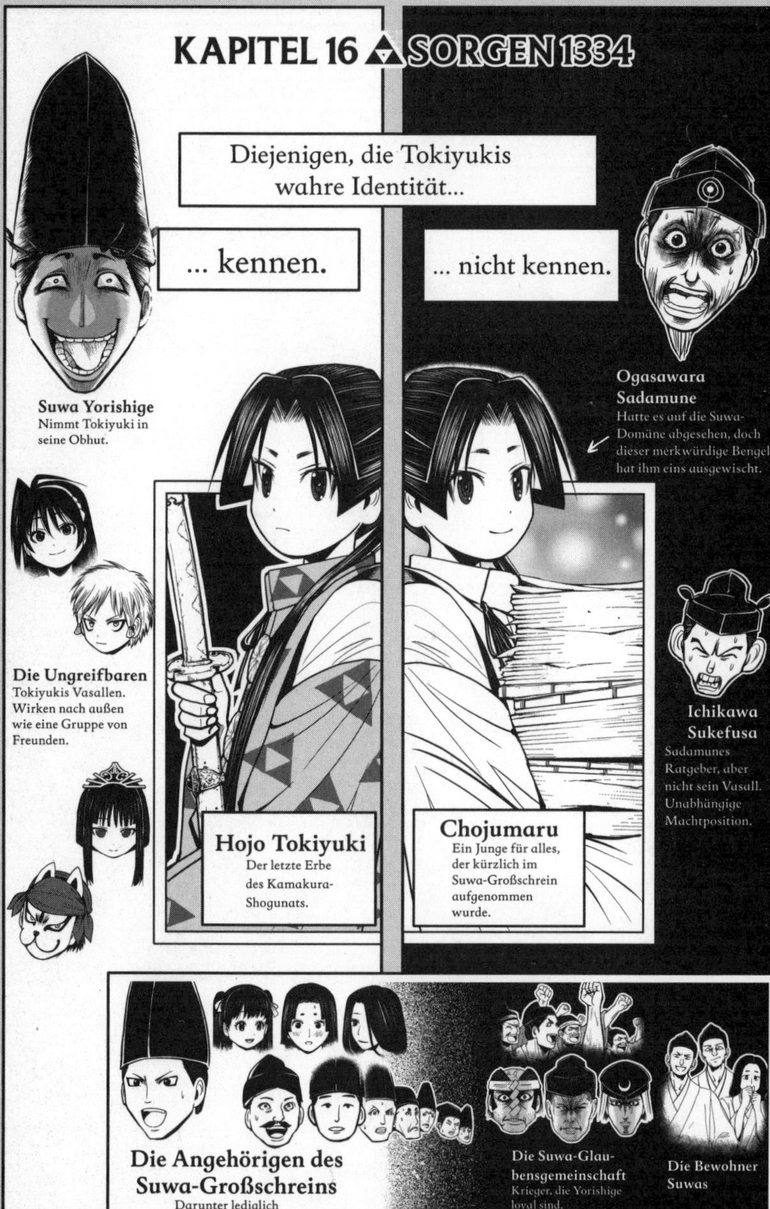
KAPITEL 16 SORGEN 1334
Diejenigen, die Tokiyukis wahre Identität...
... kennen.
... nicht kennen.
Suwa Yorishige
Nimmt Tokiyuki in seine Obhut.
Ogasawara Sadamune
Hatte es auf die Suwa-Domäne abgesehen, doch dieser merkwürdige Bengel hat ihm eins ausgewischt.
Die Ungreifbaren
Tokiyukis Vasallen. Wirken nach außen wie eine Gruppe von Freunden.
Ichikawa Sukefusa
Sadamunes Ratgeber, aber nicht sein Vasall. Unabhängige Machtposition.
Hojo Tokiyuki
Der letzte Erbe des Kamakura-Shogunats.
Chojumaru
Ein Junge für alles, der kürzlich im Suwa-Großschrein aufgenommen wurde.
Die Angehörigen des Suwa-Großschreins
Darunter lediglich die verschwiegenen.
Die Suwa-Glaubensgemeinschaft
Krieger, die Yorishige loyal sind.
Die Bewohner Suwas
Sie werden seine wahre identität beizeiten erfahren.

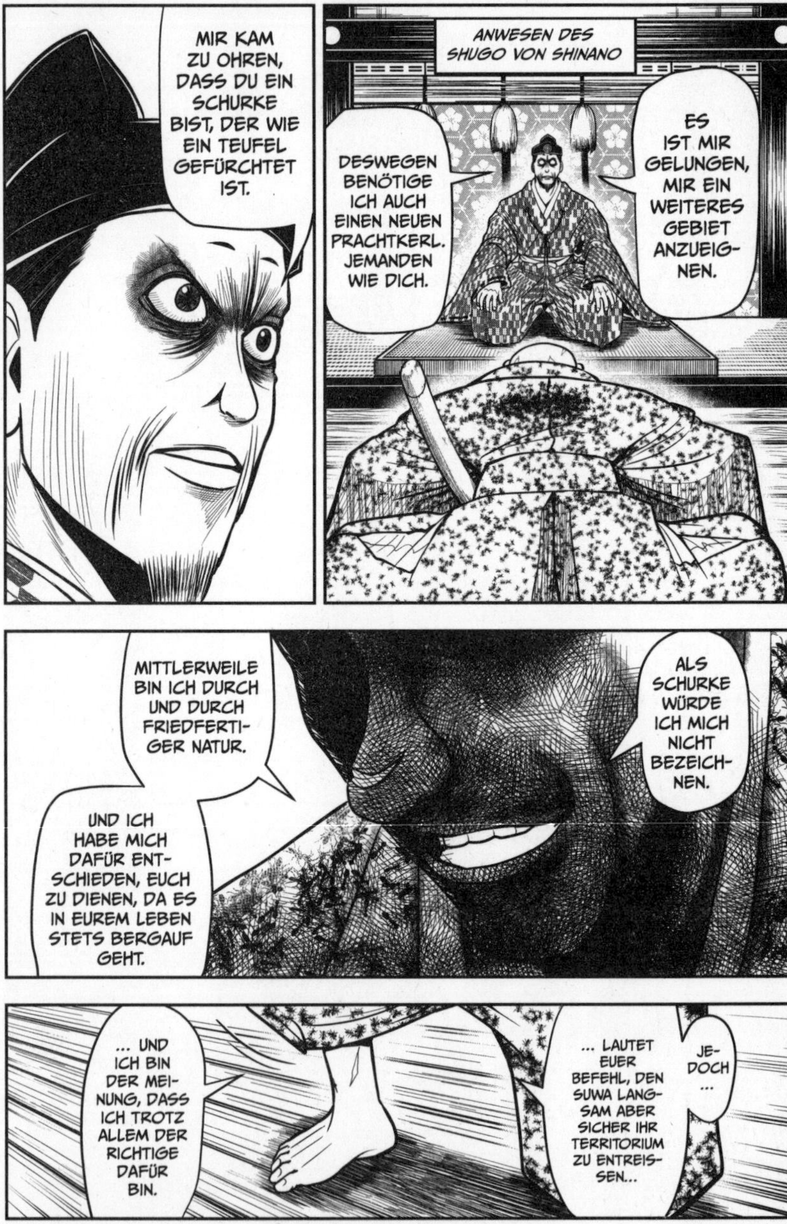
ANWESEN DES SHUGO VON SHINANO
ES IST MIR GELUNGEN, MIR EIN WEITERES GEBIET ANZUEIGNEN.
DESWEGEN BENÖTIGE ICH AUCH EINEN NEUEN PRACHTKERL. JEMANDEN WIE DICH.
MIR KAM ZU OHREN, DASS DU EIN SCHURKE BIST, DER WIE EIN TEUFEL GEFÜRCHTET IST.
ALS SCHURKE WÜRDE ICH MICH NICHT BEZEICHNEN.
MITTLERWEILE BIN ICH DURCH UND DURCH FRIEDFERTIGER NATUR.
UND ICH HABE MICH DAFÜR ENTSCHIEDEN, EUCH ZU DIENEN, DA ES IN EUREM LEBEN STETS BERGAUF GEHT.
JEDOCH ...
... LAUTET EUER BEFEHL, DEN SUWA LANGSAM ABER SICHER IHR TERRITORIUM ZU ENTREISSEN...
... UND ICH BIN DER MEINUNG, DASS ICH TROTZ ALLEM DER RICHTIGE DAFÜR BIN.

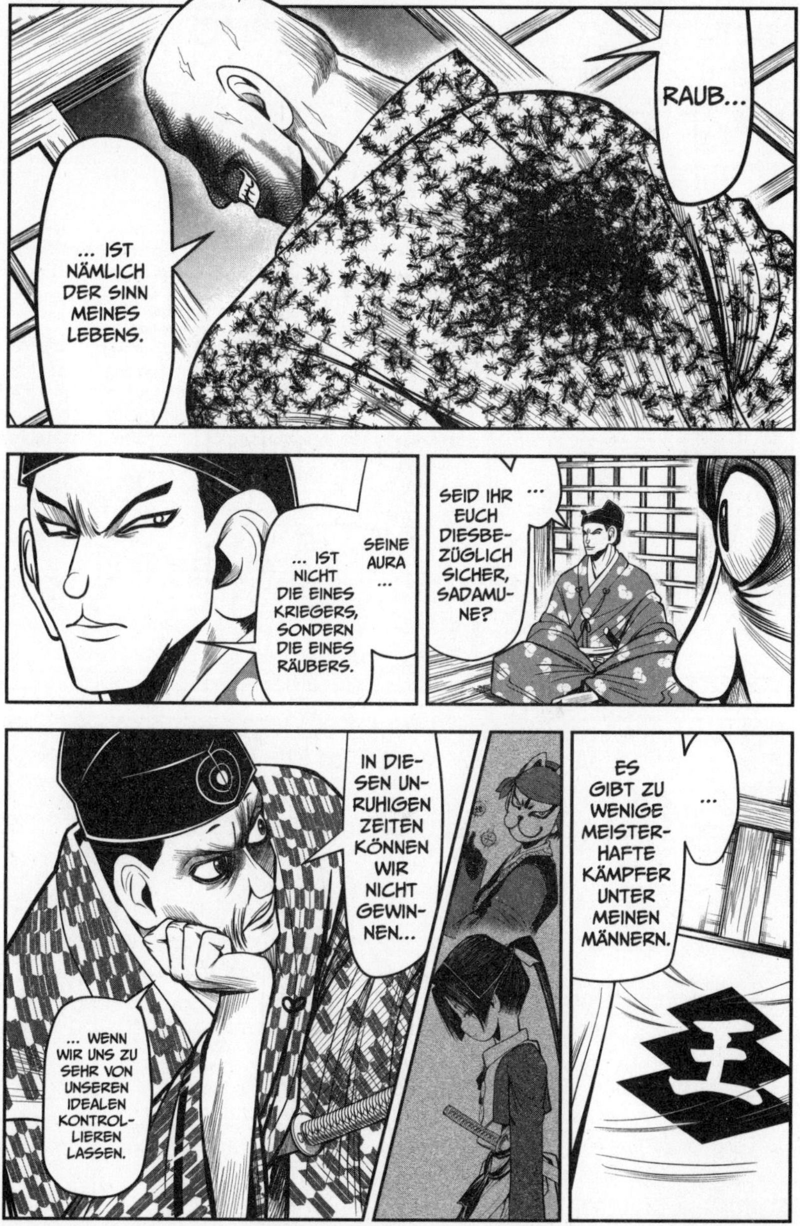
RAUB...
... IST NÄMLICH DER SINN MEINES LEBENS.
...
SEID IHR EUCH DIESBEZÜGLICH SICHER, SADAMUNE?
SEINE AURA ...
... IST NICHT DIE EINES KRIEGERS, SONDERN DIE EINES RÄUBERS.
...
ES GIBT ZU WENIGE MEISTERHAFTE KÄMPFER UNTER MEINEN MÄNNERN.
IN DIESEN UNRUHIGEN ZEITEN KÖNNEN WIR NICHT GEWINNEN...
... WENN WIR UNS ZU SEHR VON UNSEREN IDEALEN KONTROLLIEREN LASSEN.

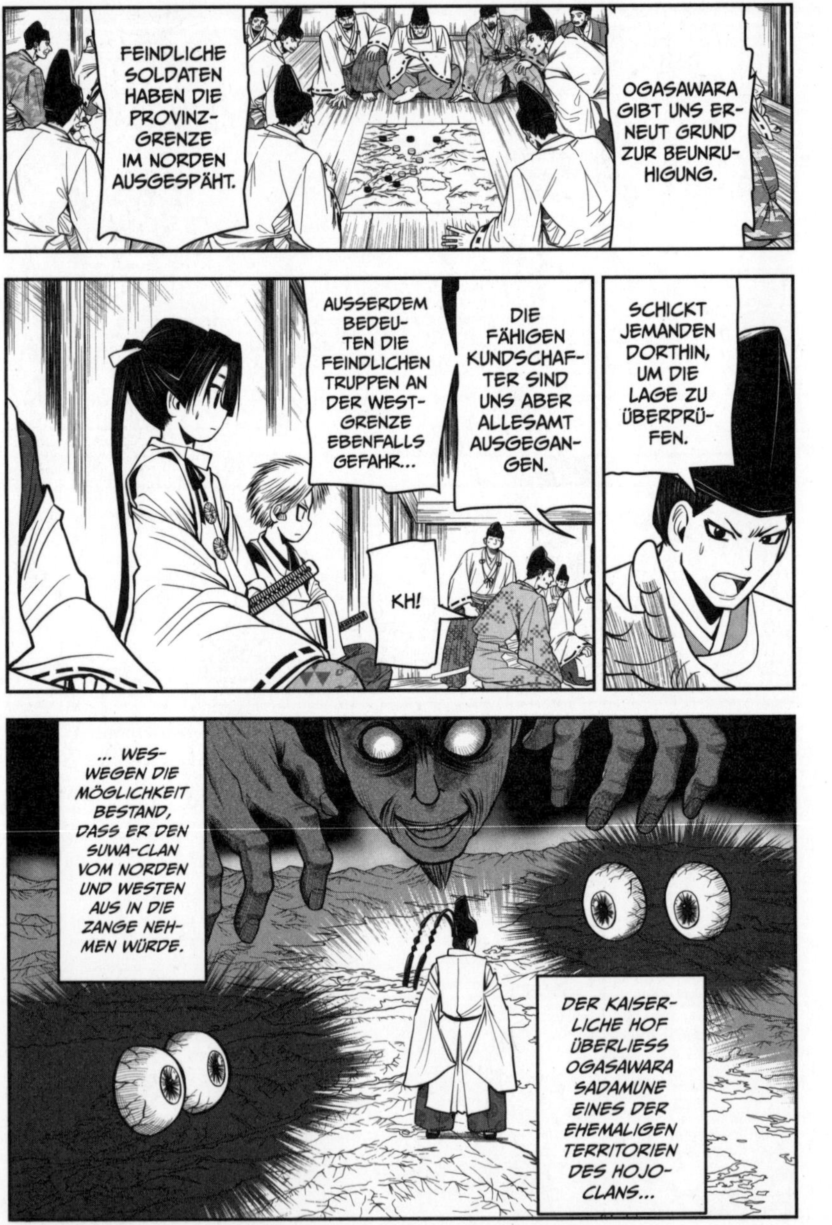
OGASAWARA GIBT UNS ERNEUT GRUND ZUR BEUNRUHIGUNG.
FEINDLICHE SOLDATEN HABEN DIE PROVINZGRENZE IM NORDEN AUSGESPÄHT.
SCHICKT JEMANDEN DORTHIN, UM DIE LAGE ZU ÜBERPRÜFEN.
DIE FÄHIGEN KUNDSCHAFTER SIND UNS ABER ALLESAMT AUSGEGANGEN.
AUSSERDEM BEDEUTEN DIE FEINDLICHEN TRUPPEN AN DER WESTGRENZE EBENFALLS GEFAHR...
KH!
DER KAISERLICHE HOF ÜBERLIESS OGASAWARA SADAMUNE EINES DER EHEMALIGEN TERRITORIEN DES HOJO-CLANS...
... WESWEGEN DIE MÖGLICHKEIT BESTAND, DASS ER DEN SUWA-CLAN VOM NORDEN UND WESTEN AUS IN DIE ZANGE NEHMEN WÜRDE.

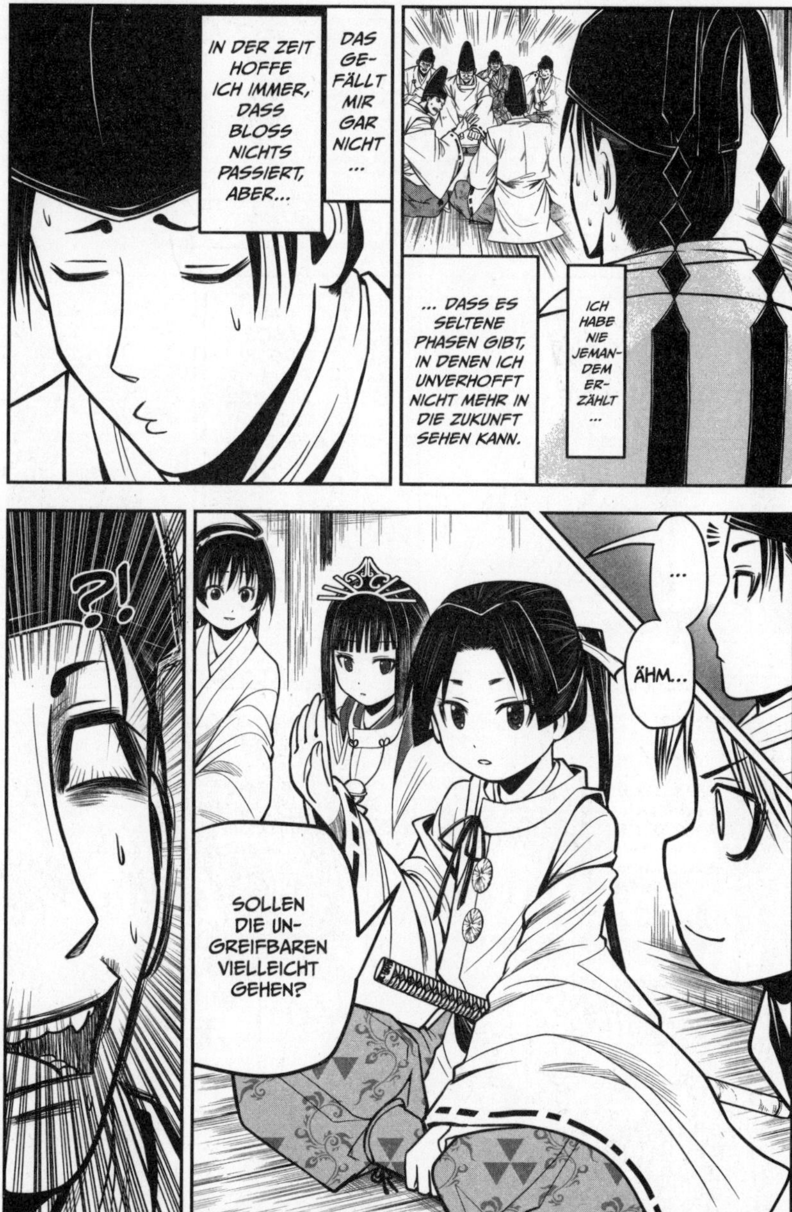
ICH HABE NIE JEMANDEM ERZÄHLT ...
... DASS ES SELTENE PHASEN GIBT, IN DENEN ICH UNVERHOFFT NICHT MEHR IN DIE ZUKUNFT SEHEN KANN.
DAS GEFÄLLT MIR GAR NICHT ...
IN DER ZEIT HOFFE ICH IMMER, DASS BLOSS NICHTS PASSIERT, ABER...
...
ÄHM...
SOLLEN DIE UNGREIFBAREN VIELLEICHT GEHEN?
?!

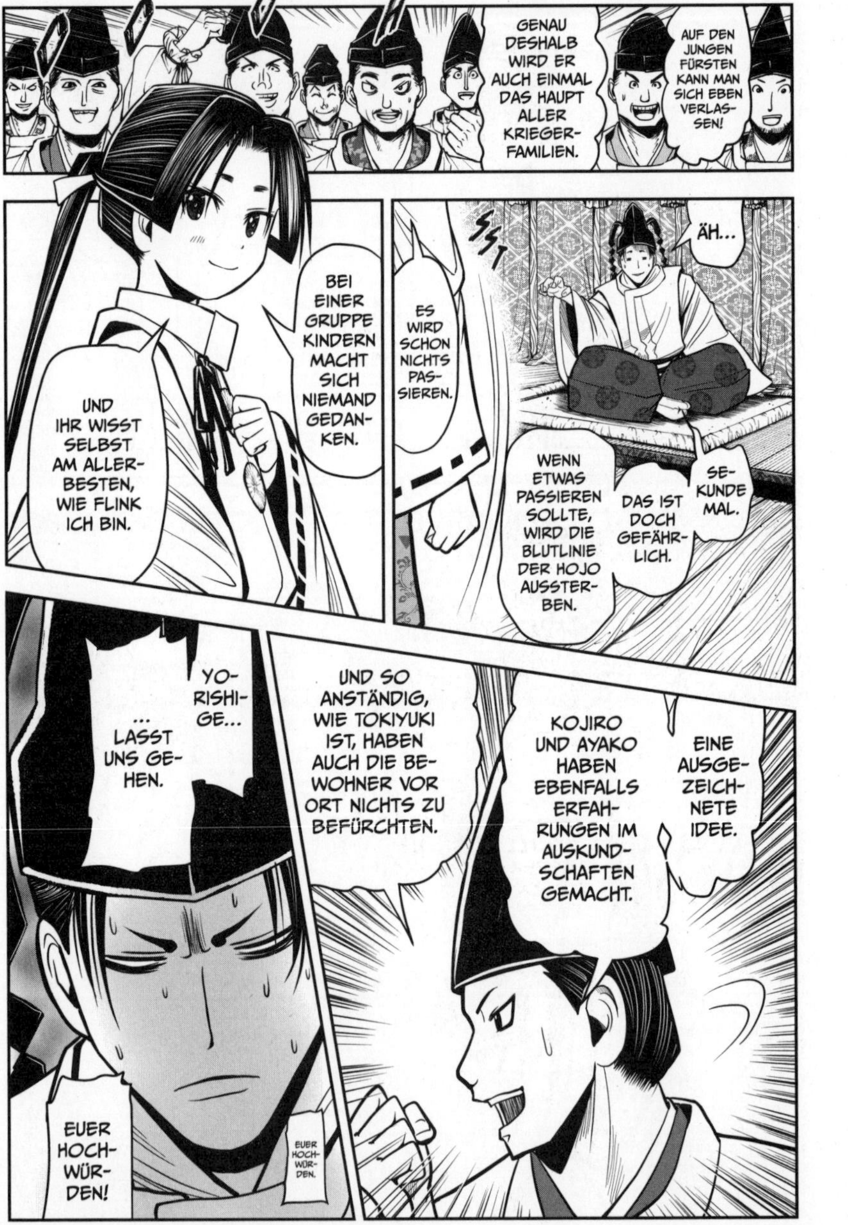

AUF DEN JUNGEN FÜRSTEN KANN MAN SICH EBEN VERLASSEN!
GENAU DESHALB WIRD ER AUCH EINMAL DAS HAUPT ALLER KRIEGERFAMILIEN.
ÄH...
SEKUNDE MAL.
DAS IST DOCH GEFÄHRLICH.
WENN ETWAS PASSIEREN SOLLTE, WIRD DIE BLUTLINIE DER HOJO AUSSTERBEN.
ES WIRD SCHON NICHTS PASSIEREN.
BEI EINER GRUPPE KINDERN MACHT SICH NIEMAND GEDANKEN.
UND IHR WISST SELBST AM ALLERBESTEN, WIE FLINK ICH BIN.
EINE AUSGEZEICHNETE IDEE.
KOJIRO UND AYAKO HABEN EBENFALLS ERFAHRUNGEN IM AUSKUNDSCHAFTEN GEMACHT.
UND SO ANSTÄNDIG, WIE TOKIYUKI IST, HABEN AUCH DIE BEWOHNER VOR ORT NICHTS ZU BEFÜRCHTEN.
EUER HOCHWÜRDEN.
YORISHIGE...
... LASST UNS GEHEN.
EUER HOCHWÜRDEN!

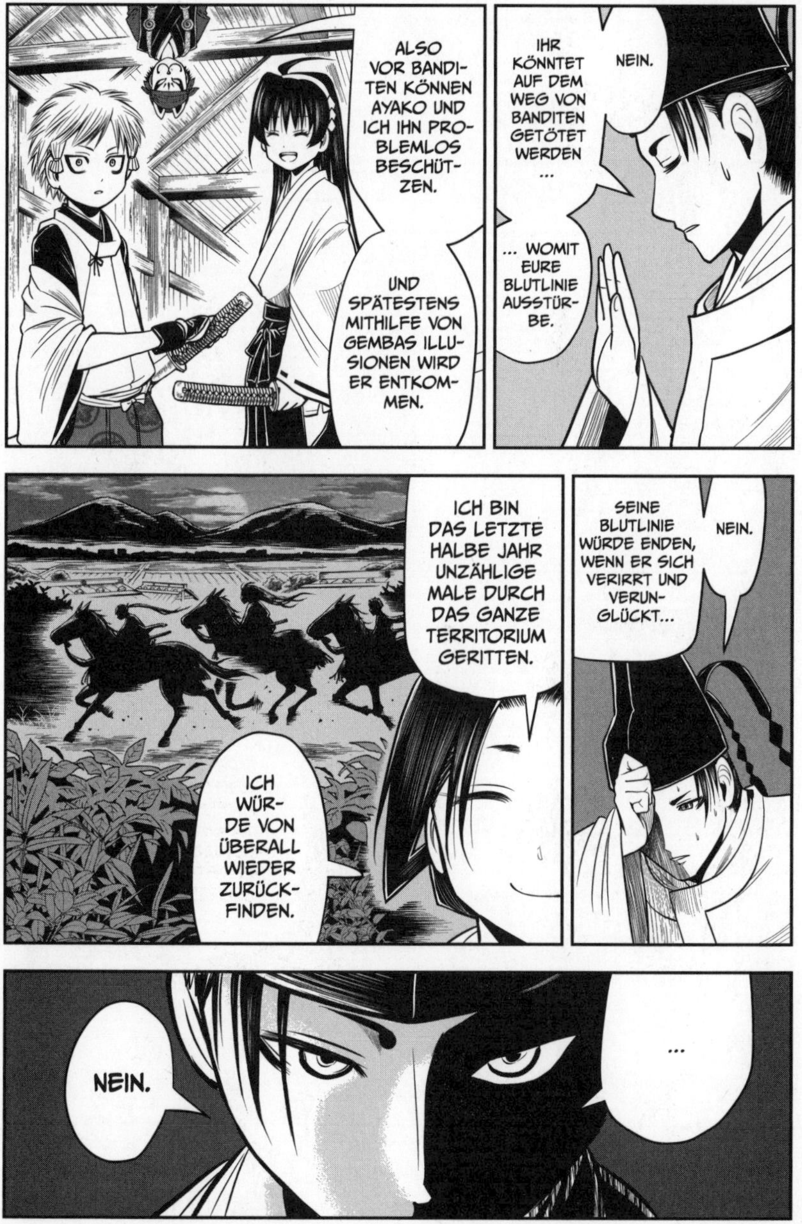
NEIN.
IHR KÖNNTET AUF DEM WEG VON BANDITEN GETÖTET WERDEN ...
... WOMIT EURE BLUTLINIE AUSSTÜRBE.
ALSO VOR BANDITEN KÖNNEN AYAKO UND ICH IHN PROBLEMLOS BESCHÜTZEN.
UND SPÄTESTENS MITHILFE VON GEMBAS ILLUSIONEN WIRD ER ENTKOMMEN.
NEIN.
SEINE BLUTLINIE WÜRDE ENDEN, WENN ER SICH VERIRRT UND VERUNGLÜCKT...
ICH BIN DAS LETZTE HALBE JAHR UNZÄHLIGE MALE DURCH DAS GANZE TERRITORIUM GERITTEN.
ICH WÜRDE VON ÜBERALL WIEDER ZURÜCKFINDEN.
...
NEIN.

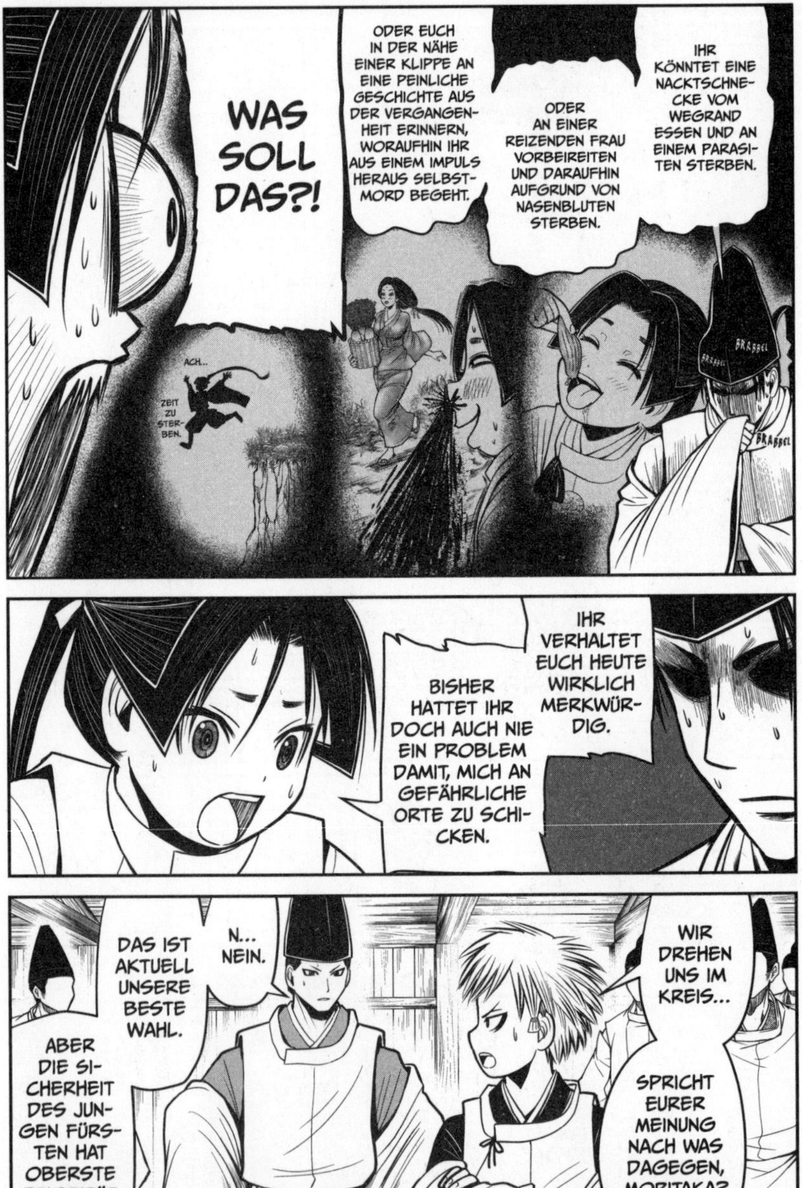
IHR KÖNNTET EINE NACKTSCHNECKE VOM WEGRAND ESSEN UND AN EINEM PARASITEN STERBEN.
ODER AN EINER REIZENDEN FRAU VORBEIREITEN UND DARAUFHIN AUFGRUND VON NASENBLUTEN STERBEN.
ODER EUCH IN DER NÄHE EINER KLIPPE AN EINE PEINLICHE GESCHICHTE AUS DER VERGANGENHEIT ERINNERN, WORAUFHIN IHR AUS EINEM IMPULS HERAUS SELBSTMORD BEGEHT.
BRABBEL
BRABBEL
BRABBEL
ACH...
ZEIT ZU STERBEN.
WAS SOLL DAS?!
IHR VERHALTET EUCH HEUTE WIRKLICH MERKWÜRDIG.
BISHER HATTET IHR DOCH AUCH NIE EIN PROBLEM DAMIT, MICH AN GEFÄHRLICHE ORTE ZU SCHICKEN.
WIR DREHEN UNS IM KREIS...
SPRICHT EURER MEINUNG NACH WAS DAGEGEN, MORITAKA?
N... NEIN.
DAS IST AKTUELL UNSERE BESTE WAHL.
ABER DIE SICHERHEIT DES JUNGEN FÜRSTEN HAT OBERSTE PRIORITÄT.

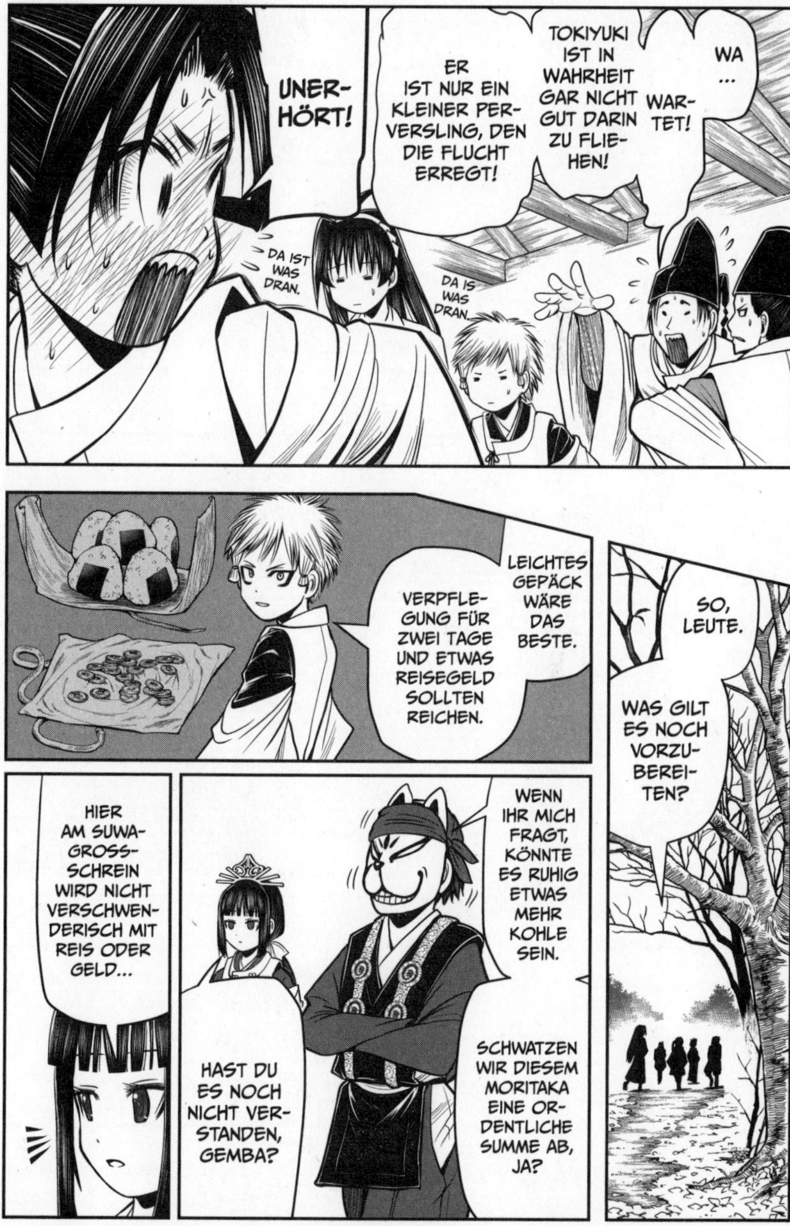
WA ... WARTET!
TOKIYUKI IST IN WAHRHEIT GAR NICHT GUT DARIN ZU FLIEHEN!
ER IST NUR EIN KLEINER PERVERSLING, DEN DIE FLUCHT ERREGT!
UNERHÖRT!
DA IS WAS DRAN.
DA IST WAS DRAN.
SO, LEUTE.
WAS GILT ES NOCH VORZUBEREITEN?
LEICHTES GEPÄCK WÄRE DAS BESTE.
VERPFLEGUNG FÜR ZWEI TAGE UND ETWAS REISEGELD SOLLTEN REICHEN.
WENN IHR MICH FRAGT, KÖNNTE ES RUHIG ETWAS MEHR KOHLE SEIN.
SCHWATZEN WIR DIESEM MORITAKA EINE ORDENTLICHE SUMME AB, JA?
HAST DU ES NOCH NICHT VERSTANDEN, GEMBA?
HIER AM SUWA-GROSS-SCHREIN WIRD NICHT VERSCHWENDERISCH MIT REIS ODER GELD...

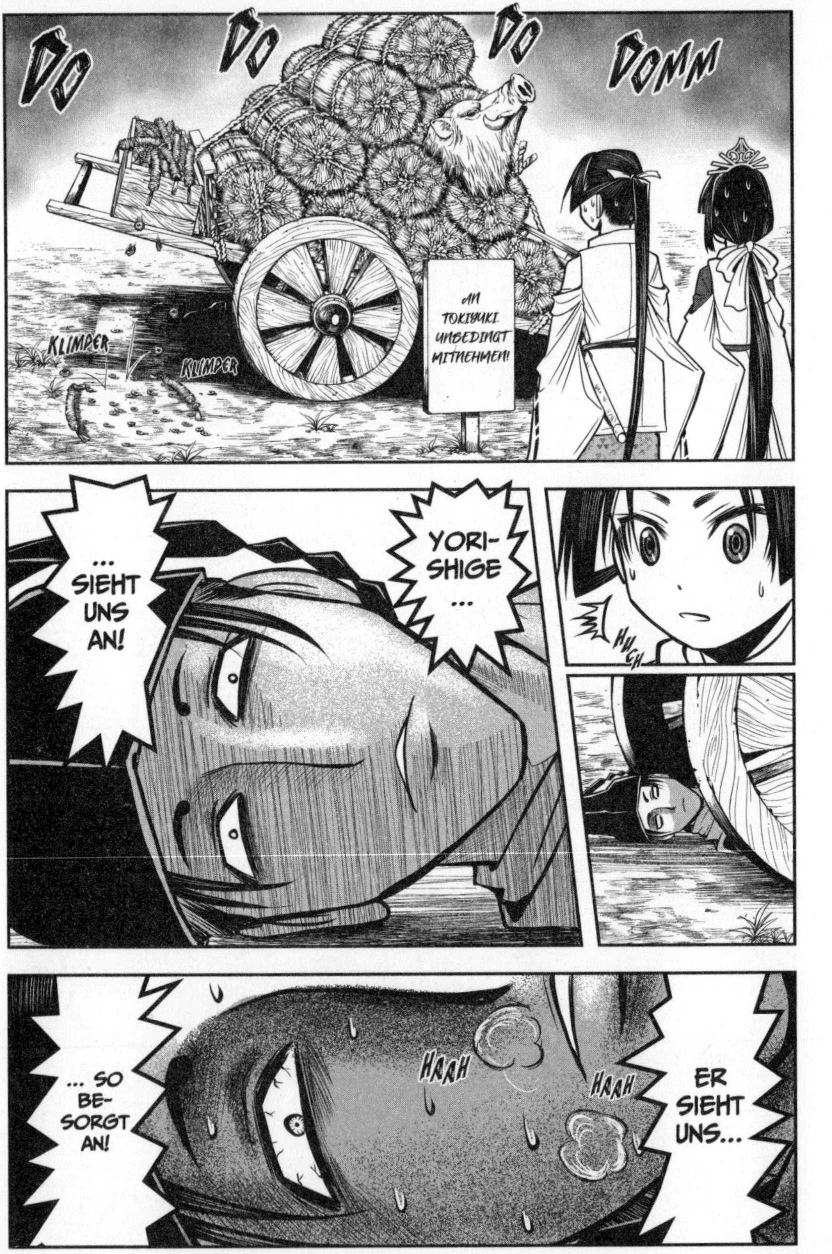

DO
DO
DO
DOMM
AN TOKIYUKI. UNBEDINGT MITNEHMEN!
KLIMPER
KLIMPER
YORI-SHIGE ...
... SIEHT UNS AN!
HUCH
ER SIEHT UNS...
HAAH
HAAH
... SO BE-SORGT AN!

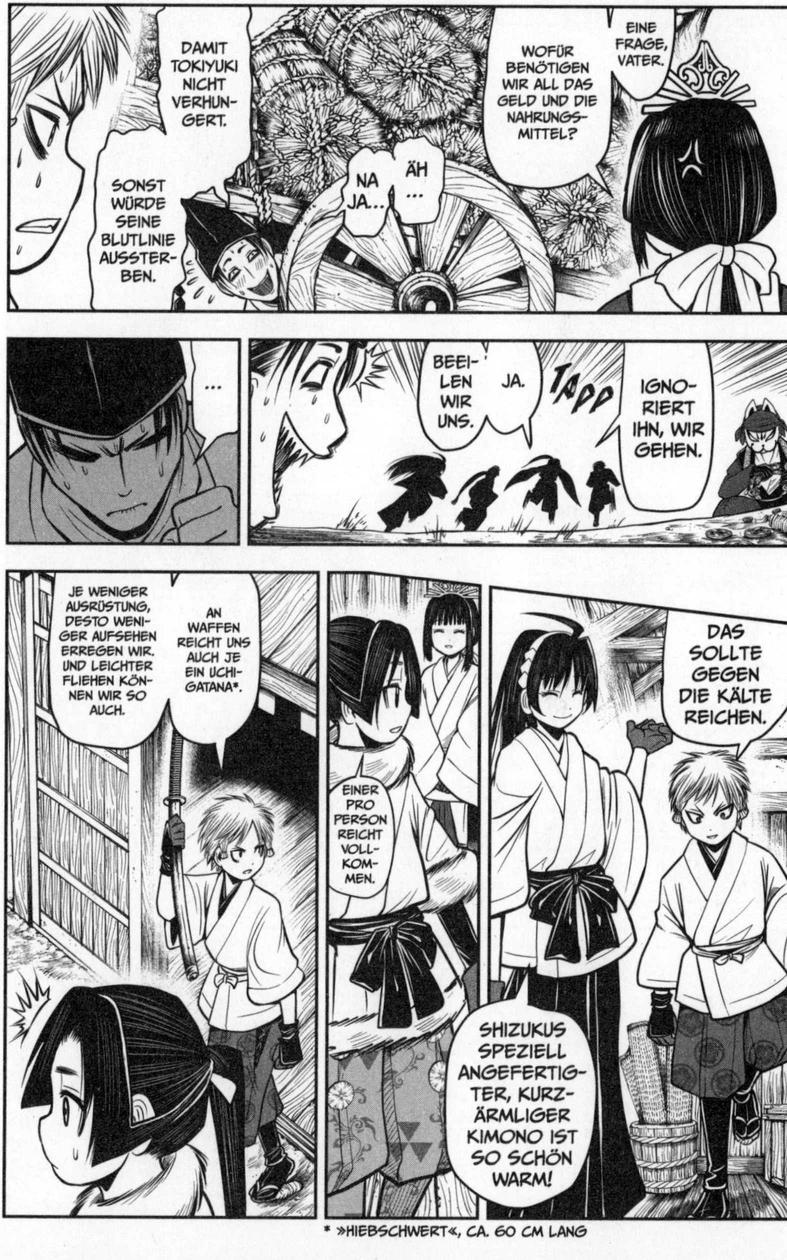

* »HIEBSCHWERT«, CA. 60 CM LANG

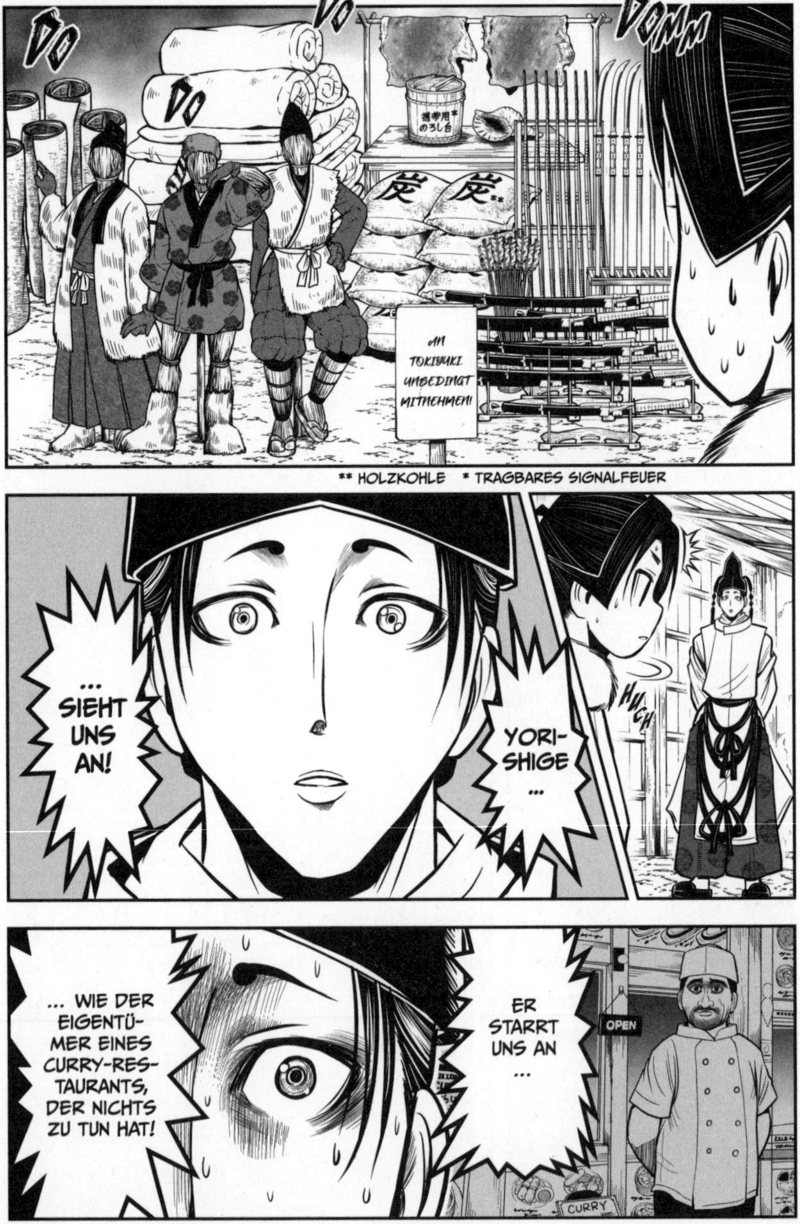
DOMM
DO
DO
DO
携帯用*のろし台
炭
炭**
AN TOKIYUKI. UNBEDINGT MITNEHMEN!
** HOLZKOHLE * TRAGBARES SIGNALFEUER
HUCH
YORI-SHIGE ...
... SIEHT UNS AN!
OPEN
ER STARRT UNS AN ...
... WIE DER EIGENTÜMER EINES CURRY-RESTAURANTS, DER NICHTS ZU TUN HAT!
CURRY

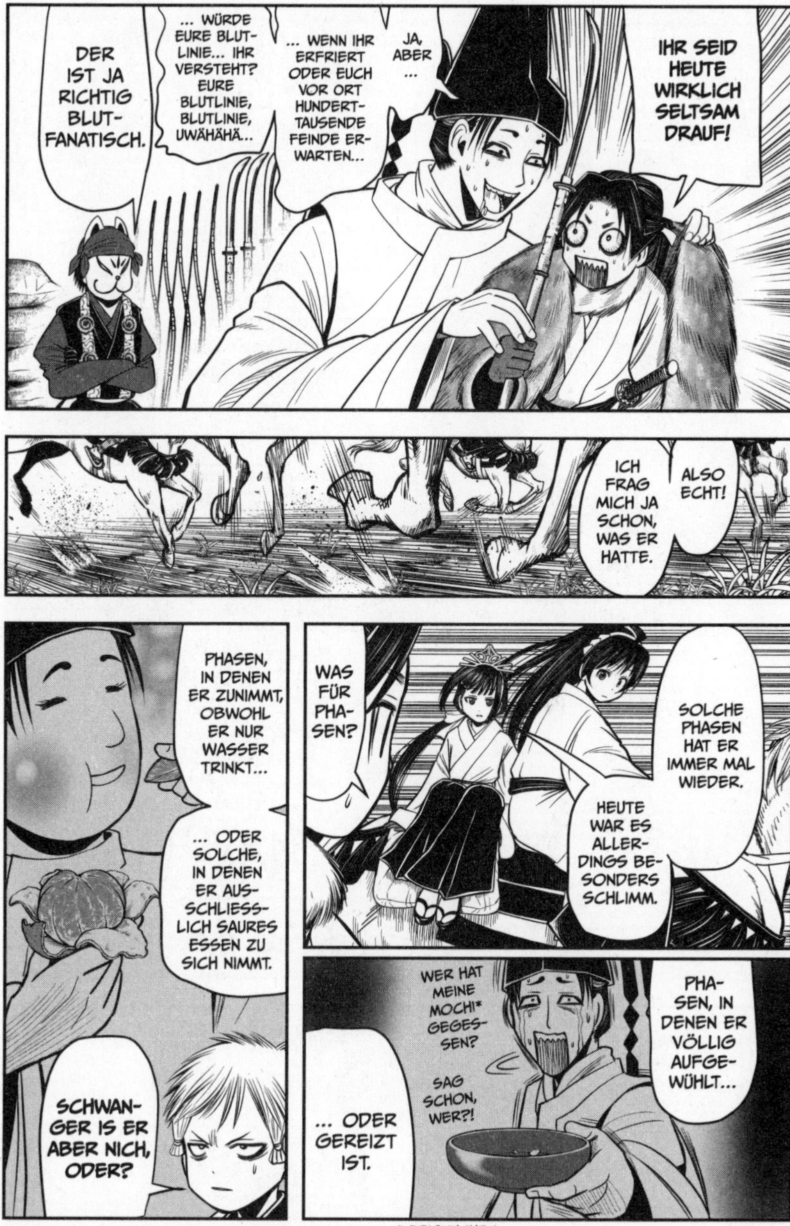
IHR SEID HEUTE WIRKLICH SELTSAM DRAUF!
JA, ABER ...
... WENN IHR ERFRIERT ODER EUCH VOR ORT HUNDERTTAUSENDE FEINDE ERWARTEN...
... WÜRDE EURE BLUTLINIE... IHR VERSTEHT? EURE BLUTLINIE, BLUTLINIE, UWÄHÄHÄ...
DER IST JA RICHTIG BLUTFANATISCH.
ALSO ECHT!
ICH FRAG MICH JA SCHON, WAS ER HATTE.
SOLCHE PHASEN HAT ER IMMER MAL WIEDER.
HEUTE WAR ES ALLERDINGS BESONDERS SCHLIMM.
WAS FÜR PHASEN?
PHASEN, IN DENEN ER ZUNIMMT, OBWOHL ER NUR WASSER TRINKT...
... ODER SOLCHE, IN DENEN ER AUSSCHLIESSLICH SAURES ESSEN ZU SICH NIMMT.
PHASEN, IN DENEN ER VÖLLIG AUFGEWÜHLT...
WER HAT MEINE MOCHI* GEGESSEN?
SAG SCHON, WER?!
... ODER GEREIZT IST.
SCHWANGER IS ER ABER NICH, ODER?

* REISKUCHEN

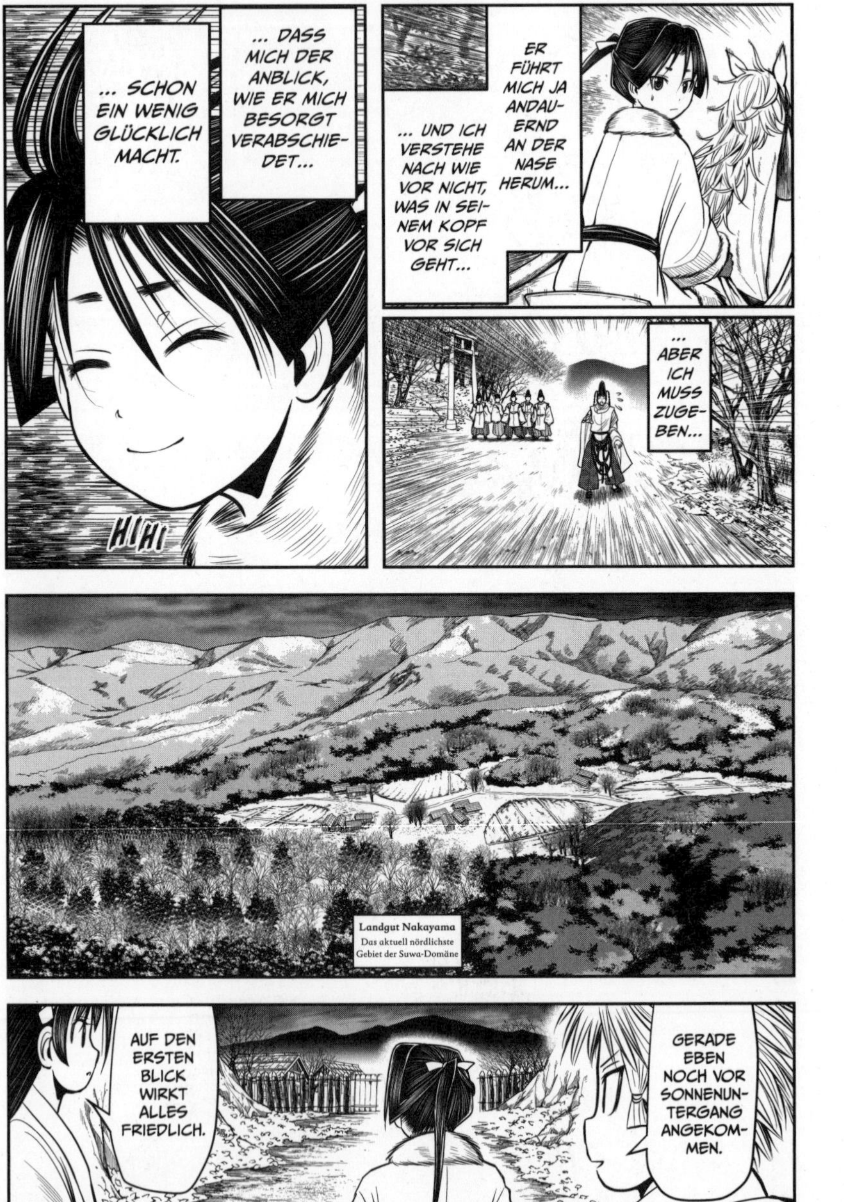
ER FÜHRT MICH JA ANDAUERND AN DER NASE HERUM…
… UND ICH VERSTEHE NACH WIE VOR NICHT, WAS IN SEINEM KOPF VOR SICH GEHT…
… ABER ICH MUSS ZUGEBEN…
… DASS MICH DER ANBLICK, WIE ER MICH BESORGT VERABSCHIEDET…
… SCHON EIN WENIG GLÜCKLICH MACHT.
HIHI
Landgut Nakayama
Das aktuell nördlichste Gebiet der Suwa-Domäne
GERADE EBEN NOCH VOR SONNENUNTERGANG ANGEKOMMEN.
AUF DEN ERSTEN BLICK WIRKT ALLES FRIEDLICH.

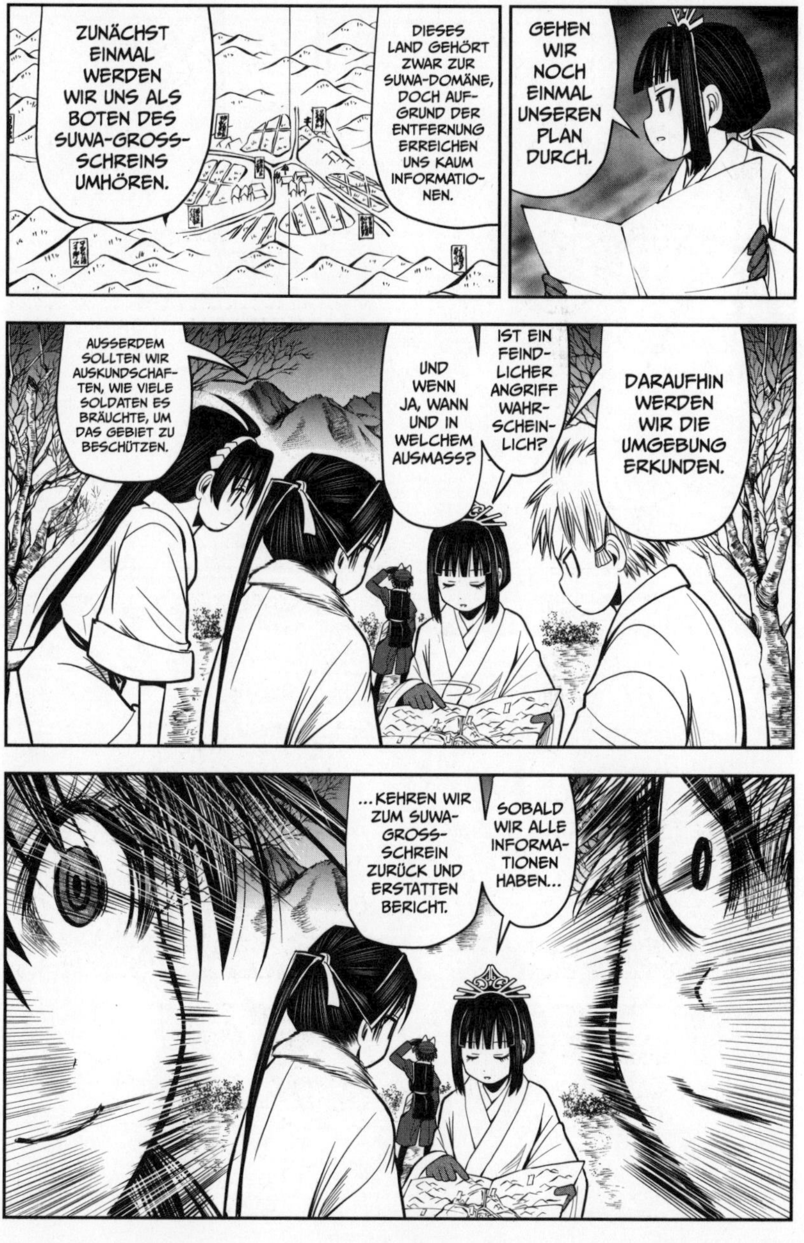
GEHEN WIR NOCH EINMAL UNSEREN PLAN DURCH.
DIESES LAND GEHÖRT ZWAR ZUR SUWA-DOMÄNE, DOCH AUFGRUND DER ENTFERNUNG ERREICHEN UNS KAUM INFORMATIONEN.
ZUNÄCHST EINMAL WERDEN WIR UNS ALS BOTEN DES SUWA-GROSSSCHREINS UMHÖREN.
DARAUFHIN WERDEN WIR DIE UMGEBUNG ERKUNDEN.
IST EIN FEINDLICHER ANGRIFF WAHRSCHEINLICH?
UND WENN JA, WANN UND IN WELCHEM AUSMASS?
AUSSERDEM SOLLTEN WIR AUSKUNDSCHAFTEN, WIE VIELE SOLDATEN ES BRÄUCHTE, UM DAS GEBIET ZU BESCHÜTZEN.
SOBALD WIR ALLE INFORMATIONEN HABEN...
...KEHREN WIR ZUM SUWA-GROSSSCHREIN ZURÜCK UND ERSTATTEN BERICHT.

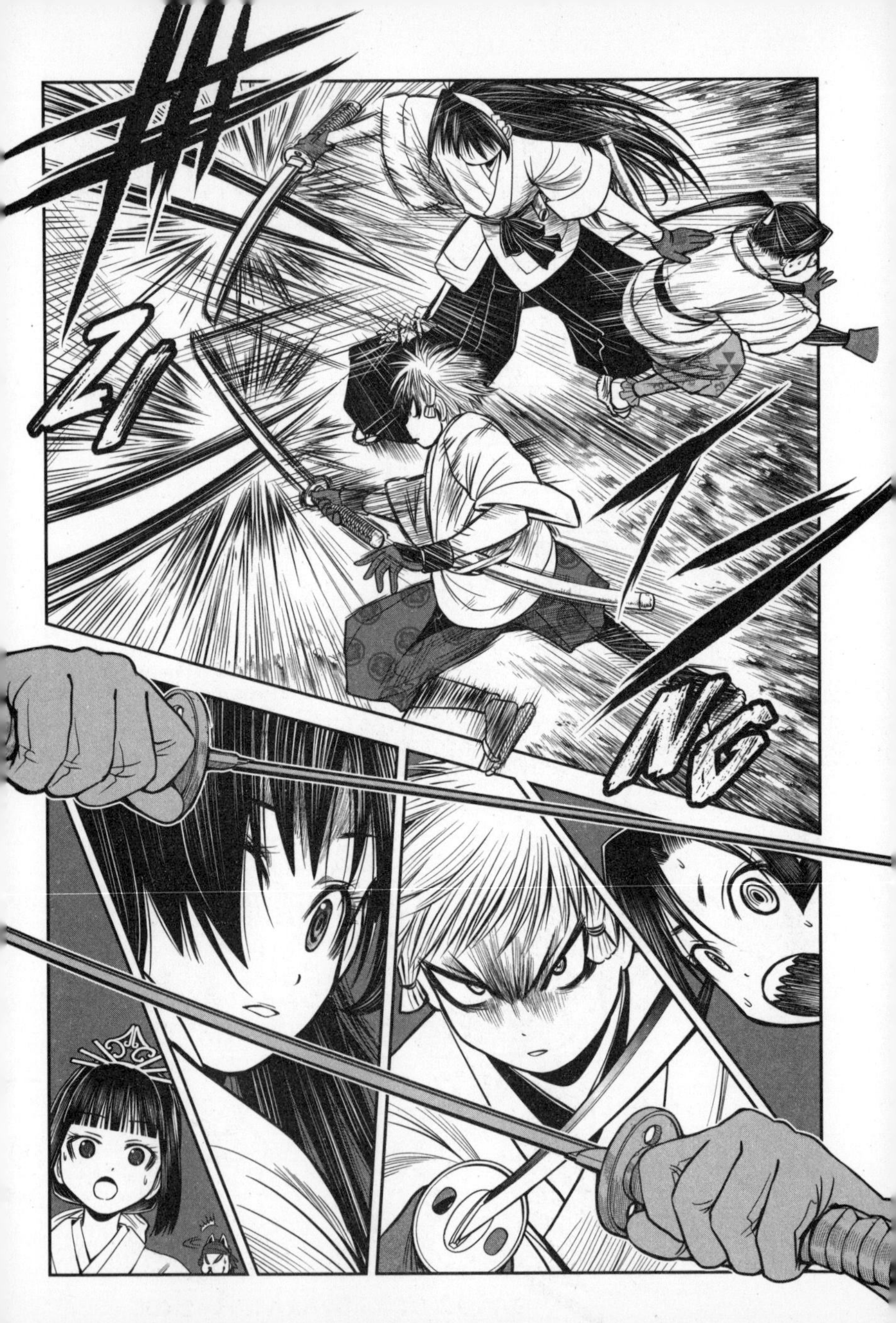
ZI
NG

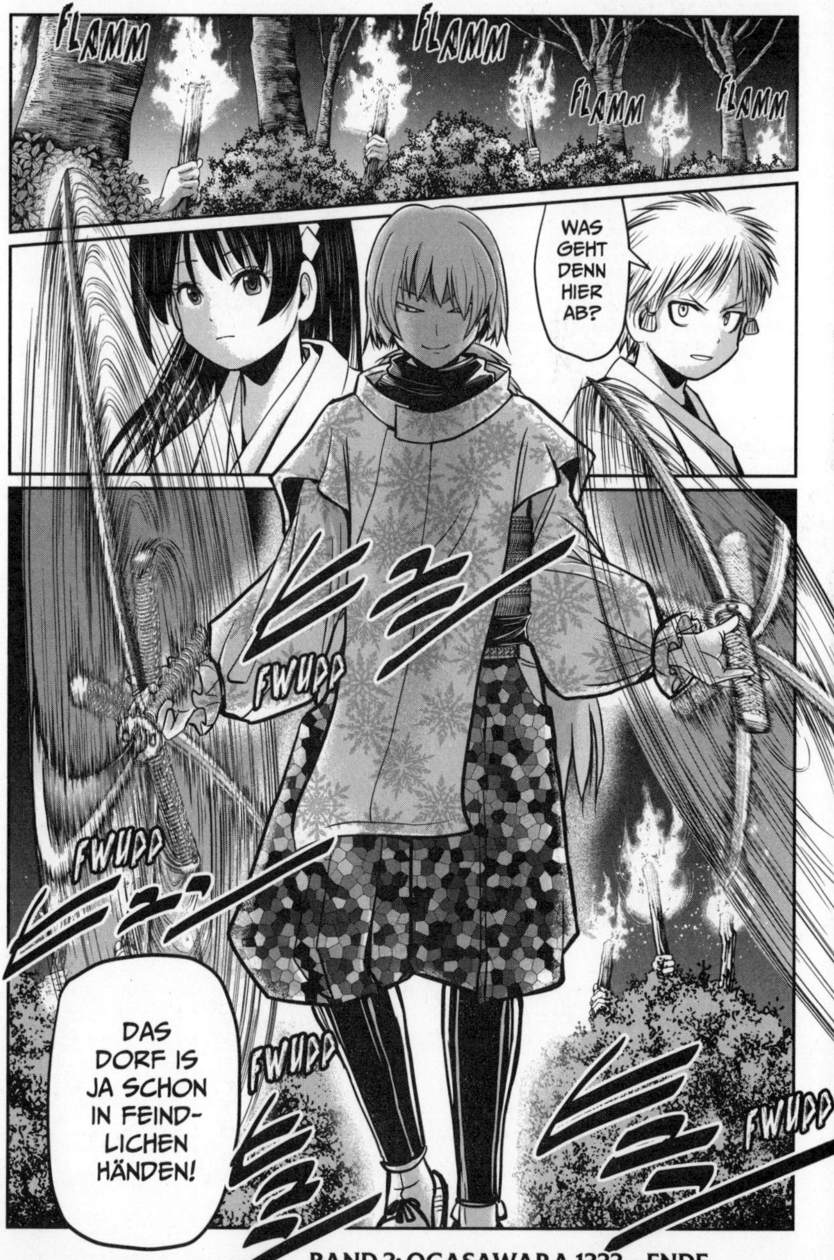

BAND 2: OGASAWARA 1333 – ENDE

Wie sollen wir uns eine Inu-omono (Hundejagd) vorstellen?

Letztes Mal habt ihr gelernt, dass Bushi (Krieger) der Heian-Zeit (794–1185) alle vier Jahre zu einer offiziellen, vom Kokushi (Provinzverwalter; entspricht dem heutigen Präfekturgouverneur) veranlassten Jagd eingeladen wurden. Das Jagen war also die wichtigste Fertigkeit eines Kriegers. Jetzt stellt euch bitte Folgendes vor: Ihr befindet euch mitten in den Bergen, umgeben von üppig wachsenden Bäumen. Eure Beute sind wilde Tiere. Wenn ihr euer Pferd dann nicht so handhaben könnt wie ein Jockey und vor allem nicht außergewöhnlich gut mit dem Bogen umgehen könnt, ist es euch unmöglich, die um ihr Leben laufenden Tiere zu erwischen – logisch, oder? Aus diesem Grund wurden die Kinder von Kriegern schon von klein auf entsprechend trainiert – und zwar bei der Hundejagd. Diese fand innerhalb eines abgezäunten Gebiets statt, in dem wilde Hunde losgelassen wurden, auf die die Teilnehmer vom Pferd aus mit Pfeil und Bogen auf sie schossen. In Lehrbüchern werden häufig Bilder dazu abgedruckt. Mich beschäftigt die Frage, was aus den Hunden wurde.

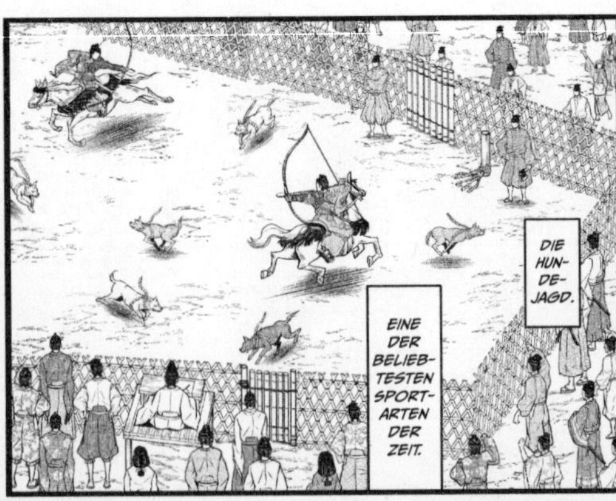

*Die verwendeten Bilder stammen aus den Weekly Shonen Jump Ausgaben 15–23.

THE EXPLAINING SAMURAI

In dieser Rubrik erfahrt ihr etwas über die historischen Hintergründe, wodurch ihr gleich noch viel mehr Spaß beim Lesen haben werdet.

Erklärungen von

Hongo Kazuto

Wenn Pfeilspitzen an den Pfeilen angebracht waren, würden die Hunde doch sterben, oder? Allerdings sind auf keiner der Bildrollen blutende Hunde zu sehen. Wurden die Pfeilspitzen also abmontiert? Als Hundeliebhaber habe ich erst einmal aufgeatmet, doch halt! Selbst ohne Pfeilspitze wäre ein Treffer stark genug, um einen Hund zu töten. Die armen Hunde! Man muss aber auch dazusagen, dass diese Hunde nicht etwa Haustiere waren, sondern wilde Bestien, denen der Geifer aus dem Maul tropfte. Es war also eine Frage von Fressen oder gefressen werden.

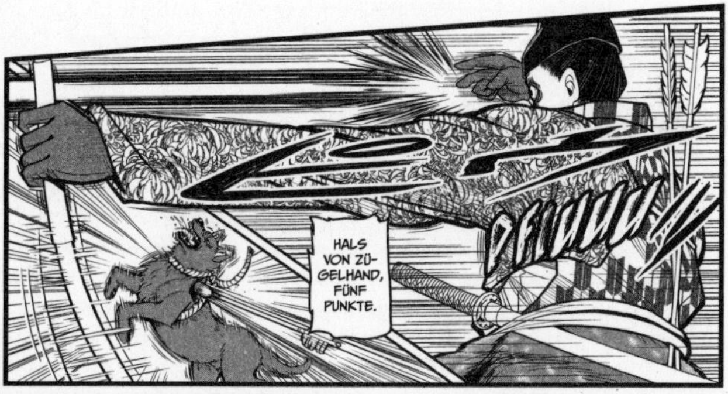

Welchen Hobbys oder welchem Sport widmeten sich Krieger?

Da Krieger nicht sonderlich intelligent waren, wandten sie sich wohl kaum Brettspielen oder dergleichen zu. Bestenfalls vielleicht Sugoroku. Mit der Version, die Backgammon ähnelt, schulten sie ihr strategisches Denken. Go hatte zu der Zeit auch schon seinen Weg nach Japan gefunden, allerdings eher in adelige Kreise. Ob es Krieger ebenfalls zu schätzen wussten, bleibt ein Rätsel. Ihre Stärke lag auf jeden Fall im Bereich körperlicher Aktivitäten, weswegen sie Kurabe-uma (Pferdewettkämpfe), quasi Pferderennen, veranstalteten oder sich beim Nori-Yumi (Wettbogen) anhand der Treffer auf der Zielscheibe miteinander maßen. Mit Kemari (Fußbällen) wurde wohl auch gespielt und zwar in Form von Jonglieren wie bei heutigen Fußball-Übungen. Das war aber eher ein Vergnügen hochrangiger Krieger.

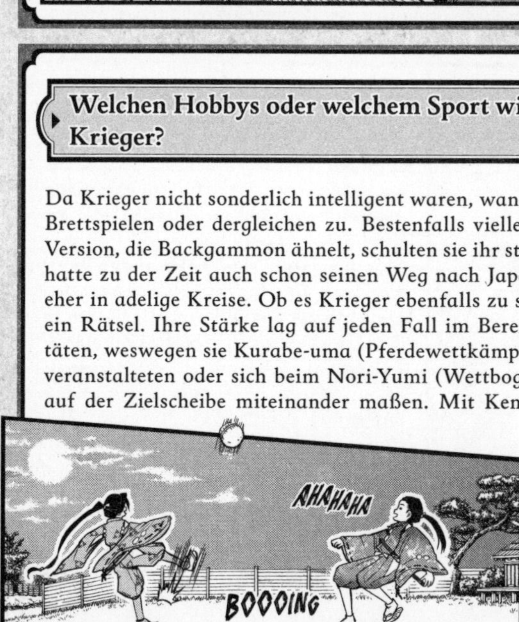

Was kannst du uns über Pfeil und Bogen erzählen?

In seinen jungen Jahren führte Oda Nobunaga sehr viele Kriege, um die Provinz Owari zu einen. Dazu zählte die Schlacht bei Ukino 1558. Die Details zur Schlacht selbst überspringen wir an dieser Stelle. Worum es mir geht, ist der Zweikampf »Schusswaffenmeister vs. Bogenmeister«. Bei dem Schusswaffenmeister handelte es sich um Hashimoto Ippa, Nobunagas Schusswaffen-Lehrmeister. Zwar traf er den Bogenmeister mit einer Kugel, erlitt selbst aber eine Schnittwunde unterm Arm und fiel im Krieg. Der Bogenmeister aber überlebte trotz seiner schweren Verletzung. Der Bogen hatte gesiegt! (Quelle: *Die Chroniken von Nobunaga)* Experimente dieser Art werden vielfach durchgeführt. Auf YouTube kann man ebenfalls Videos dazu finden, die zeigen, wie außerordentlich die Macht von Pfeil und Bogen ist. In Sachen Schussweite und Durchschlagskraft sind Pfeil und Bogen mit einem Luntenschlossgewehr gleichauf. Warum werden Schusswaffen dann so hochgeschätzt? Weil sie einfach zu handhaben sind. Selbst Bauem, die keinerlei Kriegserfahrung haben, können damit umgehen. Den Umgang mit dem Bogen zu lernen, ist dagegen weitaus schwieriger. Ohne intensives Training kann man damit nicht kämpfen. Wie zuvor erwähnt, waren Krieger Menschen, die den Bogen auf Pferden reitend handhaben konnten – also berittene Bogenschützen. Sprich, für einen Krieger war nicht das Schwert, sondern der Bogen die wichtigste Waffe. Die Kinder von Kriegern trainierten tagtäglich, um den Umgang mit dem Bogen zu verinnerlichen. Als Recke verstand man im mittelalterlichen Japan also einen Krieger, der Schwerter trug und mächtige Bogen spannen konnte. Um noch eine Sache zu ergänzen: Der Ogasawara-Clan war eine angesehene Familie, die zu den Seiwa Genji (dem mächtigsten Familienzweig des Minamoto-Clans) zählten. Er brachte Kriegern den Umgang mit dem Bogen bei. Die sich in der Edo-Zeit (1603–1868) verbreitende Etikette, genannt »Ogasawara-Stil«, wurde vom Ogasawara-Clan zusammengestellt. Die Kunst des Bogenschießens ist ein Teil davon.

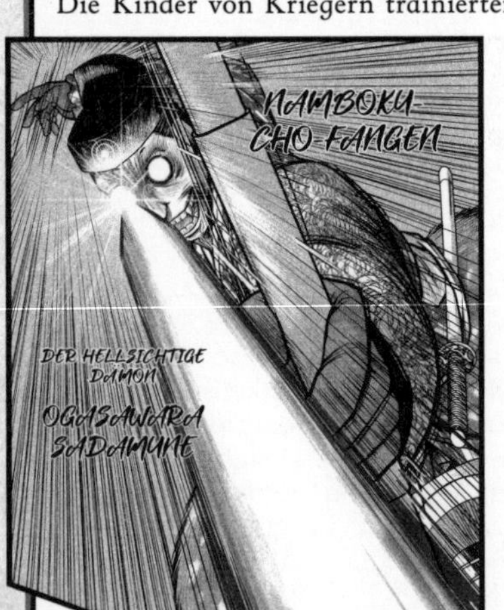

Seit wann gab es berittene Soldaten?

Tenno Kammu, der u. a. die Hauptstadt Heian (heutiges Kyoto) gründete, reformierte das Militärsystem zu der Zeit und rief das Kondei-sei (»Kräftiger-Junge-System«) ins Leben. Demzufolge wurden in jeder Provinz (entspricht den heutigen Präfekturen) 30 bis 200 Soldaten eingesetzt, die auf Militärangelegenheiten spezialisiert waren. Im Zuge ihrer Arbeit sollten sie für die Sicherheit in ihrem jeweiligen Gebiet sorgen. Ausgewählt wurden diejenigen, die das Bogenschießen auf dem Pferd beherrschten. Es gibt zwar keinen Nachweis dafür, dass diese Kondei (»kräftige Jungen«) in direkter Verbindung mit den sich 150 Jahre später entstehenden Kriegern standen, doch zumindest lässt sich sagen, dass das Schema »kämpfender Mensch = Person, die den Umgang mit Pferd und Bogen beherrscht = berittener Bogenschütze« erstmals in der Heian-Zeit anzutreffen war. Japanische Krieger trugen schwere Rüstungen und benutzten einen Wakyu (langer Bogen). Das waren also die sogenannten »schweren berittenen Bogenschützen«. Ein ungewöhnlicher Anblick im weltweiten Vergleich, bei dem sich der »leichte Reiter«, also ein Soldat mit kleinem Bogen und leichter Rüstung, der sich die Geschwindigkeit seines Pferdes zunutze machte, um seine Feinde zu erledigen, hervortut. Möglicherweise kam es in Japan bezüglich Ausrüstung und Kriegskunst zu einer individuellen Entwicklung, da Japan ein Inselstaat ist.

Wie kämpfen berittene Bogenschützen?

In Kriegerfamilien Japans war es üblich, Linkshänder zu Rechtshänder umzuschulen. Aus dem einfachen Grund, dass man Schwerter links trug und mit rechts zog. Es gab keine linkshändigen Schwertkämpfer. Beim Bogen verhielt es sich ähnlich. Man hielt den Bogen in der linken Hand und legte mit der rechten Hand den Pfeil an. So lautete die Regel. Und diese Menschen kämpften, während sie ein Pferd ritten. Deswegen nannte man die linke Hand auch Yunde (Bogenhand)und die rechte Hand, die die Zügel festhielten, Mete (Zügelhand).Wenn ihr einmal das heutzutage noch an Schreinen stattfindende Yabusame* gesehen habt, versteht ihr sofort das Problem. Es ist möglich, den Bogen in Bewegungsrichtung des Pferdes nach links auszurichten, aber nicht nach rechts. Und zwar, weil man den Bogen in der linken und den Pfeil in der rechten Hand hält. Darum mussten berittene Bogenschützen ihre Gegner im Kampf auf ihre linke Seite bringen, während sie ihr Pferd lenkten. Ansonsten war es ihnen unmöglich, auf sie zu schießen. Selbstverständlich trieben die Gegner ihre Pferde an, um eben nicht auf deren linke Seite zu geraten. Aus diesem Grund mussten berittene Bogenschützen sowohl das Reiten als auch den Bogen perfekt beherrschen.

* BOGENSCHIESSEN VOM PFERD MIT HEULPFEILEN

Was bedeutet es, jemandem »eine Provinz zu geben«?

Tokiyuki meinte, er würde jemandem eine Provinz überlassen und Provinzen entsprechen ja unseren heutigen Präfekturen. Was meinte er also damit? Das zu erklären, ist gar nicht so einfach. Oda Nobunaga würde jemandem eine Präfektur überlassen. Zum Beispiel sagte er zu Takigawa Kazumasu, der Nummer vier des Oda-Clans: »Für deine Mühen im Kampf gegen den Takeda-Clan gebe ich dir die Provinz Kozuke (Präfektur Gunma).« Dies bedeutete, dass ihm von nun an ganz Gunma – der Grund, die dort wohnenden Menschen, die Wälder, Flüsse, die dort lebenden Wildschweine, Fische und alles andere – gehörte. Das ist leichter verständlich. Wenn Tokiyuki aber zu seiner Zeit jemandem die Provinz Kozuke gab, bedeutete dies, ihn als Shugo der Provinz Kozuke einzusetzen. Und zwar nicht als Daimyo (Territorialfürst), sondern quasi als Beamten. Er wäre also so etwas wie ein Anführer, der die Krieger Kozukes unter sich vereinte, aber mehr in Richtung Aniki-bun (»großer Bruder«). Darüber hinaus konnte er einen Teil der Steuern und regionalen Spezialitäten für sich beanspruchen, aber nicht alles. Mächtige Krieger wollten jedenfalls Shugo werden und die Hauptfamilie des Hojo-Clans besaß das Recht, jemanden zum Shugo zu ernennen. Jetzt versteht ihr Tokiyukis Aussage bestimmt.

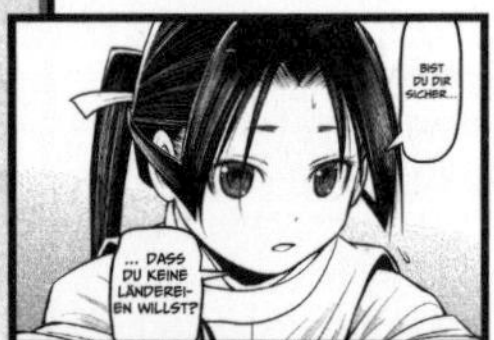

War das Shogunat reich?

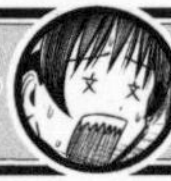

Leider ist unbekannt, wie viele Einnahmen das Kamakura-Shogunat hatte, da keine Geschäftsbücher geborgen wurden. Ein paar Unterlagen wurden aber überliefert. Diesen zufolge war der Ashikaga-Clan, Gokenin (mächtige Vasallen) des Hojo-Clans, gegen Ende der Kamakura-Zeit (1185–1333) um Sparsamkeit bemüht, indem sie versuchten, die Unkosten der buddhistischen Totenmessen von 20 Kan zu reduzieren. Im Gegensatz dazu zuckte die Hauptfamilie des Hojo-Clans bei den buddhistischen Riten (Gastgeber war Takatoki, Tokiyukis Vater) nicht einmal mit der Wimper, als sie dafür 200 Kan rausrückten. Ein Kan sind in etwa 50.000 Yen! Das hieße, dass die Hauptfamilie des Hojo-Clans von den zig Vasallen, die sie pro Präfektur hatten, Millionen, gar Milliarden an Geld erhielten. Wenn das mal nicht bedeutet, dass die stinkreich waren und Tokiyuki ein außerordentlich reiches Söhnchen war!

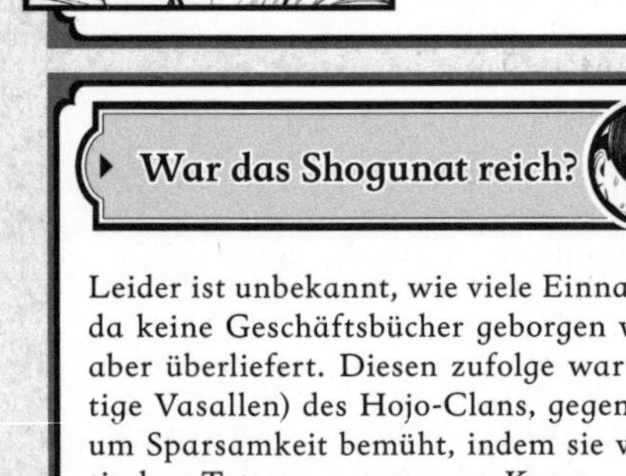

Wie stand es um die Sicherheit und Verbrechensbekämpfung zu der Zeit?

In Lehrbüchern der japanischen Oberschulen wird die *Geschichte von Obusama Saburo* erwähnt. Eine Bildrolle, deren Bilder Szenen zum Ende der Heian-Zeit und während der Kamakura-Zeit zeigen. Die Geschichte selbst interessiert uns an dieser Stelle nicht weiter, aber sie beschreibt den Alltag von Obusama Saburo, der sich in ein, zwei Schlachten innerhalb der Provinz Musashi als Krieger bewies. Obusama Saburo war ein Krieger aus Bando (dem heutigen Kanto), der sich mit Leidenschaft der Kriegskunst widmete. Seine Leidenschaft war so groß, dass er sich eine für ihn unattraktive Frau aus seinem Umfeld zur Braut nahm. Schließlich würde er sein Training vernachlässigen, wenn seine Gemahlin eine Schönheit wäre, der er vollkommen verfallen würde. Und wenn vor seinem Anwesen zu viele Bettler oder Personen, die sich buddhistischen oder kriegerischen Übungen widmeten, herumliefen, wurden sie von Gefolgsleuten Saburos, die aus dem Anwesen gestürmt kamen, geschnappt und übel zugerichtet – ganz egal, ob es sich dabei um Mann oder Frau handelte. Tja, ein klarer Fall von Selbstjustiz. Und es sollte noch schrecklicher werden. Er ordnete an: »Lasset die frisch abgeschlagenen Köpfe in der Ecke des Maniwa niemals ausgehen; geht und schlagt neue ab!« Um es moderner auszudrücken: »Sorgt dafür, dass wir immer genug frisch abgeschlagene Köpfe im Garten unseres Anwesens haben, also geht da raus und schlagt ohne Unterlass einen Kopf nach dem anderen ab!« Sprich, wer auch immer zufällig an diesem Anwesen vorbeilief, wurde Opfer grundloser Gewalt und schließlich auch noch geköpft... Übel... Es ist zwar allgemein bekannt, dass Krieger von Natur aus zur Grausamkeit neigten, aber in diesem Ausmaß? Vor allem war Saburo der angesehenste Krieger von Musashi! Das Kamakura-Shogunat ernannte herausragende Krieger zum Shugo und befahl ihnen, Mörder festzunehmen. Saburo jedoch, der mit Sicherheit den Posten als Shugo von Musashi bekleidete, beging selbst Straftaten, obwohl er sie hätte regulieren sollen. Diese Bildrolle zeigt uns also, dass der Alltag in der Kanto-Region damals ziemlich gefährlich war. Zum Schluss noch ein Zitat. Es stammt aus den Lehren, die Hojo Shigetoki, der zu den das Kamakura-Shogunat und Hojo Tokiyori unterstützenden Moderaten gehörte, seinem Sohn (Nagatoki; war später selbst Regent) mitgab: »Merke dir: Wie sehr du dich auch über jemanden ärgerst, du darfst niemals einen Menschen töten.« Jetzt erklär mir mal jemand, wie das passen soll.

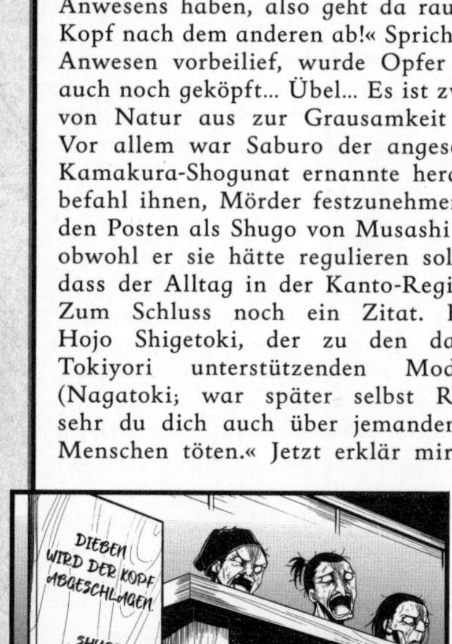

War es damals üblich, andere zu verraten?

Innerhalb der kriegerischen Gesellschaft waren die zwischenmenschlichen Bindungen und vor allem natürlich die Beziehung zwischen Kriegern und ihrem Herrn das Allerwichtigste. Die Gefolgsleute arbeiteten unter Einsatz ihres Lebens zum Wohle ihres Herrn. Das bedeutet konkret, dass sie ihr Leben auf dem Schlachtfeld jederzeit großmütig im Kampf gegen ihre Feinde wegwerfen würden. Für die Arbeit erwies ihnen ihr Herr entsprechende Gefallen. Das ist die weitbekannte Beziehung aus »Gefallen und Dienst«. Repräsentativ für solche Gefallen war das Zuschreiben von Ländereien. Man sagt außerdem: »Eine Beziehung zwischen Eltern und Kind hält ein Leben, die zwischen Mann und Frau zwei Leben, und die zwischen Herr und Diener drei Leben.« Laut diesem Sprichwort waren Eltern und Kinder nur in diesem Leben aneinandergebunden. Eheleute dafür im letzten und diesem Leben (bzw. diesem und nächstem Leben). Die Beziehung zwischen einem Herrn und seinem Diener würde aber vom letzten über dieses bis ins nächste Leben anhalten – sie ist die stärkste aller Beziehungen. Allerdings galt das nur für die Kriegergesellschaft der Edo-Zeit. In der Kamakura-Zeit, der Muromachi-Zeit (1336–1573) und der Sengoku-Zeit (1477–1573) war die Beziehung zwischen Herr und Diener hauptsächlich von ihrem Vertrag bestimmt. Sprich: »Wenn ich so viel dafür arbeite, hat mich mein Herr auch entsprechend zu vergüten.« Also eine ziemlich leidenschaftslose Verbindung. Darum gab es auch Krieger, die sich dachten: »Ich rackere mir hier einen ab, aber mein Herr rückt nichts dafür raus. Sein Pech, dann hör ich halt auf und such mir einen neuen Herrn.« Und das wurde auch so von der Gesellschaft akzeptiert. Im Extremfall wurde das eben als Verrat verstanden und Krieger, die ihren Herrn, beziehungsweise das herrschaftliche Haus, verrieten, gab es nicht wenige.

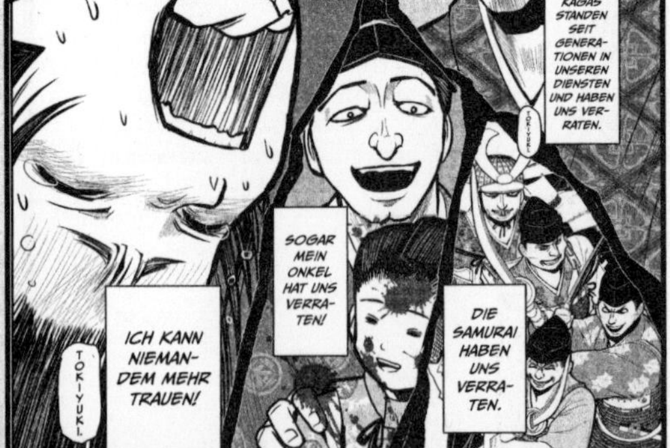

Gab es Ninja wirklich?

Also Ninja wie Naruto, die ganz allein zehntausend Gegner – solange es sich um mickrige kleine Fische handelte – erledigen konnten, gab es nicht, aber den Quellen zufolge gab es Ninja tatsächlich. Da es zu der Zeit weder effiziente Verkehrsmittel, noch Fernseher, Telefone, Smartphones oder sonst irgendetwas in die Richtung gab, war es unfassbar schwierig, Informationen aus entfernten Gebieten zu erhalten. Aus diesem Grund entsandten mächtige Krieger Ninja mit dem Befehl, als ihre Ohren und Augen vor Ort Informationen zusammenzutragen. Unter den Ninja gab es auch solche, die die Kriegskunst hervorragend beherrschten. Um ein Beispiel aus einer späteren Zeit zu nennen: Im Chokyo-Gründungsjahr, 1487, machte sich Ashikaga Yoshihisa, der neunte Shogun (General) des Ashikaga-Shogunats, mit 20.000 Mann auf den Weg, um den Rokkaku-Clan von Omi zu unterwerfen. Yoshihisas große Streitkraft wurde allerdings wiederholt von der zahlenmäßig geringen Elite in Überraschungsangriffe verwickelt und brachte die Armee des Shogunats so ziemlich ins Wanken. Bei der Elite des Rokkaku-Clans handelte es sich um Ninja des Koga-Clans. Zwar weiß man, dass Ninja üble Typen waren, doch niemand weiß genau, welchen Verdienst sie wirklich erbrachten. Doch anhand dieses Beispiels können wir davon ausgehen, dass sie mit Sicherheit beträchtliche Arbeit leisteten.

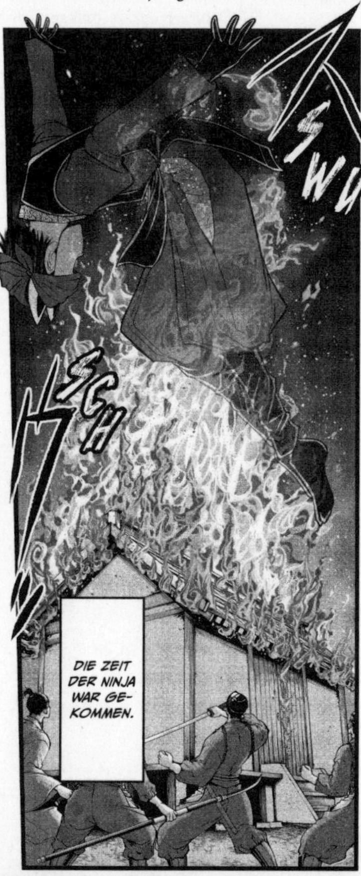

Erzähle uns etwas über Seine Kaiserliche Hoheit Moriyoshi.

Seine Kaiserliche Hoheit Ohtonomiya Moriyoshi. Früher wurde sein Name »Daitonomiya Morinaga« ausgesprochen, aber die heutige japanische Geisteswissenschaft hat sich auf »Ohtonomiya Moriyoshi« geeinigt. Es gibt auch Funde, laut denen sein Name mit den Schriftzeichen 応答宮 statt 大塔宮 geschrieben wurde, weswegen wohl auch die Lesung »Otonomiya« verwendet wurde. Der gebürtige Name von Tenno Go-Murakami, seinem jüngeren Bruder, wird mit den Schriftzeichen 義良 geschrieben und »Noriyoshi« gelesen. So kam man dann bei 護良 wohl auf »Moriyoshi«. Tenno Go-Daigo, sein Vater, wollte den Berg Hiei mitsamt seinen mächtigen Kriegermönchen unter seine Kontrolle bringen, weshalb

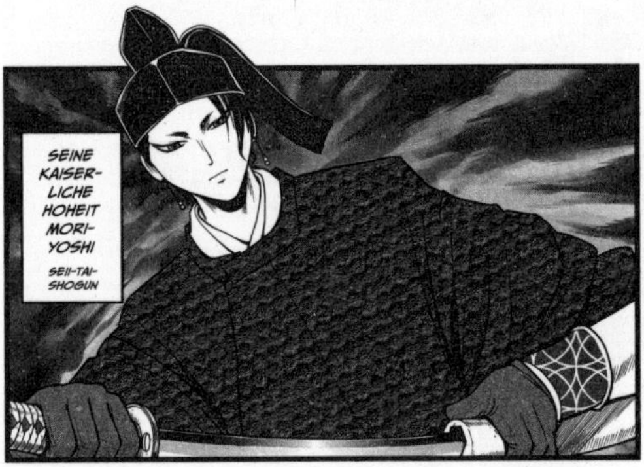

er Moriyoshi, seinen dritten Sohn, dorthin schickte und ihn zum Hauptpriester des Tendai-Buddhismus, also zur Spitze des Berg Hieis, ernannte. In dieser Zeit nannte sich Moriyoshi »Son'un hosshinno« (Seine Ordinierte Kaiserliche Hoheit). Im Jahr 1331 sickerten Tenno Go-Daigos Pläne zum Sturz des Shogunats durch, woraufhin er festgenommen und auf die Oki-Inseln verbannt wurde. Daraufhin trat So'un freiwillig wieder in den Laienstand zurück, nahm seinen alten Namen Moriyoshi an und eröffnete einen Guerillakrieg mit sämtlichen Kriegern der Umgebung. Dabei hatte er ungeachtet der Lebensgefahr nur den Sturz des Shogunats im Blick.

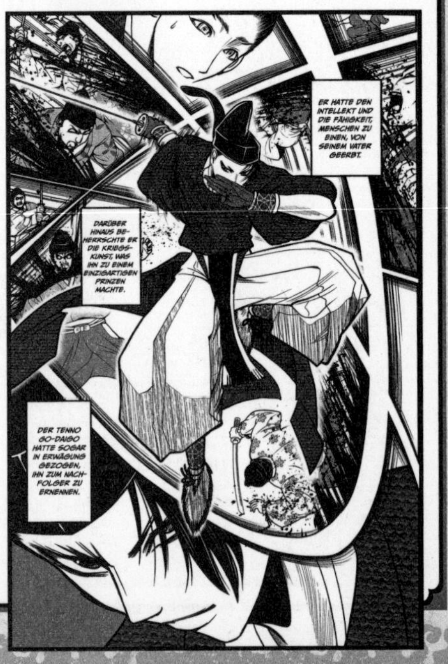

Während Tenno Go-Daigo im Exil war, war es Seine Kaiserliche Hoheit Moriyoshi, der Krieger wie Kusunoki Masashige oder Akamatsu Enshin kommandierte. Er war es auch, der mächtige Krieger der Kinki-Gegend dazu aufrief, das Shogunat zu stürzen. Sein Einfluss machte es möglich, dass die Bestrebungen, das Shogunat zu stürzen, all die Zeit über fortbestanden. Darum wurde ihm auch eine große Leistung beim Sturz vom Kamakura-Shogunat zu gleichen Stücken wie Ashikaga Takauji anerkannt.

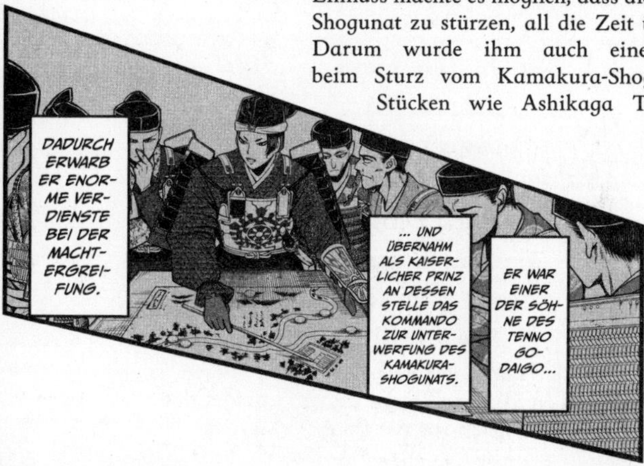

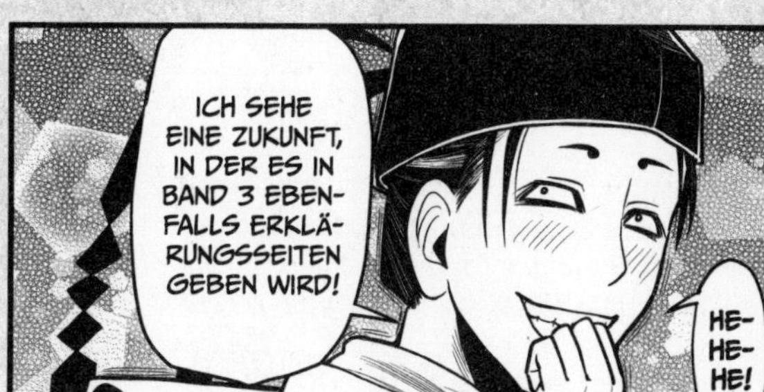

SPECIAL THANKS

Für *The Elusive Samurai* borge ich mir die Fähigkeiten vieler Personen.

Produktionsteam

Ashigaki Tei

Imada Yuuki

(Seine Reihe *MINI4KING* beginnt im August 2021 im *CoroCoro Comic*!)

Enoshima Daisuke

Koizumi Sakuju

Koyoi Wahare

Inoue Keiji

Sie helfen mir bei der Anfertigung der Zeichnungen. Sie sind meine Kamakura-Krieger, die auf allmächtige Weise die Bilder zeichnen, die ich mir wünsche.

Redaktion

Azuma Riki

Er ist Redakteur bei *Weekly Shonen Jump*. Kommt aus guten Kreisen, weshalb er trotz seines jungen Alters einen verfeinerten Geschmackssinn hat.

Redaktion der Taschenbuchausgabe

Watanabe Satoshi

Er kümmert sich um alles, was mit der Taschenbuchausgabe zu tun hat. Er hat unglaublich dünne Beine.

Design

Matsumoto Yuki (Banana Grove Studio)

Sie hat das Logo entworfen und kümmert sich um das Design der Taschenbuchausgabe. Sie ist qualifizierte Kuratorin.

Maler (japanischer Stil)

Asakura Takafumi

Ich habe ihn für die Muster und den Hintergrund des Covers der Taschenbuchausgabe beauftragt. Bei seinen Fähigkeiten und seinem Format kann man kaum glauben, dass wir im selben Alter sind.

Kalligrafie

Maeda Kamari

Ihn habe ich um die Schriftzüge beim Auftreten von u. a. Dämonen gebeten. Während er ein begeisterter Kalligraf ist, ist er auch ein Meister der Präsentation. Er ist vielseitig begabt.

Schriftleitung & Artikelschreiber

Hongo Kazuto

Er überprüft die historischen Fakten und entwirft die Erklärungsseiten. Die Details, die im Widerspruch zu den historischen Fakten stehen, sind entweder erfunden oder persönliche Interpretationen.

Personal Mark Designer

Matsumoto Marika (& CAT)

Sie hat eine Vielzahl an Kimonomustern entworfen. Sie ist sehr serviceorientiert, weshalb sie diverse Muster vorgeschlagen hat.

Tuschmalerei

Kitamura Tokuro

Er ist für die Tuschezeichnungen zuständig. Ich wünsche ihm, dass er mit Leuten aus verschiedenen Genres zusammen Bilder erstellen kann.

3D CF Modeling

Melta AG

Ich habe sie beauftragt, 3D-Modelle von Rüstungen, Helmen, Schwertern, etc. zu machen, die nicht käuflich zu erwerben sind. Einer der Hauptgründe, warum es so wenig Manga zu dieser Epoche gibt, ist, dass die Rüstungen verdammt lästig zu zeichnen sind. Ich danke den Menschen und dem digitalen Zeitalter dafür, dieses Problem aus der Welt geschafft zu haben.

Hilfe bei der Recherche zu Suwa

Ishino Michiho

Ihr habe ich das Material zu Suwa zu verdanken. Aufgrund ihrer zahlreichen Erfahrungen und Ambitionen, ist sie nicht nur zum Thema Suwa, sondern generell sehr bewandert.

Illustration

Nanahara Shie

Sie hat die Hintergründe einiger Farbseiten übernommen. Ihre Dateien sind erschreckend groß, doch ihre wunderschönen, lebendigen Bilder machen das wieder wett.

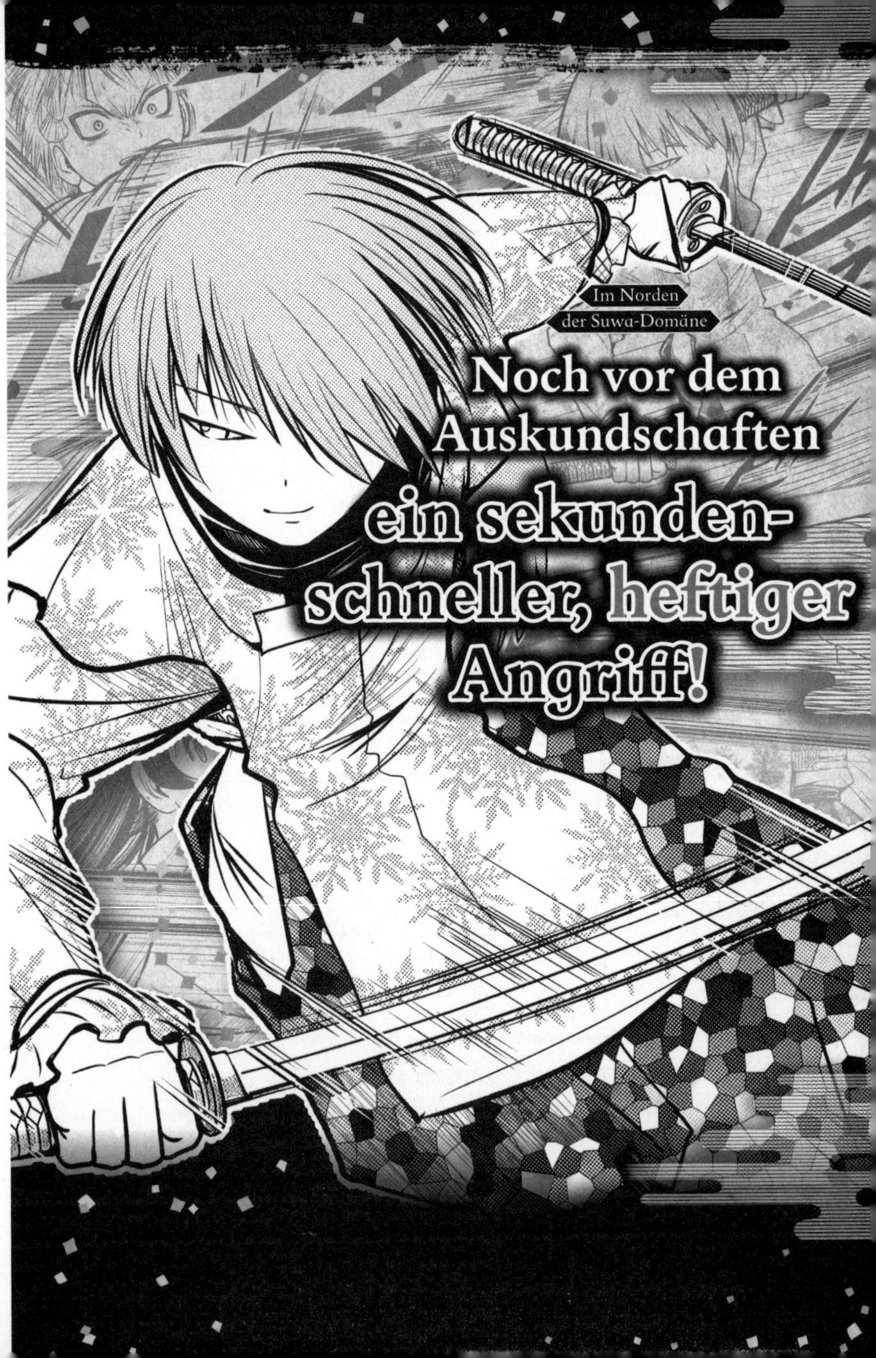
Im Norden der Suwa-Domäne
Noch vor dem Auskundschaften
ein sekunden-schneller, heftiger Angriff!

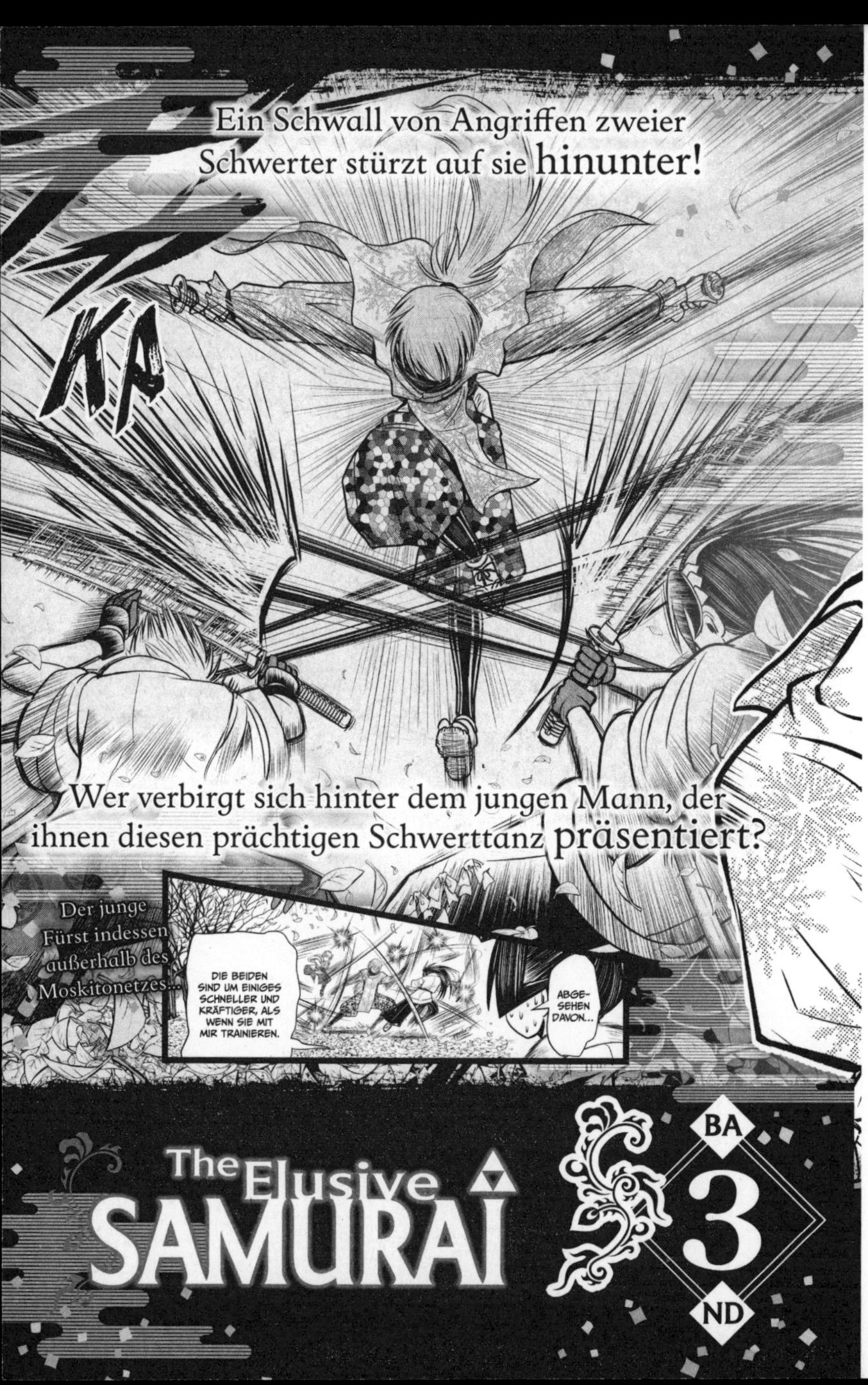
Ein Schwall von Angriffen zweier Schwerter stürzt auf sie hinunter!
KA
Wer verbirgt sich hinter dem jungen Mann, der ihnen diesen prächtigen Schwerttanz präsentiert?
Der junge Fürst indessen außerhalb des Moskitonetzes...
ABGE-SEHEN DAVON...
DIE BEIDEN SIND UM EINIGES SCHNELLER UND KRÄFTIGER, ALS WENN SIE MIT MIR TRAINIEREN.
The Elusive SAMURAI
BAND 3

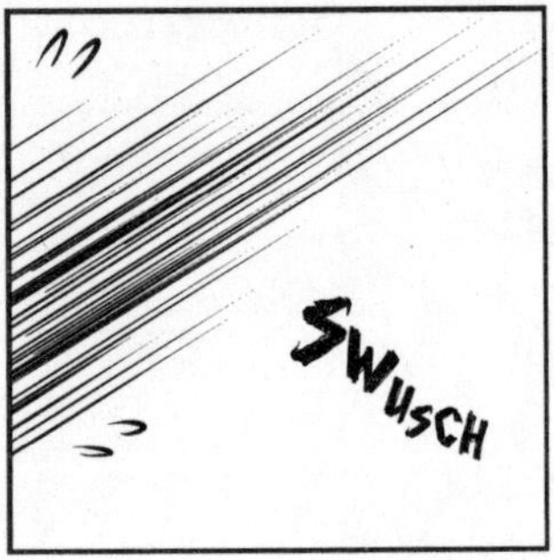

Yusei Matsui

Wenn man etwas schreibt, das auf historischen Fakten basiert, ist meiner Meinung nach das Wichtigste, sich als Autor nicht in der Recherche zu verlieren.

Denn je mehr man über die Geschichte lernt, desto unergründlicher wird sie. Wenn man sich als Autor dann zu sehr hineinsteigert, gar schon besessen davon wird, verliert man nur sein Publikum.

Darum will ich nicht vergessen, dass mein Werk zwar auf historischen Fakten basiert, jedoch der Unterhaltung dienen soll. Demensprechend darf ich es mit der Geschichte auch etwas lockerer und freier sehen.

HALT!

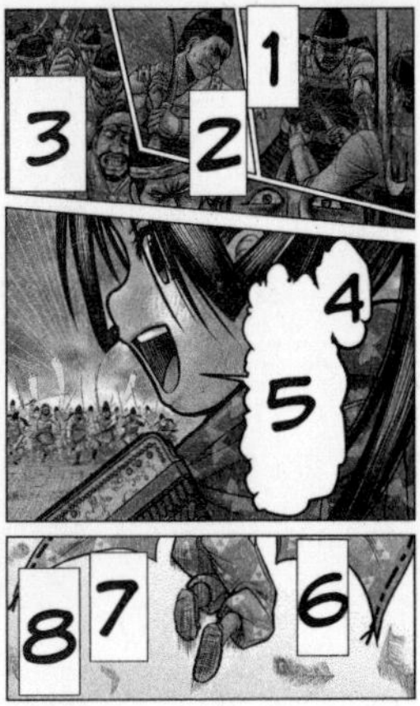

Dieser Comic beginnt nicht auf dieser Seite.
The Elusive Samurai ist ein japanischer Comic.
Da in Japan von »hinten« nach »vorne« gelesen wird und von rechts nach links, müsst ihr auch diesen Comic auf der anderen Seite aufschlagen und von »hinten« nach »vorne« blättern. Auch die Bilder und Sprechblasen werden von rechts oben nach links unten gelesen, so wie es die Grafik hier zeigt.
Viel Spaß mit
The Elusive Samurai!

Carlsen Manga! News – jeden Monat neu per E-Mail!
www.carlsenmanga.de
www.carlsen.de

CARLSEN MANGA
Deutsche Ausgabe/German Edition

Aus dem Japanischen von Carina Dallmeier

First published in Japan in 2021 by SHUEISHA Inc., Tokyo.
German translation rights in Germany, Austria, Luxembourg and German-speaking Switzerland arranged by SHUEISHA Inc. through VME PLB SAS, France.
Redaktion: Lisa Gocke
Textbearbeitung: Beatrice Tavares
Lettering: Vibrant
Herstellung: Maria Niemann

ISBN: 978-3-551-80225-5

FSC
www.fsc.org
MIX
Papier | Fördert gute Waldnutzung
FSC® C083411

Unser Versprechen für mehr Nachhaltigkeit
- Klimaneutrales Produkt
- Papiere aus nachhaltigen und kontrollierten Quellen
- Hergestellt in Europa